BUTTERMILK
GRAFFITI

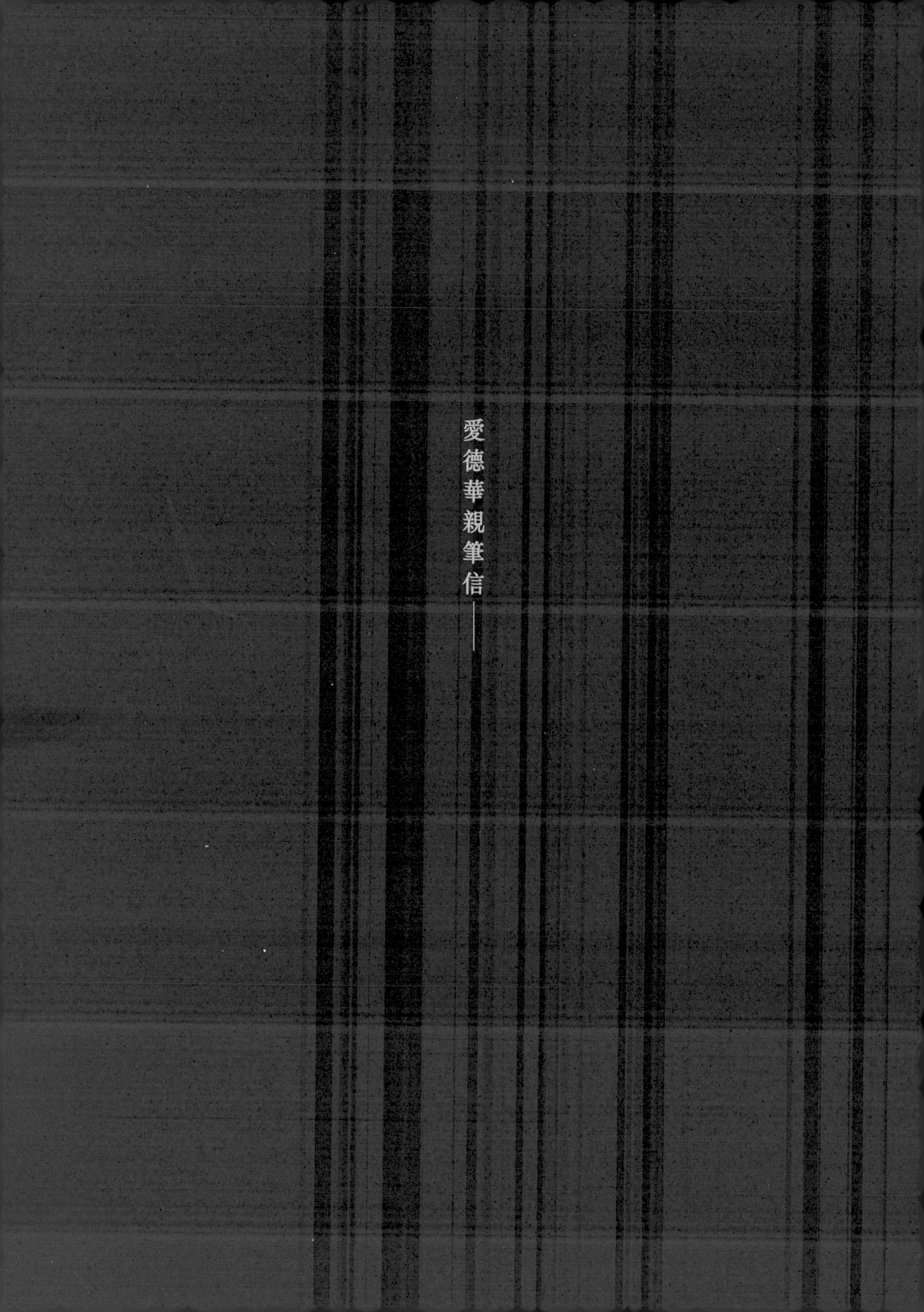

愛德華親筆信——

飲食，是心靈與靈魂的雙重巡禮。

Eating is an adventure for the mind and the soul.

最好的料理不在完美，而是透過不完美，抵達記憶。

酪乳與塗鴉

BUTTERMILK GRAFFITI

料理詩人
愛德華・李 Edward Lee ／著

suncolor
三采文化

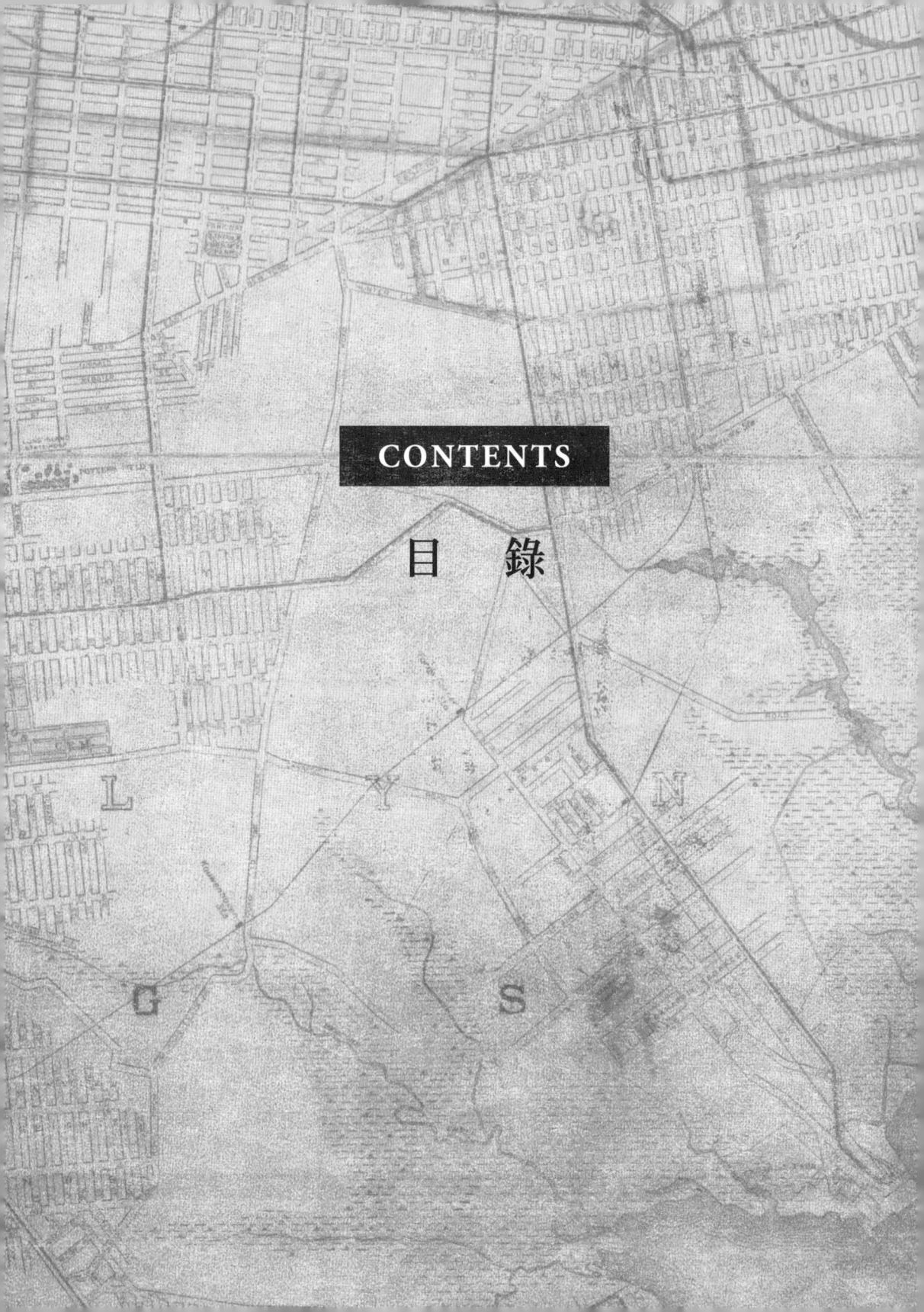

CONTENTS

目　錄

繁中版作者序　　　　　　　4

INTRODUCTION
序章　　　　　　　　　　12

CHAPTER 1
貝涅朝聖之旅　　　　　　26

CHAPTER 2
拳擊手與廚師　　　　　　48

CHAPTER 3
異域麵食　　　　　　　　72

CHAPTER 4
齋戒小插曲　　　　　　　96

CHAPTER 5
流亡與雪茄　　　　　　124

CHAPTER 6
沙拉熱狗堡和臘腸卷　　148

CHAPTER 7
克拉克斯代爾的基貝　　174

CHAPTER 8
蒙哥馬利的一家之母　　200

CHAPTER 9
斯門的學問　　　　　　222

CHAPTER 10
死亡與阿夸維特　　　　248

CHAPTER 11
拖網捕蝦記　　　　　　274

CHAPTER 12
不朽的派特森　　　　　300

CHAPTER 13
奈及利亞奮鬥精神　　　324

CHAPTER 14
德國芥末　　　　　　　350

CHAPTER 15
煙燻肉殿堂　　　　　　378

CHAPTER 16
玉米麵包雙重奏　　　　406

後記　　　　　　　　　428

謝辭　　　　　　　　　430

繁中版作者序

親愛的繁體中文版讀者：

食物一直是我探索身分的一種方式，身為在這裡出生的第一代亞裔美國人，我透過食物來尋找自我。我始終嘗試將其視為一種獨特且與眾不同的事物，而非一道障礙。我很幸運，能夠從兩個不同的世界汲取靈感，聆聽兩種聲音；它們呼喚我，於我身分的追尋。有時候，我覺得自己更像美國人；有時候，我又覺得自己更像韓國人。這樣的狀態有時令人感到疲憊，也讓人困惑。我的母親已在美國生活了將近五十年，比她在韓國的時間還長。然而，對於自己的身分，她從未有過絲毫疑問；她的血液裡流著韓國的血脈，韓國文化也深植於她的思維之中。我的女兒出生於肯塔基，自小便在美國長大。雖然我們珍視韓國文化，但她是百分之百的美國人，也將會以這樣的身分認同度過她的人生。

當我觀察移民的經歷時，我發現最能深刻體會身分認同矛盾的，往往是夾在中間的世代。我是美國人，但我記得的夠多、

看過的夠多，以致於內心深處仍能感受到韓國身分對我的召喚。然而，正是這種內在的掙扎，使我能夠創造出如今的料理。甚至可以說，如果不是因為我對自我身分的持續質疑，我不可能成為今天的自己、成為現在這樣的廚師。有時候，在廚房裡，我甚至沒有意識到自己在做什麼。彷彿有某種更深層的力量接管了我的動作，我能感受到先人之手引導著我。我品嘗到一種根植於韓國的味道，那是一種超越自身的風味與歷史，讓我與它產生連結。但我並不是傳統的韓國廚師，因此，我在熟悉的事物中找到慰藉——漢堡、馬鈴薯泥、冰淇淋、牛排。這並不是每天都會發生的現象，但總會有這種奇妙的時刻，使我的兩個世界和諧交融，創造出某種全新的東西——一道既非純粹韓國料理，也不是純粹美國料理的兼容之味。在這些時刻，我感到莫大的喜悅，也在之中找到自己身分的意義。

這種掙扎在美國不同時期、不同族裔的移民經歷中反覆上演，我也親眼見證過。從歷史悠久的波蘭、猶太與義大利移

民,到來自臺灣、韓國、越南、印度、敘利亞、奈及利亞等地的故事,全都各有不同的背景與歷程。每一種移民經歷都絕無僅有,也都與各自的文化緊密相連,但它們之間仍存在著某些共通點:掙扎與不確定感如影隨形,夾雜失落與希望並存的情緒。對過去滿懷鄉愁,卻也對未來充滿期待。我的家庭也經歷了同樣的過程,我們不得不放棄許多與韓國身分相關的事物——語言、歷史、傳統儀式、家族聯繫。我們並沒有完全失去這一切,而是剛好放棄足夠的部分,好讓美國身分有足夠的空間得以留存。但究竟是誰決定該放棄什麼?又是誰決定什麼值得保留下來?

我父母留給我最珍貴的禮物,就是對韓國料理的熱愛。吃不到這些食物的時候,我們知道只要搭上地鐵去中國城,就能用餃子、牛肉麵和蛋塔填飽肚子。這些食物構築了我味覺的基礎,直到今天,我仍然珍惜這些滋味。小時候,我總覺得自己的童年很古怪,因為學校裡美國同學們的生活與我截然不同。我們白天吃披薩、漢堡和三明治,而當我的同學回家

後繼續享用類似的晚餐時，我卻是吃醬蟹和泡菜鍋。直到長大成為廚師後，我才開始遇見與我擁有巨大文化差異的人們，但他們的食物經歷卻與我有許多相似之處。美國餐廳的廚房內場是一個奇妙的地方，在這裡，你能與來自世界各地的人相遇。在剛開始於紐約市從事餐飲業的日子裡，我曾與來自墨西哥、柬埔寨、牙買加、俄羅斯和越南的廚師們並肩工作。每個夜晚，總有人會帶來家鄉的食物，我們一起品嘗，驚嘆於它們的美味。也正是在那時，我第一次對美國隨處可見的移民飲食旅程產生濃厚的興趣。

我一直不斷思忖這個問題：什麼是美國料理？這個問題很簡單，卻沒有明確的答案。如果我問你「什麼是臺灣料理？」也許會有一些關於歷史和食材的爭議，但大致上，人們對臺灣料理的定義會有共識。然而，當我們對美國料理提出同樣的問題時，情況就變得複雜多了。最簡單的答案可能是熱狗和漢堡，但我認為這樣的回答過於簡化。我相信，每一位踏上美國土地的移民，都為美國料理這個複雜的概念增添了一

部分詮釋。只是，我們從未真正記錄過這段歷史。這本書是我試圖講述這個故事的方式——講述移民的故事，以及食物如何從數千英里之外，遠渡重洋，來到美國的千家萬戶。我相信，美國料理的故事，就是移民的故事。從最早來自歐洲的移民，到被迫來到這片土地的非洲奴隸，再加上來自世界各國的無數移民潮。每一個族群都為美國文化做出貢獻，而也正是這些累積，使得美國料理如此獨特、如此珍貴。

食物能夠連結不同的文化。當我受邀參加 Netflix 節目《黑白大廚：料理階級大戰》時，一開始我並不確定自己想要拿出什麼料理，也不確定我想要講述什麼樣的故事。然而，隨著時間推移，我在每一場挑戰中過關斬將，內心卻越來越渴望講述自己的故事——作為一名韓裔美國人，我始終渴望在自己的故鄉找到一個屬於自己的位置。我沒想到，這段故事會引起那麼多人的共鳴。我想要填補內心長久以來的這道鴻溝——那種既為身為美國人感到自豪，又為身為韓國人感到自豪的矛盾與掙扎。

這本書記錄了許多移民的故事，以及他們如何以各自獨特的方式成為美國的一部分。我本來可以再寫上數百個章節，涵蓋每個移民族群的經歷，但這本書並不打算要成為一部紀錄片。它是一段我探索美國料理的個人旅程，也是美國某個時代與地方的一道縮影。說到底，這是我的故事。我必須親自經歷這段旅程，也必須寫下這本書，才能讓自己找到一個立足點，去理解、去談論、去烹飪，並書寫屬於我的飲食故事。如果沒有寫這本書的經歷，我不可能在《黑白大廚：料理階級大戰》中發揮出那樣的表現。正因為這本書，我才能發現內心深處的韓國身分，並為此感到驕傲。願這本書成為一扇窗，讓你得以一窺美國當今的移民風貌。

「時日熾烈如火,勇敢去愛吧。」

──雷貝嘉・豪威爾(Rebecca Gayle Howell),
《烈焰之書》(The Calendar of Blazing Days,暫譯)作者

謹將此書獻給黛安，
妳是我的力量、我的心跳、我的魔法。

獻給亞登，
他總是輕聲細語地為我講述最動人的故事。

也獻給每一位為了夢想遠渡重洋的人。

INTRODUCTION

序章

1937 年出版於維吉尼亞州萊辛頓（Lexington）的《精選南方佳餚食譜》（*Favorite Southern Recipes*），是我所擁有的食譜當中，最令我著迷的作品之一。這本食譜沒有任何前言或章節標題，也無從得知作者為何方神聖。食譜本身以段落形式呈現，文字簡練，語氣生硬，彷彿預設讀者都已經是廚房老手。這小小一本冊子竟包羅萬象，從傳統的麵包布丁到獨特的威爾斯乾酪，甚至還有一道奇特但美味的早餐料理——牛奶水波蛋（eggs poached in milk）。食譜的目錄末尾寫著：「書中部分食譜抄錄自羅伯特・E・李（Mrs. Robert E. Lee）夫人[1]的手寫食譜。」

・・・

我並不懷疑李夫人是個稱職的廚師，但我也確信她在廚房裡有不少幫手。《精選南方佳餚食譜》在她去世之後出版，然而書中卻沒有提到其他人的貢獻。唯一暗示這些食譜出處的線索，是封面那

---

1 本名瑪麗・安娜・卡斯蒂斯・李（Mary Anna Custis Lee），其夫婿是美國南北戰爭期間指揮邦聯軍隊的羅伯特・李（Robert Lee）將軍。

張黑白照片裡，身穿幫傭服裝——深色有領襯衫、白色半身圍裙、戴著打褶軟布帽——的年長非裔美籍女性。她僵硬地站在白色籬笆前，表情空洞無神，帶著一種揮之不去的陰鬱感，沒有一絲笑意。整本書中沒有任何關於她身分的解釋，也沒有說明她為何出現在封面上。

我經常想起這位無名女士。我也曾思忖她原本可以替我們講述的故事。如果這本食譜是以她的口吻來完成呢？如果她得以透過這些多數都是她原創的食譜，來傾訴自己的故事呢？那這本小冊子就不僅僅是食譜集錦，而是一扇窺探一位奴隸生活的珍貴之窗。有時候，在我閱讀這些食譜的過程中，我能夠瞥見她當時的生活。當書裡的純玉米麵包（corn pone）食譜提到用雙手將水磨玉米粉和冷水揉捏混合成麵糊時，我看見的不是瑪麗・安娜・卡斯蒂斯・李的手，而是那位非裔女性的雙手。我聽見的是她的聲音，告訴我要把這些長條形的玉米麵包——她大概會忙到沒空去講究準確的長度——一次一塊放入熱油或豬油裡煎炸。我能看見幾鍋羽衣甘藍和秋葵番茄正以小火燉煮。我能想像放在櫥櫃裡冷卻的派餅，以及裝滿各種醃製品的瓶瓶罐罐。我不禁好奇她是否有孩子？孩子們是否會在廚房裡幫忙？我能從長柄平底煎鍋裡的幾塊玉米麵包裡，拼湊出她那既悲慘卻又充滿希望的人生故事。

現代的食譜和這本來自過去的輕薄小冊相比，已經有了很大的差異。它們不僅會標示作者的名字，還會更重視他或她的人生故事。這反映了我們當今的文化；我們關心那些在食譜背後的人。對我們來說，瞭解廚師本人與瞭解他的菜餚同樣重要。食譜書是活生

生的傳統，它與我們的身分認同相互輝映，無論是代表個人，還是代表文化。正如法國美食家讓・安泰爾姆・布里亞－薩瓦蘭（Jean Anthelme Brillat-Savarin）所說：「若我知你所食之物，便能識你所成之人。」如果要以符合現代觀念來改寫這句話，那我會修改為：「讓我看你的食譜，我就知道你是什麼樣的人。」

我在2013年撰寫第一本食譜書《煙燻與醃漬》（Smoke & Pickles）時，經常思考這個概念。那是一段長達兩年的創作過程。為了進行研究，我閱讀了數百本食譜，從古羅馬美食家阿皮基烏斯（Marcus Gavius Apiciu）[2]的著作到《比頓夫人的家政之書》（Mrs. Beeton's Book of Household Management）[3]，再到埃德娜・路易斯（Edna Lewis）[4]的《鄉村料理之味》（The Taste of Country Cooking），無所不讀。我撰寫這本書的初衷，是希望為家庭煮夫煮婦們提供實用的食譜；但我也知道，我必須講述自己的故事，解釋我如何從布魯克林的韓裔移民之子，成為肯塔基州的南方廚師。這是一段不落窠臼的故事，同時能夠闡明我烹煮這些料理的原因，其重要性可見一斑。事實上，要不是在布魯克林度過的韓裔童年和對南方料理逐漸產生的熱愛，我就不會成為今天的我。我的人生是一段不可思議的旅程，從卡納西（Canarsie）一路到肯塔基州，韓式料理與美國南

2　著有《論烹飪》。在羅馬文學中，阿皮基烏斯經常被用來代稱美食家或老饕。

3　本書是維多利亞時代的家政指南，也是烹飪手冊，由伊莎貝拉・比頓（Isabella Beeton）編輯。

4　美國南方料理的代表人物。

方料理這兩種看似截然不同的飲食文化在我身上奇妙地相互共鳴；正因如此，我著迷於那些看似不可能，但仍建構出美國生活故事的文化結合。

這本書的英文書名為 *Buttermilk Graffiti*，即是替我的人生做出具有詩意的摘要與縮影。酪乳（buttermilk）是美國南方的代表性食材，我不僅在學習烹飪時接觸到它，更逐漸愛上了它。塗鴉（graffiti）則是最早啟發我認同感的藝術形式，將我和八〇年代在布魯克林的童年回憶緊密相連。若拆開來看，「酪乳」和「塗鴉」各具意義卻僅為一隅之見；然而，當它們兩者結合在一起，便完整呈現了我的人生故事。如果我的料理只具備其中一種元素，或許也別有一番風味，但那些層層堆疊的獨家滋味，便會因此遺失。

我在進行《煙燻與醃漬》的宣傳巡迴時，走訪了許多地方。那是我第一次利用如此密集的行程來體驗美國這個國家，日復一日，穿梭於不同的城市。前一天我可能還在密爾瓦基（Milwaukee），隔天就到了紐奧良（New Orleans）。我每造訪一座新城市，美國文化的豐富面貌就於眼前展開。我的視野因為這段經歷而前所未有的開闊。許多形單影隻的夜晚，我獨自待在機場酒吧或漫步於陌生的街頭；也正是在這段旅程，才使我萌生寫這本書的想法。我在所到之處品嘗各式美食，但更讓我著迷的是，我聽到來自各行各業的人們所分享之動人、不平凡的故事；這些故事不一定和食物有關，卻幫助我深切理解自己品嘗到的每一道料理，是如何被涵蓋在更廣闊的文化脈絡之下。

我想起麻薩諸塞州的羅威爾（Lowell），柬埔寨移民正對這座城市的文化與美食光景產生深遠影響。這是美國夢的生動寫照，也是典型的新興美國料理在各地小鎮蓬勃發展的範例。然而，光只講述柬埔寨移民的故事是不夠的，還必須提到那位愛爾蘭拳擊手，他披荊斬棘，努力擺脫出身貧民窟的困境，最終成為當地的傳奇人物，還開了一間羅威爾彼處最優秀的酒吧。表面上看起來，這兩個故事毫無關聯；但對我而言，兩者密不可分。它們共同勾勒出美國其中一種時代樣貌──一個舊文化逐漸讓位給新文化的時代。就像我的人生軌跡經歷了一場看似不可能的轉變，從塗鴉藝術轉向酪乳的世界，我認為羅威爾的靈魂也由拳擊手和柬埔寨料理廚師這兩種看似迥異的人物共同塑造而成。這樣的連結乍看之下或許不明顯，但它真實存在，而且將永遠在羅威爾的歷史進程中占有一席之地。

　　每當我品嘗一道美食，總是忍不住好奇：是誰親手烹調這道菜？她有什麼故事？對我而言，發現一道佳餚並非終點，而是一場探尋之旅的開端。有趣的地方在於探究廚師如何創作一道料理，以及創作它的個中緣由。是因為她手邊正好沒有食譜要求的某樣材料，便決定即興發揮嗎？或是他從童年的記憶中汲取到了新的靈感？無論如何，每道菜背後的故事永遠比砧板上的食材更加豐富。我相信，這些故事正是新美式料理的基石，這是一種正在全美各地深根，並逐漸茁壯的飲食文化。

　　我熱愛移民料理。這些菜餚不僅美味，還經常展現我所追求的料理特質：單純、富巧思，且簡省樸實。更重要的是，它們往往出

自那些被社會忽視的族群。在探索美食的旅程中，我結識了許多移民，每個人都有故事可說。有些人剛來到這個國家，有些人的家族在美國已薪火相傳了數百年。但無論他們來自何處，他們都為美國料理不斷進化的演變做出了貢獻。

本書講述美國料理的故事，這是一本回顧人物與地方的作品，描繪我們從何而來，將往何處去。我們所認為的「傳統」美國料理正受到挑戰，我們正在見證時代重新塑造食物的面貌。對有些人來說，這是令人振奮的變革，但對另一些人而言，卻顯得突兀甚至反感。而這正是我對此產生興趣的關鍵——兩種截然不同的文化，在張力之下所孕育出的新事物。

美國的料理故事，就是一個變化的故事。任何一種國際美食一旦進入美國的土地，就會發生改變。我經常想起我們一家從南韓移民到美國的日子。在那個陌生且充滿困惑的新世界裡，我的父母努力守護他們的飲食認同。然而，他們也必須用那些不熟悉卻唾手可得的食材——番茄、茄子以及各個品種的高麗菜和香料——靈活變通出新的菜餚與烹調方式。我對這種維護自身飲食文化的本能感到著迷。相較於我父母在韓國的家鄉菜，我更在乎他們把這些菜餚帶到布魯克林、必須與其他文化的食物共存時所發生的變化，比如，當他們不得不用牙買加辣椒粉取代韓國辣椒片來製作泡菜時。食物與文化的交會，往往以奇妙而美麗的方式呈現。在本書中，我走訪了如密西西比州的克拉克斯代爾（Clarksdale）等地；在那裡，我遇見一對販售假髮兼製作高麗菜卷的黎巴嫩姊妹，以及一位偷偷販售

違禁威士忌的夜店老闆。我從未想過這兩個世界會彼此碰撞，但在密西西比河三角洲的這個小鎮，它確實發生了。

在紐澤西州的帕特森（Paterson），我一邊追尋退役足球運動員的過往足跡，一邊探索多元融合的秘魯料理。在阿拉巴馬州的蒙哥馬利（Montgomery），我向一對經營南方靈魂料理餐廳的姊妹下戰帖，讓她們品嘗韓國美食。

美食界經常輕率地使用「正宗」和「傳統」這兩個詞。我們常用「正宗」來捍衛狹隘的烹飪觀點，這樣的心態很可能是種阻礙，使其變成排他、甚至扭曲歷史的工具。每當看到一本食譜標榜「正宗美國南方食譜」，我總是好奇：他們指的是哪個南方？是殖民前的南方？種植園時期[5]的南方？還是殖民後的南方？民權運動後的南方？是寶拉・迪恩（Paula Deen）[6]的南方？還是與移民文化交融的南方？南方歷史複雜多樣，沒有一種說法能具體表達「正宗」。我很少使用「正宗」這個詞，也從不認可它；相較之下，「傳統」則帶有懷舊的情感色彩。雖然與「正宗」類似，但兩者卻天差地遠。沒有傳統，我們將失去自我認同。我們的身分正是由傳統塑造而成。

5　十八至十九世紀，美國南方仰賴奴隸種植棉花與菸草，發展出以農業出口為主的種植園經濟，稱為「種植園時期」。

6　美國廚師及電視名人。

我從不排斥家族傳統的美好。每到新年，我仍會吃韓國年糕湯，那是屬於童年的美好回憶；而我也同樣熱愛感恩節大餐豐盛的配料。我珍視將這兩種儀式傳承給女兒的意義。

傳統的危險之處在於，一旦它被賦予權威，便會開始要求所謂的「正宗」；「實在」、「純正」、「道地」這樣的詞語，便會迅速進入討論之中。這些詞語充滿著自以為是的高傲，而我向來不認為這種態度該出現在美食界。我的韓式泡菜波隆那三明治不比你的義式肉腸堡遜色，你的豆腐獵人燴雞和你婆家的托斯卡尼版獵人燴雞一樣好吃。在美國短暫卻豐富的美食歷史中，我們每個人都在撰寫自己的百科條目。誠然，我們會被流行趨勢吸引，但我希望填補這些被忽視的空白，講述那些鮮為人知的故事。

──●──

我有個不曾對外人提及的童年故事，雖然與食物無關，但它在我的成長過程中所產生的影響，最終讓我成為了一名廚師。這個故事和一位被遺忘的塗鴉藝術家有關，他名叫史密斯（Smith），在紐約市成功地躲避執法人員的追捕長達十年之久。起初，他和他的兄弟大衛·史密斯（David Smith）組成一個雙人團體。大衛的藝名是桑恩（Sane），因此兩人合稱為桑恩·史密斯（Sane Smith）。在八〇年代的紐約市，他們的塗鴉隨處可見。在班克西（Banksy）[7]和謝帕德·費爾雷（Shepard Fairey）[8]出現之前，紐約的街頭屬於桑恩·史密斯。兄弟倆如瘟疫般席捲整座城市。起初，他們只是無數熱中

在牆上塗鴉的年輕人裡的兩個無名小卒。但這對兄弟對彼此有非常強大的好勝心。原本只是興趣的愛好，很快變成了兩人之間的裝備競賽。桑恩的塗鴉變得越來越藝術和複雜，而史密斯則執著於將他的「藝術」在紐約市五大行政區留下自己的名字。謠言開始甚囂塵上，說史密斯並非單人作業，他背後其實有一個團隊——畢竟他不太可能一個人同時出現在這麼多地點。雖然一般紐約人在上班途中可能不會特別留意，但史密斯的塗鴉其實無處不在：公園長椅上、地鐵隧道內、連棟公寓的屋頂、布魯克林大橋高處的支架等。史密斯的訊息很明確：塗鴉從來不是為了成為最優秀的藝術家，而是用作品稱霸，讓其他塗鴉者無奈地扔掉他們的開朗牌（Krylon）噴漆罐，舉手投降。

年少又迷惘的我對史密斯很是著迷，並嘗試自己畫塗鴉。我對他的堅持不懈感到敬佩。我希望他能告訴我他的世界是如何運作的。但我從來沒有成功找到過他。我從未在寒冷潮濕的夜晚遇見他在一面尚未被破壞的牆面塗鴉。桑恩在一場神祕的地鐵事故中去世了。城市開始嚴厲打壓塗鴉的生存空間，史密斯便逐漸被人遺忘。我把噴漆罐換成了廚房刀具。對我而言，它們沒有區別，廚房只是另一個匿名創作的空間。畢竟，在牆面噴上隱藏身分的塗鴉標記，和籍籍無名的廚子在時髦餐廳廚房裡默默將醬料淋在精緻的盤中，其實

7　世界聞名的英國塗鴉藝術家，其作品主題涵蓋各種政治與社會議題。
8　美國的當代藝術家，曾為歐巴馬設計總統競選海報。

也沒有什麼不同。而且，也許這些無名無份的廚子，和我書架上那本南方料理小冊封面上的無名女傭亦無區別。是的，她是個無名氏，但這不表示她對食物的熱愛少於其他人。

這種塗鴉藝術家和南方廚師之間的聯繫，把我拉回了當時的日子裡，也就是肯塔基州的路易斯維爾（Louisville）。在這個漫長而曲折的南方料理故事中，我不斷捫心自問我的歸屬之地。

———•———

食譜不僅來自廚房，更是來自文化的各個角落。這就是你波蘭祖母的高麗菜卷特別美味的原因——它承載著一段往往與料理本身無關的故事。也許這道食譜來自她的祖母，所以當你烹調時，便能感受到傳承五代的深厚連結。同樣的道理，我祖母的韓式燉牛肋總讓我想起她一邊在爐上細火慢燉這道鹹甜醇厚的料理，一邊幫我縫補破舊襪子的畫面。食材有限，但食譜卻能流芳百世。每一道食譜的背後，都是一段交織歷史與家庭、時間與空間的故事。

拿出紙筆，寫下你現在最喜愛的食物。或許你能不假思索地列出五、六道菜。然後閉上眼睛，回想兒時吃過的味道。再想想那些透過伴侶、好友、同事，甚至在旅途中認識的美味佳餚，這份清單一定會越來越長。現在，試著為每一道料理寫下一段故事吧。也許普切塔[9]會讓你想起初次造訪羅馬的悸動，或是一根熱狗會喚起你和父親在棒球場一同觀賽的歡樂時光。

就是在這些故事裡，你才會找到屬於自己的風味與質地，並在

裡頭發現你的故事。想要真正瞭解一個人,就要嘗試他所吃過的食物。你最喜愛的食物,構成你的美食回憶錄,而它不只是一份無名的食譜集。每當我們打開瓦斯爐、放上鍋子開始烹煮,我們就是在講述這些故事,而它們也會成為更宏大的故事的一部分——一個屬於美國飲食文化的故事。

9　bruschetta,一種義式烤麵包,將麵包切厚片烘烤後,刷上橄欖油與新鮮大蒜,再堆上番茄丁、羅勒葉等配料。

食 譜 小 提 醒

你很快就會發現這本書裡的食譜沒有配圖。這不是疏失，而是我的刻意為之。我希望你能相信自己的直覺，放心地烹煮，我知道你完全具備這項能力。

配有圖片的食譜其實是相對近代的產物。數百年來，我們一直都是根據文字來學習烹飪。當我們無法確定成品應該長什麼樣子時，想像力便能自由馳騁，自行詮釋料理的樣貌。圖片確實是很好的參考，能為我們提供努力的方向，但也可能帶來負面影響。如果你做出來的料理和圖片不完全相符，你可能會感到挫敗，這絕非我的本意。這些食譜並非追求餐廳般的精緻擺盤，最重要的是食物的味道。

我希望你關注香氣、風味、口感，感受食物在嘴裡的質地。別擔心你的成品是否足夠精美到可以登上雜誌封面——只要味道好，你就成功了。

CHAPTER 1

貝涅朝聖之旅

當其他地區皆屈服於現代社會的道德重壓下之時，我們不妨向紐奧良取經，學習如何在誘惑、罪惡與救贖之間找到平衡。在這裡，放縱是一種儀式；縱情，似溽熱的空氣，無孔不入地滲透你的呼吸。

・・・

紐奧良是一座港口城市，由法國人建立，曾受西班牙統治，再被美國人買下，並受到西非、非裔加勒比後裔、德國人、西西里人和愛爾蘭人的文化影響。在美國，它是種族與文化發展最成熟、語言最多元的城市，一座不完美但仍極具誘惑力的烏托邦。如果我住在紐奧良，恐怕撐不了多久；對我來說，這裡的誘惑實在太多了。直至今日，該地依然吸引年輕人前來一探究竟，不論是遊客或是醉生夢死的浪蕩子，他們所有人最終都來到密西西比河岸，尋找他們嚮往的縱情遂欲。儘管，在法國區一帶依舊存在著刻意打造、早已司空見慣的紙醉金迷，但每當凌晨時分，等到大學生們吐光了他們的「颶風」雞尾酒[1]回家睡覺後，城市黑暗的一面便悄然甦醒。這才是我熟悉的紐奧良。我經常光顧一間位於比安維爾街（Bienville Street）上的廉價小酒館；如果耶洗別[2]在吧檯，她會立刻替你打點

安排好一切。紐奧良仍有一些在任何地圖上都找不到的場所，惟有到過這些地方，你才能真正體驗到潛伏在這座欲望之城的張力。

　　我每年會去紐奧良一兩次，大多是為了慈善活動。這是我最喜愛的城市之一，看著它在卡崔娜颶風後依然繁榮興盛，我讚歎不已，畢竟當時許多人都對它的存續抱持懷疑。我雖然會刻意避開法國區幾個總是萬頭攢動的觀光客之地，但紐奧良的美妙之處就在於，即使是俗套的觀光景點，也依然值得一遊。加拉托瓦爾（Galatoire's）和安東（Antoine's）兩間餐廳是享用美味午餐的絕佳選擇；為了去艾克米生蠔屋（Acme Oyster House），我不在乎要穿過人山人海的觀光客，那裡是城裡最熱鬧的餐廳之一。認識我的人都知道這有多難得，因為我很少主動去找充滿觀光氣息的地點。比方說，我若在紐約，就絕對不會去時代廣場吃飯，芝加哥大部分的深盤披薩店[3]也不怎麼樣；但我卻樂於為了一個貝涅[4]，在紐奧良最受歡迎的觀光景點「世界咖啡館」（Café du Monde）與人龍摩肩擦踵。

　　如果你還沒有去過世界咖啡館，可能不知道這間餐廳的營業規模有多龐大：一邊是室內咖啡館，另一邊是籠罩在綠白相間帳篷下的寬敞露天庭院。整天人潮川流不息，隊伍從販售貝涅的窗口開始，一直排到庭院外的街道上。你最好在它剛開門的時候就抵達，避開大排長龍。我去過那裡十幾次，但也無法確切說出菜單上還有什麼，因為我總是點同樣的東西：一盤貝涅和一杯菊苣咖啡。如果咖啡館裡面太吵，我就去傑克遜廣場（Jackson Square）附近走走。我通常會走到密西西比河畔，安靜地看著河水潺潺流動。

從世界咖啡館步行不到五分鐘，你會看到一棟歷史悠久的古老宅邸，小說家威廉・福克納（William Faulkner）年輕時曾短暫居住於此。雖然他在這裡只待了一年半左右，但這段經歷對他的一生影響深遠。他後來寫出許多二十世紀最受讚譽的南方哥德（Southern Gothic）小說，就是以其家鄉密西西比州的鄉村文化為背景。然而，正是在紐奧良，他遇見了他的文學啟蒙——舍伍德・安德森（Sherwood Anderson）。福克納當時住在海盜巷 624 號，並在此創作出小說處女作《士兵的報酬》（Soldier's Pay）。在後來的另一本書中，他回憶紐奧良，將這座城市比喻為「對成熟男子擁有強烈吸引力的交際花，年輕人也抵擋不住她的魅力」。紐奧良是你年少輕狂時一定要造訪的城市；而當你更加成熟且睿智，卻依然不放棄追尋夢想時，你也會再次重回紐奧良。

　　福克納的經典作品至今仍雋永流傳，他對文學的長遠貢獻，不僅來自他描寫的南方鄉村生活，更在於他顛覆時間的概念。他的小說將記憶與欲望交織，以打破時間順序和邏輯規則的方式呈現。讀者往往因為忙著跟上故事發展，反而忘了浸淫文字奔放之美——那些在書頁上鋪展開來的字句，如同一場盛宴後的西瓜籽，被隨意吐

1　Hurricanes，紐奧良知名的一款水果蘭姆雞尾酒。
2　Jezebel，《舊約聖經・列王紀》裡的人物，以色列王國國王亞哈的妻子。象徵靈性上的敗壞與道德上的墮落，因此可以搞定一切。
3　芝加哥的特色美食，餅皮比一般披薩厚，外觀更接近派，填滿內餡後先鋪上乳酪，表面再鋪一層番茄肉醬。
4　beignet，源自法國的油炸甜點，以方形居多，中間無孔洞，又稱法式甜甜圈。

落在塵土堆積的門廊上[5]。這是一種力量飽滿的敘事方式，縱然在初次閱讀時，讀者總會滿腹疑惑。有些故事過於悲慘，承載著世代累積的恥辱、歷史與謊言，已經無法用傳統的敘事手法來訴說。

有些食譜也是如此。你要是向一位上了年紀的婦人索取克里奧料理[6]的食譜，她大概只會給你一個拐彎抹角的答案——前提是她得先願意搭理你。多年來，我一直在打聽完美的貝涅食譜，卻只零星收集到一些片段式的軼聞。大致上來說，貝涅的食譜離不開相同的基本材料：麵粉、油、酵母和一口深鍋，差別只在於製作手法。我問過的每個人都有自己深信不疑的技巧。每種作法各有千秋，沒有誰更勝一籌。我自己就試過六、七種技法，結果做出來的味道基本上都差不多。食譜很簡單，不需要一分鐘時間我就能把步驟說完。但就像任何一個好故事一樣，重點不是結局，而是一路上的情節鋪陳。每次聽到關於貝涅的故事，細節總會略有不同；但也正是這些故事，使貝涅的滋味讓人回味無窮：充滿了回憶與愛，以及一撮荒誕的調味。

我的貝涅故事和福克納有關。當時，我是紐約大學的大四生，修了一門關於海明威和福克納的課。為了完成論文，我跑了一趟紐奧良；更巧的是，懺悔節（Mardi Gras）也即將舉行。那是我人生中第一次踏上維吉尼亞州以南的旅程，也是我青春時期的第一場長途公路旅行。我說服一位朋友陪我去海盜巷朝聖，結果只看到一場乏善可陳的展覽：桌子上擺著一臺打字機，據說福克納曾經在這裡喝得酩酊大醉，還鬧得鄰居雞犬不寧。最後，除了獲得一張紀念書籤，

接待人員什麼也沒給我。我和朋友抵達的那天是星期六，遇到了兩個女孩（我們在她們身上花光了所有的錢），到了星期一，我倆皆已身無分文。我們打算在懺悔星期二[7]早上離開，口袋裡僅剩的餘款剛好夠加滿回程所需的油，但就在離開之前，我在世界咖啡館吃了人生第一個貝涅。我和其他遊客一起排隊，身上的汗混合酒氣涔涔而下，我朋友在車裡狂按喇叭，他已經受夠了紐奧良。他將我們把錢都花在女孩身上一事怪到我頭上，氣得不想跟我說話。我前腳才剛踏入車內，他就立即踩下油門駛離。我緩緩咀嚼著一袋貝涅，糖粉灑滿我的胸前。快到亞特蘭大時，我們才又向彼此開口。不過我無所謂，因為一路上，我腦海裡想的都是布蘭迪（Brandi）。

———•———

我在1992年的紐約市遇見了布蘭迪。為了支付紐約大學的學費，我在大蘋果餐館（Big Apple Diner）打工。餐館位於28街和麥迪遜大道的轉角。我對廚房工作駕輕就熟，在這裡打工對我而言賺

5　作者以西瓜籽比喻福克納的寫作風格。享受盛宴後隨意吐出的西瓜籽，四處散落，就像福克納的寫作方式：長句錯綜複雜，標點符號少，思緒跳躍，時序顛倒，充滿自由與即興感。

6　Creole，紐奧良料理的典型風味之一，由法國和西班牙上流社會移民引入並融合當地菜色，以奶油為主要調味基底，風格偏精緻。

7　Fat Tuesday，原為「油膩星期二」之意，是齋戒期前的最後一次放肆飲食，許多城市會在這天舉辦嘉年華會，紐奧良正是其中之一。而前文的 Mardi Gras 為法文說法。

得相對輕鬆。早班是我唯一能排班的時段，畢竟我還要上課。每天清晨四點半左右，我會準時抵達餐館，先點燃烤箱的點火器，接著調製鬆餅麵糊和瑪芬預拌粉。然後，我會把前一天晚上切好的馬鈴薯瀝乾，開始切製用來搭配家常薯條的蔬菜。我會收到廠商當天送來的麵包和貝果，把一疊疊雞蛋移到室溫，為早上六點十五分準時開張的早餐尖峰時段做準備。之後，我會穿著沾滿乳瑪琳和藍莓瑪芬預拌粉的 T 恤去上拉丁語課。我班上幾乎都是來自私立高中、未來準備申請法學院的同學。我一邊背誦動詞變化，一邊忍受著那些我確信帶有憐憫與嫌惡的目光。後來我開始隨身攜帶一件乾淨的牛津襯衫，以便在上課前更換。

大蘋果餐廳的早餐廚師老是做不久，而我很快就明白了原因。雖然大部分的事前準備都是由我一個人完成，且工作本身並不算糟，但真正讓我受不了的是這個社區。如今，這裡被稱為諾瑪德（NoMad）[8]，街道兩旁滿是高檔餐廳和精品飯店。然而，曾有一段時間，這個街區糟糕到連警察都不願來巡邏。格里利廣場（Greeley Square）到麥迪遜廣場公園（Madison Square Park）中間一帶曾是片無人問津的廢墟，滿是殘敗的豪華飯店；如果你仔細聆聽，彷彿還能聽到最後一位趾高氣昂的行李員把一枚閃亮硬幣投入他那襤褸制服口袋的聲音。二十世紀初，這裡曾是繁華的劇院區，這些豪華飯店是當時城裡最炙手可熱的場所。然而，當劇院區北遷後，飯店業便一蹶不振。到了七〇年代，這裡大多數的飯店皆已宣告破產，棄若敝屣。當時，市政府想了一個「高明」的點子：把這些建築改造

成低收入戶住宅，收容無家可歸者和精神病患，於是這些飯店成了臭名遠揚的「福利旅館」（welfare hotel）。例如，曾以切爾克斯胡桃木護牆板和金色壁幔聞名的馬提尼克飯店（Martinique），最終牆面爬滿老鼠和蟑螂，淪為毒品買賣與性交易的溫床。無家可歸的家庭在骯髒與恐懼中苟延殘喘，而毒販、皮條客和幫派則逐漸掌控這個社區。還有其他名稱聽起來一樣氣派的飯店，例如喬治王子飯店（The Prince George）、萊瑟姆飯店（The Latham）和卡特飯店（The Carter），即使名稱再響亮，倘若你當時住在紐約，絕對會避開這些人間煉獄。幾十年來，市政府選擇無視這裡的問題，而這片社區的落魄居民則像牲畜般，在苦難中掙扎，在夾縫中求生。

　　白天，這個社區還算平靜，街上熙來攘往的上班族，讓整體環境看起來一切如常。然而，在黎明前的幾個小時裡，這裡就變成無法無天的三不管地帶，危機四伏，沒人能保證會發生什麼事。在餐廳工作的短短幾週內，我就遭遇搶劫、死亡威脅、被吐口水，甚至在上班途中被人拿著一截義肢騷擾。餐廳內的情況相對好一些，但偶爾還是會有人朝窗戶砸磚頭，或試圖偷走剛送來的麵包。

　　我認識不少來餐廳用餐的性工作者，當時我們都稱她們為站壁女郎。她們通常在凌晨五點左右上門光顧，點一份雞蛋三明治或加

8　North of Madison Square Park 的縮寫，有遊牧民族之意，後來衍生為流浪者。當地將該區如此縮寫即帶有諷刺意味。

了滿滿一勺糖的熱咖啡。我們原本的營業時間更早，但後來因為這些女郎帶來太多麻煩，便不得不推遲開店時間。有些人嗑藥上癮，有些人順手牽羊，甚至還有人試圖在廁所裡拉客。因此，我們索性將大門深鎖至早上六點，當第一縷晨光灑落，這些女孩才會離開。儘管如此，她們當中仍有一些好人。她們大多是年輕媽媽，只是想掙夠一筆讓自己擺脫這種生活的費用。如果那天生意慘淡，我會偷偷請她們喝咖啡，或是在她們的三明治裡多加幾片培根。廚房是開放式的，我可以清楚看到門口的情況。如果我認識那個女孩，就會放她進來。老闆通常要到早上七點才會過來，所以在那之前，我說了算。

　　布蘭迪是個很酷的女孩。她不賴帳，也從不惹麻煩。她身上有股塑膠康乃馨和泡泡糖的氣味，開口說話時，口音像是《亂世佳人》[9] 遇上《萬惡城市》[10] 般，帶著南方腔調，又混雜了街頭氣息。她總是把頭髮編成一條辮子，讓它垂在一側，使她看起來像是個二十出頭歲的年輕女孩，那時我也差不多這個年紀。我對人生感到不公，我在上大學，而她卻在努力養孩子。

　　布蘭迪總是趁著上班族魚貫而入前離開餐廳。她習慣點一份雞蛋三明治，而我會偷偷幫她升級成豪華版，多加一顆蛋、起司和培根。有時，我還會在她的袋子裡塞一塊起司丹麥酥餅。早班的女服務生偶爾會逮到我偷偷送食物，但我不在乎；反正沒有人願意來上早班，他們不會開除我的。

　　布蘭迪總是坐在櫃檯邊，看著我準備早餐。我們沒什麼共同話

題，只能閒聊一些無關緊要的事，比如電影明星或是天氣。有一天，我正在打包她的雞蛋三明治時，她突然問我是不是處男。我不是，但她如直球一般的問題使我臉頰發燙。「我就知道你是處男。」她笑著說。從那以後，她開始叫我「處男」，聽起來有點像在調侃，但又透露出一股優越感。每次她這麼說，言語裡總帶著某種無聲的邀請。畢竟，我很清楚她是做哪一行的。

———•———

布蘭迪每次接過我遞給她的食物袋，總會在離開餐廳前先打開一探究竟。然後，她會對我眨眨眼，揮手道別。我很喜歡她這麼做。我也默許她繼續用那個暱稱。有時候，當她這樣呼喚我時，我會忘記她的職業。在那一刻，她單純是個平凡不過的女孩，帶著幾分俏皮與我調情。而每一次我的心裡總會隱隱作痛。

在與那段日子相仿的時間裡，我開始在廚房裡做些新的嘗試，雖然算不上有成就，但至少能讓自己不至於感到麻木。我不再用餐廳的現成鬆餅粉，而是從零開始調製麵糊。我做了檸檬罌粟籽麵包和香蕉核桃麵包。這些新推出的產品廣受好評，讓我對於拓展餐館的早餐品項信心倍增。有一天早上，我在試做現炸甜甜圈時，布蘭

---

9 以瑪格麗特・米契爾（Margaret Mitchell）的小說作品《飄》（Gone with the Wind）改編的美國電影，以南北戰爭為故事背景。

10 《New Jack Cit》，美國黑幫電影，以紐約市哈林區為故事背景。

迪剛好在旁邊。我遞給她一個剛從油鍋裡撈出來、有點奇形怪狀但仍溫熱的甜甜圈。她的眼睛瞬間亮了起來。

「好吃，讓我想起了紐奧良。」她說。

「妳是紐奧良人？」

「對啊。去過紐奧良、吃過貝涅，人生才不算白活。」

「貝涅？那是什麼？」我問道。

「就是這個啊，」她舉起我給她的甜甜圈，「不過更甜、更熱、更好吃。」

「只有紐奧良才吃得到嗎？」

「只有那裡有。」

「下次我做一個給妳。」

「你不知道作法啦，處男。紐奧良才有正港的貝涅，味道好得不得了，你一定要親自去世界咖啡館嚐嚐看。」

「那個……叫什麼來著？」

「貝涅。」

「怎麼拼？」

「我哪知道，你才是大學生耶。」

「妳說它叫什麼？」

「貝涅。」

「貝……什麼？」

「貝─尼─葉，靠，你耳聾了嗎？」

某天，布蘭迪突然不再光顧小餐館了——連一句道別都沒有。

這並不意外：那些女孩通常不會在同一個地方待太久。當時是1993年，連環殺手喬爾・里夫金（Joel Rifkin）[11]終於被逮捕，市政府在各界壓力下加強掃蕩街頭犯罪，就連福利旅館也陸續關閉。即便如此，我覺得我們的關係至少超越點頭之交，她應該會和我說句再見才對。也許，我對她來說根本沒那麼重要。但我心裡清楚她一定沒事，她聰明伶俐，不會讓自己陷入險境。我猜，她應該是去尋找更好的機會了。只是，如果她能讓我知道就好了，這樣我就不必杞人憂天。話說回來，假如她真的來和我道別呢？我們會交換電話號碼並且保持聯繫嗎？也許她對我的友善，只是為了免費的食物交換。儘管如此，我還是很想念她──而且我答應自己，有朝一日，我一定會聽她的建議去一趟紐奧良，嘗一口真正的貝涅。

———●———

每次我來到世界咖啡館，都會想起布蘭迪。我總覺得，或許哪天真的會在這裡與她不期而遇。即使天氣溼熱得要命，我還是喜歡坐在戶外。我會從飯店步行到法國區，穿過香蕉樹下的林蔭，聞著街道上殘留的尿騷味被水沖刷後的氣味。很多當地人告訴我應該去起床號（Morning Call Coffee Stand）喝咖啡，但我更喜歡在清晨時分造訪法國區，這個時間點還沒有車水馬龍的觀光客。只是今天我

11　據信，里夫金在1989～1993年間，連續殺害了十七名性工作者。

來晚了。我抵達時已經是上午九點，隊伍已排到街上。我的腦袋昏昏沉沉，感覺就像有顆小豌豆在空空如也的腦袋裡東碰西撞，每一下都讓我頭痛欲裂，更別提河水還散發著一股腐臭的味道。我只是想要一塊好吃的貝涅而已。

法國區販售貝涅的店家不勝枚舉，但沒有一家能與世界咖啡館匹敵。真正優秀的貝涅，內部應該溫熱蒸騰，咬下去時，蓬鬆的內層會將熱氣瞬間釋放；它不該是空心的，也不該布滿氣孔；糖粉應該沾滿你的上脣，甚至沁入鼻腔，如果你咬的時候不小心吸氣，就會被嗆到，並咳出滿嘴糖粉。我尤其喜歡這種會讓不懂門道的新手吃得很狼狽的食物。

關於貝涅的歷史，眾說紛紜。在研究它的過程中時，很難不遇見曾經更為風行的同宗點心──卡拉斯（calas）。卡拉斯，有時被稱為米貝涅，其起源可追溯到非洲，加納稱它為 togbei，奈及利亞稱為 puff puff，在剛果則是叫它 mikate。至於它的製作原料，說法因地而異，有些地方用米，有些地方用木薯。隨時間推移，卡拉斯一路傳到了紐奧良，成為克里奧婦女在街頭販賣的主流點心。紐奧良的美食作家兼電臺主持人波比・圖克（Poppy Tooker）曾講過一個故事：二十世紀初，性工作者們會為了嘉年華盛裝打扮，挨家挨戶索討卡拉斯。隨著時代變遷，受到精製小麥粉和法國飲食文化的影響，卡拉斯逐漸演變成我們今日所熟悉和熱愛的貝涅。

幾乎每個在世界咖啡館工作的服務生都來自越南。紐奧良隨處可見各種意想不到的歷史文化交會，而這就是一個例子。越戰

結束後，越南人便開始定居紐奧良。我看著他們穿梭在餐桌間，忙著接單和煮咖啡。他們在這裡工作的時間，久遠到幾乎所有當地人都司空見慣。據說，世界咖啡館的越南服務生傳統始於四十年前的一位女服務生。有個年輕的女服務生指著一位身材嬌小、塗了粉紅色口紅的白髮婦人，對我說：「她到現在還在這裡上班呢。」那位年長的女服務生穿著一件對她來說太過於寬鬆的白色制服。年輕的女服務生告訴我，她正忙得不可開交，而且她的英語也不太流利，恐怕無法與我交談。我問她那位年長服務生的名字，她說是「安妮（Annie）」，但不知為何，我總覺得這個名字不像是本名。接著，她問我是不是在等貝涅。

「是的。如果能不要排隊的話就好了。」

「好吧。在這裡等我一分鐘。」兩分鐘後，那位年輕女子回來了，她手裡提著一大袋貝涅。我問她多少錢，她沒回答，只是對我眨了眨眼。我遞給她一張二十美元的鈔票，她道謝，然後迅速回到店裡，沒再出來過。我索性沿著迪凱特街漫步，一口接一口地將貝涅塞進嘴裡，享受這些熱騰騰的油炸麵團。

據我所知，紐奧良只有一個地方還有製作卡拉斯；他們家的卡拉斯口感紮實，筋性十足。我吃完精緻的貝涅後，會到那裡看看卡拉斯的味道有沒有改變。我坐進一間狹小昏暗的店裡，服務生端來一盤深色且質地厚重的油炸麵團。他們的卡拉斯是用熟米而非米穀粉製成，賣相不太吸引人。

我想到亞洲甜點的歷史——在亞洲引進小麥麵粉之前，米穀粉

曾是所有甜點的根基。韓國的糖餅本質上就是用米穀粉做成的甜甜圈，口感比貝涅更紮實，但同樣美味。表面撒了砂糖，趁熱享用風味最佳。首爾的街頭市場隨處可見賣糖餅的攤販。糖餅雖然樸實無華，卻讓人意猶未盡。

我實在吃不下盤子裡的卡拉斯了。我不禁想，歷史上的卡拉斯可能更像韓國的糖餅，和我現在吃的這個難吃的油炸米布丁八竿子打不著。現代韓國甜點深受日本對歐式蛋糕及點心的喜愛所影響。在韓國和日本，提拉米蘇、起司蛋糕、瑞士捲和卡士達醬隨處可見。這些甜點普遍使用精製小麥粉和精緻細砂糖，而這兩種原料並非這些文化的本土食材。然而，有趣的是，無論在日本還是韓國，烘焙師都喜歡在各種甜點撒上綠茶粉。這種綠茶粉，也就是抹茶，被視為綠茶界的天花板。抹茶的製作過程古老而神祕，必須挑選生長於蔭蔽環境中的優質茶葉作為原料。這些茶葉經過蒸菁處理，保留其色澤與風味，接著在陽光下晒乾，最後研磨成細緻的粉末。抹茶的沖泡方式儀式感十足，需使用未達沸點的熱水輕輕攪拌。早在十一世紀，榮西禪師就著書探討茶道；自那時起，日本便發展出一套近乎狂熱的現代茶文化。

我已經不記得自己是什麼時候愛上抹茶，但小時候，抹茶對我來說一直是一種特別的享受。最初是抹茶冰淇淋，然後是抹茶麻糬、抹茶蛋糕和抹茶卡士達。幾乎任何甜點都要撒上抹茶粉，從起司派到花生醬夾心餅乾（如果你還沒試過，你不會知道自己錯過了什麼），無一倖免。這些年來，我親眼見證了抹茶粉從一種鮮為人知

的日本食材，搖身一變成為廚師與家庭烘焙愛好者趨之若鶩的潮流原料。我尤其喜歡抹茶粉替甜點增添的獨特風味，特別是當細緻的抹茶粉撒在像貝涅這樣簡樸而不完美的點心上時，格外引人入勝。

———————●———————

大學畢業後，我辭去了餐館的工作。當時，我住在紐約市東村的C大道，女友是個來自日本上流社會的女孩。她教會了我許多關於日本料理的知識。要是說我因為和一個日本女孩同居就學會了整個文化的料理，聽起來似乎太過天真，但與一位和你一樣熱愛美食的人共度一年，確實收穫良多。她帶我逛遍曼哈頓的日本糕點店，還教我如何正確地泡抹茶。

我們住在一間狹長型公寓，屋子後方有一座小花園，那段時間我們過得很幸福。直到有一天，她向我坦承自己想結婚，如此一來才能留在美國。我沒有娶她，反之，我用信用卡加上朋友的貸款，開了一家自己的餐廳。從那之後，我們的關係開始惡化，冰箱門上陸續貼滿了帶有負面情緒的便利貼。我開始凌晨三點才回家，渾身充滿豬肉、啤酒和別人香水混合的氣味。在這段關係裡，我顯然是沒有分寸、不懂收斂的那一個。

我早就知道她父親是日本知名作家，所以家境優渥。後來我才發現，她不僅僅是有錢而已──是家財萬貫。換句話說，她是抹茶，而我只是一團無法成形的麵糊。這使我對她更加疏遠，我們之間的差距可謂南轅北轍。她吃泡麵會搭配海苔、椎茸和鮭魚卵，我卻是

配蘇打餅乾和美乃滋。我一直覺得她太過天真，竟以為我們可以同舟共濟、克服所有困難繼續在一起。但現在回想起來，我敢肯定，當年布蘭迪對我也是抱持相同的想法。她如果跟我道別，又能怎麼樣呢？我們的友情本來就不可能細水長流。有些世界，終究是天壤之別。

食物可就不一樣了。食物可以成為一座橋梁，連結兩個大相逕庭的世界，並孕育出最優秀、最振奮人心的料理。就我記憶所及，我一直在製作某種愛德華版本的貝涅。我的版本口感輕盈鬆軟，帶有一絲鹹香辛辣。我會在貝涅裡加入水果——冬天時可以用安琪兒梨（Anjou pear），夏天則適合熟透的杏桃或桃子。我會在貝涅淋上一層薄薄的、用柚子稀釋過的加糖煉乳。你可能會覺得我有點浮誇，不過偶爾在特殊場合，我還會先在盤子上塗抹些許的榛果巧克力醬。當然，最後在貝涅上撒些抹茶粉是不可或缺的。

這道甜點代表了優雅與簡約的完美交融。不同於我和那位日本女子的關係，甜點中的各種食材風格迥異，卻能在盤子上和諧共存，彼此襯托。這樣的和諧，在我與那些曾經認識的女人之間，幾乎從未發生過。

韓式甜甜圈

韓式甜甜圈與紐奧良的貝涅關係如遠親,卻有著相同的使命——那就是帶給人們笑容。這些甜甜圈的麵團含有大量的米穀粉,使它們的外皮比典型的美式甜甜圈更加香脆。內餡也有所不同:腰果帶來鹹香,芝麻則替微甜的餡料增加一絲略苦的風味。在首爾的秋夜裡,漫步於街頭巷尾,總能見到販售這種糖餅的小攤販。這些糖餅用平底鍋煎炸,最美味的吃法,莫過於剛起鍋時,外酥內軟,必須趁熱享用。

分量:12 個甜甜圈

麵團
- 溫水(約 44°C) 2 杯
- 細砂糖 ¼ 杯+3 大匙
- 活性乾酵母 4 小匙
- 粗鹽 2 小匙
- 植物油 2 大匙
- 中筋麵粉 3¼ 杯(另需少量麵粉用於揉麵)
- 米穀粉 1¼ 杯

內餡
- 腰果碎 1 杯
- 黑糖 5 大匙
- 黑芝麻 ¼ 杯
- 現磨黑胡椒粉 ½ 小匙
- 肉桂粉 1 小匙
- 無鹽奶油(軟化) 5 大匙
- 植物油 6 大匙
- 蜂蜜 ¼ 杯

製作麵團

1. 取一中碗，將溫水、¼ 杯細砂糖、酵母、鹽和植物油混合並拌勻。靜置 10 分鐘或見表面起泡。

2. 取一大碗，篩入中筋麵粉、米穀粉和 3 大匙的細砂糖。加入①的酵母混合液，用橡膠刮刀或木勺拌勻。以保鮮膜蓋住碗，置於溫暖處發酵 1 小時，或見麵團體積膨脹至原來兩倍大小。

3. 將麵團移至撒有麵粉的工作臺。此時麵團非常溼黏，屬正常現象。輕輕撒上足夠的麵粉，使麵團不黏手。將麵團分成 12 等份，並將每一份揉成球狀。將球形麵團置於撒有薄層麵粉的烤盤上，靜置備用，準備製作內餡。

製作內餡 & 煎炸

1. 取一中碗，將腰果、黑糖、黑芝麻、黑胡椒粉和肉桂粉混合。加入奶油，以叉子輕輕拌勻，至粉料與奶油完全融合。

2. 撒上手粉，取一個球形麵團，用手輕輕壓平。在麵團中央放上約 2 大匙的內餡後，收邊包裹內餡。用手指輕壓接縫，確保密合。將麵團接縫朝下置於烤盤。重複上述步驟，將剩餘麵團包入內餡。必要時，重新撒上手粉，以防麵團沾黏雙手。

3. 預先在冷卻架上鋪好紙巾備用。取一大型不沾鍋，加入 1 大匙植物油，以中火持續熱油。取一個②的甜甜圈放入鍋中，煎炸約 2 分鐘，或至呈現漂亮的金黃色。用鍋鏟翻面，再煎炸約 2 分鐘，同時用鍋鏟背面輕壓甜甜圈。再次翻面，繼續煎 1 分鐘。將煎好的甜甜圈取出，放在鋪有紙巾的冷卻架上。重複以上步驟，煎完剩下的甜甜圈，必要時在鍋中補充油。最後，在甜甜圈上淋上蜂蜜，趁熱享用。

抹茶貝涅

貝涅的裝飾通常是撒上一層糖粉，但我會在糖粉中加入少許抹茶粉，增添淡雅的苦味，也會混一些抹茶粉在麵團裡。貝涅口感蓬鬆柔軟，抹茶的微苦風味則平衡了甜味。抹茶有不同等級，這道食譜所需的抹茶粉用量不多，請務必選用高品質的抹茶。這份食譜可以製作 30 個貝涅。雖然你可以將配方減半，但由於麵團分量的多寡會影響發酵，所以我不建議你這麼做。反之，你可以按照完整的配方製作，再邀朋友來分享這個美味的甜點。

分量：30 個貝涅

- 溫熱的全脂牛奶（約 44°C） ⅓ 杯
- 酪乳 ¾ 杯
- 糖 3 大匙
- 速發乾酵母 4 小匙
- 高筋麵粉 5 杯
- 小蘇打 ½ 小匙
- 粗鹽 ¾ 小匙
- 抹茶粉（綠茶粉） 1½ 小匙
- 芥花油（油炸用） 4 杯

裝飾

- 熟梨（去皮去核切薄片） 1 顆
- 杏仁片 1⅛ 杯
- 加糖煉乳 2 大匙
- 抹茶粉 2 小匙
- 糖粉 1 大匙

1 取一小碗，將溫牛奶、酪乳和糖混合。加入酵母拌勻，靜置 10 分鐘，或見表面起泡。

2 取一大碗，將麵粉、小蘇打、鹽和抹茶粉混合。倒入①的酵母液，攪拌至麵團光滑。將麵團移至另一個均勻上油的大碗中，用保鮮膜覆蓋，置於溫暖處發酵 2～3 小時或見麵團體積膨脹至原本兩倍大小。

3 將麵團移至撒有少量麵粉的工作臺。以擀麵棍將麵團擀至約 1.3 公分厚，再切成約 2.5×2.5 公分的方形。將切好的麵團置於烤盤上，每塊間隔約 2.5 公分，放入冰箱冷藏 30 分鐘。

4 取一小鍋，將適量的油加熱至約 175°C。分批放入貝涅，每批炸約 2～3 分鐘，直到表面呈金黃色且中間膨脹。將炸好的貝涅置於鋪有紙巾的盤子上瀝油。

5 將貝涅置於大盤中排好，鋪上梨子切片及撒上杏仁片，淋上加糖煉乳。最後，撒上抹茶粉和糖粉（抹茶粉的量要少於糖粉）。趁熱享用。

CHAPTER 2

拳擊手與廚師

拳擊手即將倒下的第一個跡象，從他的雙腿便可看出端倪。雙腿變得沉重，腳步拖泥帶水，平衡感也變差了。他的速度變慢，閃不開那些本來不該打到他的拳頭。他變得脆弱，但仍試圖掩飾。他甩出幾記心不在焉的刺拳，想要證明自己還在狀態中。拳擊不僅關乎技術，也是一場虛張聲勢的較量。當拳擊手失去了執行步法的活力時，你已經能夠確信他的腦袋早就是一團漿糊。他的雙手也快跟不上了。他的防守因為遲鈍而出現破綻。一記重拳正中他的下巴，比賽結束。拳擊或許是一項比誰拳頭大的運動，但真正體現拳擊手技巧、體能和心理狀態的，是他的步法。但是，誰會想寫一個關於步法的拳擊故事呢？既不壯烈，也不夠吸引人。還是繼續讓拳擊手那致命的右勾拳當道吧。

・・・

想要真正瞭解麻薩諸塞州的羅威爾市，首先得瞭解拳擊。上次來到這裡，我在愛爾蘭人傑克・布雷迪（Jack Brady）的酒吧蓋爾俱樂部（Gaelic Club）度過了一個晚上，聽著布雷迪回憶他當年的拳擊生涯。布雷迪是羅威爾培養出的眾多優秀拳擊手之一，在當地被奉為傳奇人物，每個離開酒吧的顧客都會向他道聲晚安。當時，我不

只一次聽到有人特地告訴我,羅威爾就數他最首屈一指。

「最首屈一指的什麼?」我問。

「就是你這輩子會遇到最首屈一指的人。」

　　我希望今晚能再次見到傑克。我已經留了好幾封訊息給酒吧,告訴他我正在路上,但遲遲沒有收到回電。我鑽進租來的雪佛蘭轎車,趕在下班時段的尖峰前直奔波士頓外圍。只要我來到這一帶,羅威爾永遠是我必訪之地。如果交通狀況不算太糟,從波士頓往西北開過去,大約一個小時就能抵達。但到了那裡,並沒有太多值得一看的景點。當地人見到你的第一句話通常是:「你來這裡幹麼?」語氣並非威脅,而是疑惑。羅威爾是麻州第四大城市,一座古老工業城鎮,工廠林立,堅固的磚造建築隨處可見。這座城市驕傲地擁有愛爾蘭裔、義大利裔和波蘭裔社群,住著一群堅毅的老漢子,以及更堅韌不拔的老嫗。電影《燃燒鬥魂》(*The Fighter*)的拍攝地就在羅威爾,故事講述兩位愛爾蘭裔、同父異母的美國職業拳擊手兄弟檔米奇・華德(Micky Ward)和狄奇・艾克倫德(Dicky Eklund)的故事,後者更以「羅威爾之光」的稱號廣受愛戴。

　　現實生活中,這對兄弟檔曾經的訓練場地——拉馬洛西區健身房(Ramalho's West End Gym)至今仍屹立不搖,部分電影場景也在此拍攝。這間老派健身房有著咯吱作響的木地板,辦公室牆上貼著訴說羅威爾豐富拳擊歷史的黑白老照片。這樣的地方使我毫無抵抗力,完全沉醉其中。我住在孕育了拳王穆罕默德・阿里(Muhammad Ali)、位於肯塔基州的路易斯維爾,但我太過年輕,從未親眼見過

他出賽。儘管如此，我仍然在表演娛樂性最興盛的拳擊黃金時代中成長：「蜜糖」瑞·雷納德（Sugar Ray Leonard）、「殺手」托馬斯·赫恩斯（Thomas Hearns）以及「驚奇」馬文·哈格勒（Marvelous Marvin Hagler）。我還記得布魯克林的格雷森健身房（Gleason's Gym）曾是拳擊世界的中心。當我站在拉馬洛健身房裡，不禁想起那個時代的輝煌。我沉浸在沙袋震動的聲響和拳擊手在墊子上風馳電掣的尖銳摩擦聲中，深吸著皮革氣味與數十年汗水所交織出的味道。這裡的懷舊氣息幾乎可以使所有人感同身受，即使這些回憶不屬於我，也不禁讓我起了雞皮疙瘩。牆上掛著一面巨大的愛爾蘭國旗，不過如今在這訓練的孩子大多為非裔美籍和拉丁裔。拳擊是項嗜血的運動，吸引著那些萬念俱灰、最渴望改變命運的年輕人。大多數愛爾蘭裔的美國小孩早已搬離羅威爾，或選擇不再從事拳擊，但老一輩的人仍留在這裡，繼續經營這間拳館，守護著他們的城市。

　　大多數的夜晚，你都能在蓋爾俱樂部找到傑克·布雷迪。我按了門鈴，等待蜂鳴聲響起後入內。傑克坐在吧檯前，穿著一件乾淨的白色鈕扣襯衫，頭戴一頂繡有愛爾蘭國旗的綠色帽子。只要花五美元，你就可以加入蓋爾俱樂部，還會拿到一張綠色紙卡製的會員卡。由於蓋爾是一間私人俱樂部，你在這裡大可隨心所欲。你可以抽菸，可以粗俗發言，可以播放任何你喜歡的愛爾蘭音樂，沒人會有第二句話。前提是不違反傑克·布雷迪的規矩。他在他的酒吧裡坐鎮，吧檯後牆上掛滿他當拳擊手時的黑白照片。「這些照片是我女兒掛上去的，」他強調。「至於我？我他媽才不在乎這些。從退出拳擊界後，我就沒再看過一場比賽。」

傑克·布雷迪並不是羅威爾所培養出最厲害的拳擊手，但他確實有兩把刷子。他八歲就參加銀手套拳賽[1]。他在羅威爾的貧困工人階級移民社區阿克雷斯（Acres）長大，居民大多是從事艱苦工作、努力為自己爭取更好生活的愛爾蘭人。他出身拳擊世家，叔叔和祖父都是拳擊手。十五歲時，他為了參加金手套比賽謊報年齡。他曾跟我說過他早年的其中一場比賽；當時的他還只是個身材瘦小的孩子，卻必須和比他年長十歲的男人對戰。有一天晚上，正當他在綁靴子準備出賽時，對手迪基·高蒂耶（Dickey Gauthier）走過來，語氣輕蔑地告訴他，等一下要把他打得體無完膚。傑克當時只穿了一隻靴子，於是他拿起另一隻靴子，朝迪基的臉狠狠甩了好幾下，直到幾個人過來把他們拉開。這個故事使我對他佩服得五體投地。

「後來比賽結果如何？」我問。

「我在第二回合就把那下三濫 KO 了。」傑克笑著說。

他攻無不克，一直到二十四歲才吞下首場敗仗。他並不是因為喝太多宿醉而輸掉比賽，而是因為他失去了繼續戰鬥的「心」（他把「heart」的音發成「haht」）。「我受夠拳打腳踢了，」他告訴我。「我的技法還是很純熟，但我的心已經不在那了。」

夜色漸深，我注意到他反覆提到那個字。「心」。當他看到一個擁有那顆「心」的孩子時，那對他而言意義非凡。

「比賽鈴聲響起，擂臺上就只有你們兩個，」傑克說。「沒有人會來幫你。你只能靠自己。你要麼拚盡全力，要麼被打得滿地找牙。挨下第一記重擊時，你就能看出這孩子有沒有『心』。多得是

被打倒就爬不起來的，他們沒有『心』。那些能爬起來繼續戰鬥的，那才叫有『心』。我打了這麼多年，從來沒有人把我擊倒過。我的下巴硬得像水泥，而且我有『心』。」

如今的他已經超過七十歲，我幾乎無法相信照片中那個五官鮮明、身材壯碩的英俊男人，竟然就是此刻蜷縮在我身旁高腳椅上、關節僵硬的老人。只不過，他的口氣聽起來仍像是一個這輩子都只靠拳頭說話的人；他的聲音低如耳語，卻隱約帶著威脅性，彷彿隨時可能對我出手。他想強調某件事時，會用手指掐住我後頸下方的肩背，我竟不自覺地縮了一下身子。即使歲月奪走了他的體態，但他那雙碩大的手仍然厚實有力。他的手指仍有過去暴力的肌肉記憶；當他握拳時，那力道依舊像個比他年輕數十歲的男人。要不是因為肩膀的舊傷，他照樣能揮出驚人的重拳。

我威士忌裡的冰塊正迅速融化，但我並不在意。我全神貫注地聽著他說的每一句話，而他的手也一直搭在我的脖子上。點唱機震耳欲聾地傳來波諾[2]的歌聲，電視上正播著紅襪隊的比賽。我替傑克點燃香菸，他吞雲吐霧之時，傍晚最後的一道陽光從貼膜玻璃窗外灑入；煙霧被光線籠罩，宛如黑白電影中的一幕。我強忍住想拍下這個畫面的衝動。

1　Silver Mittens，通常是指青少年拳擊賽或業餘拳擊錦標賽，為年輕選手或新人提供一個展示技能和累積經驗的平臺。

2　Bono，愛爾蘭搖滾樂團「U2」的主唱。

我來羅威爾不是為了聽拳擊故事，也不是為了撰寫這座懷舊城市的輝煌歷史。我此行的目的，是為了品嘗人生中最美味的柬埔寨料理。美國人從未讚揚過柬埔寨美食，未來恐怕也不會。柬埔寨被夾在越南和泰國之間，長期以來一直因為這兩個更具文化影響力的鄰國，而被忽略（以及它的料理）。身為美國人，我們習慣在享用異國美食時，配上一點好萊塢式的浪漫情懷。然而，對大多數美國人來說，柬埔寨並沒有什麼浪漫或令人愉快的聯想。我們對這個國家的認識，大多停留在七〇年代，當時紅色高棉政權（Khmer Rouge）在波布[3]的統治下，飽受種族滅絕和大饑荒之苦。一整代人慘遭屠殺，國家被夷為平地，至今仍未從中康復。現今美國的柬埔寨裔幾乎都是那個時期逃過來的難民，他們每一個人都仍在為逝去的過往哀悼。山姆（Sam）和丹妮絲（Denise）便是其中之一。他們在羅威爾經營一家名叫「原味高棉」（Simply Khmer）的餐廳，而我在見到他們的瞬間，就深深喜愛上這對夫婦。即使羅威爾是座從未出現在任何美食地圖上的城市，你仍可以在此見證移民文化交融所帶來的變化。如今，柬埔寨人口約占羅威爾總人口數的百分之四十，大約五萬人。羅威爾的柬埔寨餐館數量比整個紐約市還要多，而且每家都很出色。有些餐廳，比如森莫諾隆（Senmonorom），為了迎合更廣泛的客群，提供融合中式料理和越南風情的混合口味。但在羅威爾，只有原味高棉的柬埔寨主廚山姆自成一派。他的料理橫跨三個世界，呈現獨特的風味融合，反映出他在柬埔寨、泰國和美國東北部的成長經歷。

山姆雖然年過半百，臉上依然掛著童稚的喜悅笑容。山姆說：「我是柬埔寨人，但我離開時年紀還太小，在柬埔寨的日子稍縱即逝。我覺得，在羅威爾的生活才真正塑造了今日的我，成就了我的廚師身分。」

　　我們簡短地聊了幾句後，他便回到廚房，準備迎接忙碌的晚餐時段。這已經是我第三次來他的餐廳。我手裡拿著筆記本，心中有無數的問題想要問；甚至在開始談論食物之前，我還想瞭解更多與他人生有關的細節。

　　大部分餐廳可以被劃分為兩類：要麼掌廚者的身分無關緊要，要麼就是一位早已聲名大噪的名廚，在你瀏覽菜單之前，就已經熟知他的故事。然而，像山姆這樣的餐館則與眾不同，因為你可以透過每一碗端上桌的熱湯，親自發掘廚師的故事。要描述山姆的料理，就必須瞭解他的人生經歷。關於這一點，我和那些只在乎盤中食物的美食評論家意見相左。他們講述的故事，大部分和自己有關——自己的偏好、自己的期待……這些都不是廚師的故事。雖然這些評論對餐飲文化可能仍具必要性，也有一定的價值，但它們斬斷了食物和其由來、背景與根源的連結。對我來說，一道菜從來不是一切的終點，恰好相反：對我來說，美食才是起點，是一條得以追溯某個人的線索，而這個人的故事，往往值得一探究竟。

3　Pol Pot，1963～1997年期間，赤柬（紅色高棉）的最高領導人。

山姆回到廚房後，我留下來和他的妻子丹妮絲坐在一塊。她個性外向，風韻猶存，美得讓人忍不住想像她年輕時的風采。即將邁入知命之年的她，在 1983 年離開柬埔寨，落腳於堪薩斯州威奇塔一個以白人為主的社區，在那裡過著相當典型的美式成長生活——直到她姊姊和一個住在羅威爾的柬埔寨男子訂婚。這就代表他們得舉家搬遷。當時，丹妮絲才十六歲。

　　她現在已經當祖母了，但你絕對看不出來。她說話時帶著青春洋溢的笑容，在餐廳裡走動時也充滿活力，跟年輕一輩沒什麼兩樣。她親切健談，總是熱心向我解釋菜單上我不認識的菜名，比如「baw-baw」、「som-law」和「pro-hok」（菜單上也寫成「praw-hok」，但丹妮絲說它們其實是同一道菜；她解釋，拼寫方式會因人而異）。

　　瀏覽一份完全陌生的菜單，就像在服務生端水過來的短時間裡，試圖學會一門新語言。我的目光在菜單上來回掃視，想要找出規律或任何熟悉的線索，來幫助我解讀。初學者會直接依據圖片點餐，但我懂得該避開這樣的陷阱。我想要的是那些獨特且能牽動感受的菜餚。我大老遠開車到羅威爾可不是為了吃春捲，不管它們有多好吃。我要的，是那種讓服務生在我點菜時會瞪大眼睛，帶著難以置信的語氣問我：「你確定要這個嗎？」的菜。沒錯，這就是我要的，還有其他那三道會讓你對我產生懷疑的菜。丹妮絲向我介紹菜單時，我告訴她，我想要嘗試一些真正與眾不同的料理。我從來不會在第一次點菜時就直接點到自己真正想吃的東西（這次也不例外）。我不得不禮貌婉拒了她推薦的雞翅和辣蝦（是的，我相信大家都喜歡

點這幾道，但我可不是「大家」，我想要的是更道地、更有深度的東西）。丹妮絲又推薦了一道經典的炒牛肉或炒豬肉——每個亞洲國家都有自己版本的那種菜餚。再一次，謝謝，但不用了。然後，我的目光落在菜單上一道菜名稱特別長的料理，那串難以發音的子音組合顯得格外生硬。它孤零零地被印在那一頁上，顯得突兀且孤單：「Som-law Ma-Ju Kroung Sach Ko」。這道菜為什麼會在這裡？它與菜單上的其他菜餚格格不入。既然他們願意特地把它列入菜單，那肯定有它的價值。我指著這道菜，仔細觀察丹妮絲的反應。她勉強點了點頭，比起真心推薦，她的語氣更像是經過專業訓練的客套。「這道菜味道有點腥喔。」她說。我低頭看了看英語描述，那是一串毫無章法可言的食材列表，然後我注意到其中寫著「牛肚」。腥味和牛肚？這正是我要的。丹妮絲燦爛一笑，問我：「你確定嗎？」我再確定不過了。

她還同意我點了煙燻魚末佐泥魚醬、搭配臭魚醬（tuk pro hok，一種發酵魚醬）的牛腸，以及高棉清蒸咖哩魚（amok trey）——一道以香蕉葉包裹、用椰奶、香茅、青檸和紅蔥頭調味的蒸魚料理。餐點上桌時，光是聞到香氣，我就知道這與我過往的經驗相去甚遠。我曾在休士頓和洛杉磯的柬埔寨餐廳用餐過，但每次都讓我覺得那些菜比較像是越南料理。來原味高棉餐館之前，我的觀念仍相當模糊：要不是我不太喜歡柬埔寨料理，就是柬埔寨料理大概沒有什麼特別之處。但在內心深處，我知道這兩種想法都不是真的，我只是尚未獲得真正認識這種料理的機會。柬埔寨料理的食材與鄰近國家

非常相似，因此人們不易辨識它的獨特性。椰奶、香茅、薑、羅勒和辣椒是整個東南亞料理的共通元素，讓人難以辨別出泰式料理與柬埔寨料理的界線。然而，每一道從山姆廚房端出的美味菜餚都以一股濃烈的發酵魚醬作為味道核心，這就是一項壁壘分明的差異。他稱其為 pra-hak，基本上是用發酵過的魚和內臟，混合香料及各種根莖攪搗成醬，直到它轉化成精華。正是這魚醬精華，替山姆的料理賦予了層次與深度。

像是椰奶、薑和香茅這類食材，早已深深融入美國的日常飲食文化，以致於我們經常忘記它們原本是多麼具有異國風情且氣味濃郁。品嘗一道香茅奶凍是一回事，但當你面對的是一大把香茅，以及一整排風味強烈的食材，那又是完全不同的體驗。山姆的料理讓我越吃越餓；我彷彿進入了另一種精神狀態，那些味道與香氣在體內流轉，帶給我從未體驗過的感官衝擊。我非但沒有感到飽足，反而像上癮般要求更多。甚至連臭魚醬（起初的氣味強烈到讓我有點作嘔）也令我漸漸無法抗拒，不斷用手指沾著品嘗。主要原因來自於鹽分：這些料理的鈉含量很高，我就是無法抗拒。那些草本香氣的食材不僅掩蓋了鹹味，還替料理本身增添層次，讓我不自覺食指大動，直到血壓開始抗議，央求我停手。我就這樣坐了整整四十五分鐘，始終沒將湯匙放下過。丹妮絲每隔幾分鐘就過來關心，而每一次我的下巴總是沾滿了醬汁。

當我總算停止進食時，我早已精疲力盡。世界彷彿一瞬間鴉雀無聲。就像性愛結束後的那幾秒短暫空白，你只能聽見自己的呼吸

聲。我靜靜地坐著，只能喘息，所有念頭蕩然無存。我低頭看著筆記本，發現頁面仍然一片空白，我竟然什麼都沒記下來。幸好，丹妮絲非常貼心，願意再一次為我詳細回顧菜單上的每道料理，並列出所有食材。牛腸的作法我就不贅述，但我強烈推薦你試試看P66的清蒸魚。我用鯰魚取代原本食譜中的吳郭魚，不過任何肉質緊實的魚都可以使用。我還稍微調整了山姆的食譜，讓步驟更簡便，但所有的關鍵食材都保留了下來（如果你想知道的話——山姆很樂意分享他的食譜，除了臭魚醬之外。沒錯，我最想要的那道）。

用完餐後，我在餐廳裡等待山姆結束廚房內場的工作。我吃得大腹便便，中途甚至還打了個盹。等到客人漸漸散去後，山姆來到桌邊，坐下來陪我聊天。他是一個溫和有禮的人，略顯拘謹，但真誠迷人。他現年六十多歲，1974年，十二歲的他跟著家人來到羅威爾。在那之前的記憶，對他來說只是一片模糊不清的陰影。山姆在靠近泰國邊境一個小村莊的農場裡長大。紅色高棉進村後，他的生活就此走上一條充滿暴力的不歸路。原本寧靜的農場變成了勞改營。有一天晚上，村裡的男人被指控密謀越境逃亡。第二天，士兵們來了，幾乎把所有男性（包括山姆的父親）全部帶走。那之後，他們再也沒有回來。山姆認為他們都被殺害了，但沒有人能給出答案。他當時只有八歲，記不得太多細節，但卻清楚記得自己被送往一處偏遠的勞改營，每天永無止境地勞動，從日出到日落。唯一的休息時間，就是吃一頓稀飯；裝著粥的大碗盆被隨便丟在桌上，沒有平均配給，飢餓的家庭為了爭奪自己的一份食物，只能互相爭搶。山姆偷過士兵的食物，也曾躲避勞動，抓魚果腹。他也用桶子捕捉青

蛙和蚱蜢,晚上就地取材在火堆上烤來吃。他在那個勞改營待了整整兩年,直到越南軍隊攻入柬埔寨,他和倖存的家人終於得以越境逃往泰國。他們在泰國待了兩年,山姆在市場打工,並和母親一起煮些簡單的飯菜餵養其他難民。在那之前,他的阿姨和叔叔已經設法抵達美國,並告訴山姆一家,有一個地方聚集了許多柬埔寨人,叫做羅威爾,他們能在那裡的紡織廠找到工作,開啟新的生活。

　　山姆剛到羅威爾時不會說英語,便在中餐廳當洗碗工。高中畢業後,他開始從事汽車維修的工作。二十多歲時,他還開了一家汽車板金修理廠。他在母親的介紹下認識了丹妮絲,當時他母親是裁縫師,正在為丹妮絲的姊姊製作婚紗。兩人結婚後努力工作,供孩子念大學,希望他們未來有更好的生活。這就是故事的全貌了,也本該是一個移民奮鬥故事的圓滿結局。

　　但是,山姆一直有個埋藏已久的渴望──他想要做菜。他在九〇年代開過一家餐廳兼夜總會,但最終以失敗收場。這次的失敗使他深受打擊,也一直對此耿耿於懷。於是,在五十歲的時候,他決定捲土重來,開了原味高棉餐館;這一次,他傾心竭力烹煮自己童年的味道。他憑藉對兒時品嘗菜餚的模糊記憶,開始著手打造一份全新風貌的柬埔寨菜單。

　　「你怎麼能確定自己還記得十歲時的味道呢?」我問他。他聳了聳肩,說:「也許不能完全一樣,但已經夠接近了;只要味道對了,我就能感覺得到。」這或許就是「柬埔寨人」這個身分的意義所在。我回想起自己十歲時吃過的東西,想著是否能靠記憶重現祖

母煮的那些菜。我想，我大概做不到。

山姆坐在我面前，手裡拿著紙製廚師帽，臉上帶著歲月刻畫的痕跡與微笑，表情謙遜。他或許沒有意識到，自己正在做一件大多數廚師都無法做到的事。他並不認為自己有什麼過人之處。我二十歲就開始接受專業訓練和烹飪，而山姆則是在度過了一生的艱難歲月後，才踏進餐廳的廚房。按照常理來說，他的故事不應該成立；沒有人會在五十歲才開始學做菜，卻能做出如此美味的料理。他告訴我，他正在研究一道龍蝦料理，因為──嗯，他住在麻州，而這裡的人都愛龍蝦。他還說，他想做青蛙腿料理，以及用動物肝臟和血做的湯⋯⋯話題繼續延伸，他滔滔不絕。

───●───

隔天晚上，山姆邀我到他的廚房參觀。內場只有他和三位年長的柬埔寨婦女，她們提著裝滿各式各樣食材的塑膠袋，在廚房裡來回穿梭。我看著其中一位婦女不停地用大石臼和杵搗著青木瓜絲，直到空氣中瀰漫著酸甜香氣。山姆大部分時間都站在火爐前，隨著火焰吞吐的節奏，同步甩動炒鍋。餐期空檔，我們走到廚房後面的小庭院，一起抽支菸。水泥地上隨意擺放著幾盆香草植物，都是市場上不一定能買到的新鮮香料。他還向我展示他正在修理的煙燻爐和烤箱。他的冰箱和食材儲藏室裡雜亂無章，讓他看起來幾乎像個囤積狂。

我在專業廚房學到的第一課，就是建立一套嚴格的標籤分類與

組織系統。因此,看到山姆的食材裝在不透明的袋子裡,沒有任何標籤,毫無辨識規則可循,實在讓我不敢恭維。廚房裡的幾位婦女各自在不同的角落忙碌,做著看似與堆積如山的訂單毫無關聯的工作。這裡沒有嚴謹的廚房結構,沒有一條明確分工的作業線,只有山姆一個人。他雷厲風行地回到炒鍋前,高聲喊出他需要的食材,助手們則迅速遞上聖羅勒、竹筍,以及用夾鏈袋分裝好的豬肉。他一個人孤軍奮戰,埋頭狂炒,火焰直竄天花板。他的聲音越來越大,最後幾乎是用吼的在下指令。

儘管這場舞蹈原先看似混亂,現在卻有如精心編排。一道道菜餚以驚人的速度組合完成。那個處處凹陷、傷痕累累,看起來像是從我祖母櫥櫃裡翻出來的舊炒鍋,竟然奇蹟似地變出一鍋層次豐富、色彩鮮明的湯;湯品隨後便盛入大號的美耐皿碗,端進用餐區。那口炒鍋不曾有冷卻下來的一刻。完成一道菜的擺盤後,炒鍋立刻被沖洗乾淨,緊接著又是一輪食材在鍋中的滋滋作響。

誰能說山姆的這套運作方式是錯的呢?大部分專業廚師都講求無縫接軌的流暢生產線作業,但這樣的過程是否讓我們失去了一些東西?或許,在這場混亂之中,山姆反而保留了人與食物之間某種難以言喻的連結。

然後,就這麼突然地,兵荒馬亂戛然而止。幾位婦女又回頭各忙各的,廚房再次變得荒謬無理。一名服務生正在替青木瓜沙拉擺盤,山姆和我則繼續剛才的對話。我最後還是沒有建議他應該如何整理儲藏室,使其更有條理。既然食物已經夠好吃,那又何必去深

究他的廚房管理方式？再說，對於那些沒有受過西方廚房體系規訓的移民廚師，我們還有很多可以學習的地方。

在我人生的大部分時間裡，我一直是從「異國」餐廳中尋找靈感。我發掘他們的食材與概念，然後將它們「重新詮釋」到我的菜單中；這其實是委婉的說法，實話是我讓這些料理變得更符合那些不習慣強烈或辛辣口味的顧客。從某些角度看起來，我的作法是一種剝削。我從另一種文化中汲取靈感，磨其稜角，使它們更加精緻（有些人可能會說是平淡）。作為這個時代的廚師，我的許多同行也在做類似的事情。甚至山姆在追求更優質料理的同時，也是在精煉他的食物，將他曾在難民營吃過的那些味道，轉化為更細緻、更加洗鍊的版本。我敢說，絕對有一些柬埔寨顧客在他的餐廳用餐時告訴他，他的食物不夠道地，和他們老家的味道不一樣。但是，要讓任何一種料理得以發展傳承，它就必須被那些沒有親身經歷過這種文化的人接受。但如果一道菜變得完全無法辨認，那麼這道菜以及它的傳統根源，又會變成什麼樣子呢？要回答這個問題並不容易。然而，當我親身體驗山姆的料理、品嘗他的食物時，我意識到他的創作過程比我最初想像的還要複雜許多。當我站在他的廚房裡，我的角色不再是蒐集者，而是學生。

山姆在羅威爾找到了屬於自己的一片天地。丹妮絲站在出餐口，注視著不斷湧入的訂單。從她的眼神中可以看出，她為他感到驕傲。我說不出一家偉大的餐廳應該符合哪些明確標準，但我知道，此刻我正身歷其中。在這座大多數美食作家不曾駐足的小鎮、

一個毫不起眼的廚房裡，我目睹了魔法的誕生。我看著這對刻苦耐勞的夫妻，用愛的力量在廚房裡並肩奮鬥，創造出值得慶祝的事物，來抹除成長歲月裡的悲劇。而我不願意放開這股能量。我羨慕極了。

我一直待到餐廳打烊。我們又再多聊了一會兒，直到夜深得無法再通融。我走進夜色裡，再次意識到自己身處羅威爾，一個鳥不生蛋的地方。整座城市百無聊賴，令人感覺沉悶。山姆和丹妮絲開車離去，我回頭望著餐廳，店內一片昏暗，毫不起眼，看起來就像任何一家預算有限的小餐館。如果你不知道門後藏著什麼好料，你絕不會想到要在旅途中特意停下來。

———●———

我走到蓋爾俱樂部，找到了傑克・布雷迪。我問他對柬埔寨人的看法，他的回答令我意外。他開始滔滔不絕地講述自己在阿克雷斯成長的經歷。他告訴我，自己曾遭受英國人以及那些想掌控所有財富的混帳欺壓。他和羅威爾的每個愛爾蘭人一樣，為了在美國掙得一席之地，不得不拚了老命。他目睹同樣的事情發生在義大利人、希臘人、葡萄牙人、立陶宛人、波蘭人，以及其他族群身上。蓋爾俱樂部是羅威爾第一家私人愛爾蘭俱樂部，這點讓他深感自豪。他對於拳擊的態度顯得漠不關心。他說，羅威爾大概不會再出現偉大的愛爾蘭拳擊手了。如果你是愛爾蘭人，又有點頭腦，你要麼找份好工作，要麼趕緊離開羅威爾。他知道吧檯後牆上那些黑白照片代

表著羅威爾的輝煌歲月，但他同時也記得那些日子的痛苦與暴力。傑克拒絕再看任何一場拳擊比賽。他似乎在過去與未來之間掙扎——一方面，他熱愛這段歷史，癡迷熱愛著芬尼・波伊爾（Phinney Boyle）、賴瑞・卡尼（Larry Carney）和米奇・華德等拳擊手的傳奇故事；另一方面，他又不願成為一個沉湎於回憶的多愁善感之人。至於柬埔寨人？他們只是下一波移民浪潮中的一部分。他們上學，努力工作，光顧他的酒吧，而且很有禮貌。他們也會在羅威爾留下自己的印記，只是，不會是在擂臺上。

我問傑克喜不喜歡《燃燒鬥魂》這部電影。他說喜歡，因為它很真實且精確。它有「心」。在這座城市裡，走進任何一家愛爾蘭酒吧，都一定會看到馬克・華伯格（Mark Wahlberg）和艾美・亞當斯（Amy Adams）與當地民眾合影的照片。我不太確定成為愛爾蘭裔美國人意味著什麼，但當我聽著傑克・布雷迪講述過去時，我完全沉浸其中。那一刻，我彷彿能感受到愛爾蘭裔美國人的奮鬥，他們的堅韌，他們對范・莫里森（Van Morrison）[4]的熱愛，他們的激情，以及他們的戰鬥精神。傑克・布雷迪的眼神透著光芒，彷彿還燃燒著那股不服輸的鬥志。當他離世時，我們將會失去一個偉大的靈魂，和一位受人尊敬的人物。我們將失去一段珍貴而真實的美國歷史。

4　愛爾蘭近代民謠及搖滾的精神宗師。

清蒸咖哩魚

這是一道包裹在香蕉葉中清蒸，奶香濃郁、香氣四溢的魚肉咖哩。簡單得在家也能輕鬆完成。等待賓客入座後，當著他們的面打開包著魚的香蕉葉，絕對會讓人眼睛為之一亮。這款醬汁風味溫和，香氣卻充滿層次。我使用鯰魚，但其他肉質緊實的魚，例如大比目魚或鱈魚，也同樣適合。建議搭配炊飯和亞洲風味的泡菜。

分量：4人份主菜

- 香蕉葉（30 × 30公分） 4片

香料醬
- 泰國檸檬葉（切碎） 12片
- 紅蔥頭（切碎） 1顆
- 香茅（去除外層老皮） 2根
- 蒜頭 5瓣
- 萊姆 1顆
- 薑末 1大匙
- 魚露 2½大匙

- 辣椒粉 2小匙
- 蝦醬 2小匙
- 黑糖 2小匙
- 薑黃粉 1小匙
- 粗鹽 1小匙

- 椰奶 1½杯
- 鯰魚片（約113公克） 4片
- 粗鹽 適量

準備香蕉葉

1 取一大鍋煮水至沸騰,放入 1～2 片香蕉葉,煮約 5 分鐘,或至葉子軟化且易疊放。取出後放在紙巾上瀝乾。重複同樣步驟處理剩餘的香蕉葉。

2 保留鍋中部分的水,放入蒸籠,水位要低於蒸籠底部。

製作香料醬 & 蒸魚

1 取一小碗放入泰國檸檬葉和紅蔥頭。使用刨絲器將大蒜與香茅刨入碗中,另外先將萊姆皮屑刨入碗中,再對半切開,擠入萊姆汁。隨後加入薑末,再依序加入魚露、辣椒粉、蝦醬、黑糖、薑黃粉與鹽。將混合物轉移至大研缽中,用杵搗成糊狀。若沒有研缽和杵,可用刀背壓碎所有食材,在砧板上來回搗製成糊狀。

2 取一中型平底鍋,倒入①的香料醬,加入椰奶,小火加熱至微滾,燉煮 3 分鐘後關火。

3 將鯰魚片撒上適量的鹽。取一片香蕉葉放在砧板上,舀 1/3 杯②的椰奶醬汁至葉片中央,放上一片鯰魚排,再倒入 1/3 杯的醬汁。用香蕉葉包裹魚肉,先折疊上下兩端,再將兩側折入,最後用竹籤固定葉片,確保封住食材。重複相同步驟,包裹剩餘的魚排與醬汁。

4 將蒸鍋中的水加熱至微滾。放入包好的魚,蓋上鍋蓋,蒸 30 分鐘。

5 從蒸籠取出香蕉葉包並擺盤。將餐盤端至賓客面前,讓他們親手打開香蕉葉,享受這道美味料理。

柬式醃豬肉煎蛋

柬埔寨的醃肉（Lab，Laab、Larb 或 Lahb）是一種先將肉類煮熟，再以香料醃漬後冷藏的料理。類似的菜餚在泰國和印尼也有。柬埔寨醃肉通常使用豬肉或牛肉，有時也會用鴨肉，並以生菜葉包裹食用。我的版本有點類似東南亞風味的「炒料吐司」（hash on toast），本質上是一道開放式三明治（open sandwich），將調味過的醃肉堆疊在爆米花麵包上，再搭配一顆煎蛋。我之所以想到用爆米花麵包，是因為我非常喜歡吃爆米花袋底的小碎屑，它們的口感讓我聯想到愛爾蘭蘇打麵包，但風味上又多了一絲堅果香氣。

分量：4 人份主菜

醃肉
- 芥花油　2 小匙
- 豬絞肉　約 450 公克
- 大蒜（磨泥）4 瓣
- 水　¼ 杯
- 醬油　2 大匙
- 紅蔥頭（切碎）½ 杯
- 墨西哥辣椒（去籽切碎）2 大匙
- 香茅（白色部分磨泥）2 大匙
- 生薑（磨泥）1 大匙
- 小黃瓜（刨絲）¼ 杯
- 萊姆（取皮屑與榨汁）4 顆

- 魚露　1½ 大匙
- 糖　1 小匙
- 孜然粉　½ 小匙
- 海鹽（依口味調整）¼ 小匙
- 蔥綠、芫荽葉（切碎）各 ¼ 杯
- 新鮮薄荷（切碎）2 大匙

- 無鹽奶油　4 大匙
- 雞蛋（大）4 顆
- 粗鹽和現磨黑胡椒　適量
- 爆米花麵包（約 1.25 公分厚）4 片（食譜後附）

製作醃豬肉

1. 取一大平底鍋倒入芥花油，以中火加熱。加入豬絞肉，快速翻炒 3～4 分鐘，拌炒時要一邊打散肉塊，避免肉色轉深。接著加入蒜、水和醬油，轉小火燉煮約 5 分鐘，至豬肉完全熟透。將煮熟的豬肉移至大碗中，放涼備用。

2. 將紅蔥頭、墨西哥辣椒、香茅和薑加入①的豬肉，攪拌均勻。將刨成絲的小黃瓜以紙巾包裹，擠出多餘水分後，放入碗中。接著加入萊姆皮屑、萊姆汁、魚露、糖、孜然粉和海鹽，充分拌勻。最後加入蔥綠、芫荽葉和薄荷，再次拌勻，然後試味道，並依個人口味調整鹽量。蓋上保鮮膜，放入冰箱冷藏至少 1 小時，或可冷藏過夜。

3. 準備上桌時，取一大平底鍋以大火加熱奶油，直到融化並開始起泡。將雞蛋打入鍋中，煎 1 分鐘，蓋上鍋蓋，再煎 1 分鐘。用鍋鏟取出煎蛋，放在盤子上，撒上適量的鹽和黑胡椒調味。

4. 另取一大平底鍋，以大火加熱。將爆米花麵包兩面均勻抹上奶油，放入鍋中煎烤，翻面一次，直到兩面呈淡金黃色，每面約 1 分鐘。將烤好的麵包片擺放盛盤。

5. 利用熱鍋餘溫，倒入②的醃豬肉快速翻拌至溫熱。將加熱後的醃肉鋪在烤好的麵包上，最後放上煎蛋。趁熱上桌。

搭配 爆米花麵包

分量：2 條

- 水　½ 杯
- 牛奶　½ 杯
- 活性乾酵母　1 大匙
- 砂糖　2 大匙
- 爆米花（已爆好）　2 杯
- 粗鹽　2 小匙

- 雞蛋（大）　2 顆
- 無鹽奶油（融化後放涼）　5⅓ 大匙
- 培根油或豬油（融化）　1 大匙
- 中筋麵粉　3 杯

1. 取一小鍋，將水與牛奶混合，加熱至約 44°C，倒入小碗中，加入酵母和糖拌勻，靜置 10 分鐘或至表面起泡。
2. 將爆米花放入食物調理機，攪打至接近玉米粉之粉末狀，倒入大碗備用。
3. 將①的酵母混合液、鹽倒入②的爆米花粉中拌勻。加入雞蛋、融化的奶油和培根油，繼續攪拌。在使用矽膠刮刀攪拌同時，慢慢加入麵粉，直到形成一個粗糙且略帶黏性的麵團。
4. 將麵團移至撒有麵粉的工作臺上，揉捏 5 分鐘至麵團變得濕潤具延展性。將麵團放入薄抹過油的大碗，蓋上保鮮膜，置於溫暖處發酵 30 分鐘，至見麵團體積膨脹約兩倍大。
5. 用拳頭輕壓麵團排氣，再次發酵約 30 分鐘。

6 取兩個約 21×11 公分的麵包模具，上油備用。將麵團移到無需撒粉的工作臺上，分成兩等份。將每份麵團整成長條狀，放入模具中。靜置發酵約 1 小時，至麵團體積膨脹約兩倍大小。

7 以約 175°C 將烤箱預熱。

8 將麵團放入烤箱，烘烤 35～40 分鐘，至表面呈現金黃色。取出後，在模具內靜置 10 分鐘再脫模，移至冷卻架上放涼至室溫。

CHAPTER 3

異域麵食

想像一道你再熟悉不過的料理,一道你已經品嘗過上百次的菜餚。現在,試著改變其中一種食材。你還能認出這道菜嗎?如果這個微小的變化能顛覆你對它的印象,甚至帶給你前所未有的味覺震撼呢?我們與所愛食物的連結,是一種微妙的平衡,哪怕是最細微的變動,都可能引發我們難以言喻的不安。這就如同一位你認識多年的同事,突然換了個全新的髮型,使你一時半刻間認不出對方。她的聲音、穿著、舉止依舊,但當你聽她說話時,心裡卻不禁浮現一個疑問:「我真的認識這個人嗎?」這讓你開始質疑自己的判斷。對我來說,人是會改變的,這還算可以理解,但當這種變化發生在一道我深愛的料理上,那就是另一回事了。我會不知所措,彷彿世界的秩序被打亂。人是善變的。而我們總是希望食物是可靠,且可以預測的。然而,一個寒風刺骨的秋夜,我在布魯克林布萊頓海灘的喀什小館(Kashkar Café)內,不得不面對使我驚恐萬分的未知恐懼。而起因全是來自一碗麵。

・・・

喀什小館是一家專門提供維吾爾料理的餐廳。若是你對維吾爾族美食感到陌生,不用擔心,地球上大多數人也和你一樣。維吾爾

族起源於中國西北邊境的古老部落,他們主要聚居在一片與俄羅斯、哈薩克斯坦、吉爾吉斯、阿富汗、巴基斯坦,以及印度相互接壤的廣袤土地,即新疆維吾爾自治區。雖然維吾爾族隸屬於中國,但他們的文化和生活方式卻與你所知的上海或廣州人有著明顯差異。他們被歸類為「中亞人」——一個彷彿被光陰凍結且富有神祕文化底蘊的分類。維吾爾族信奉伊斯蘭教,擁有自己的語言和習俗;而在這一間僅有八張桌位的低調小餐館裡,一幅牆上的壁毯便生動刻畫了這些風情。這家小餐館位於布萊頓海灘大道末端的一條小路旁,被周圍的俄羅斯風味市集、熟食店和水果攤簇擁。如果你只是走馬看花地路過,可能會覺得喀什小館除了招牌上方那一小顆象徵穆斯林信仰的新月和星星標誌之外,便平凡無奇。

店裡頭,餐廳主廚兼一家之主的尤塞夫・烏米德瓊(Yousef Umidjon)坐在靠近廚房的餐桌旁,頭上戴著傳統的塔基亞帽;鬢髮皤然的他,正安靜地享用著晚餐。他的手指輕輕撥弄著盤子裡的羊肉和高麗菜。我可以從他用手比劃的方式,看出他不會說英語。他的雙眼有些渾濁,但目光堅定,沒有任何過分好奇的神情。他的兩名二十幾歲的兒子和女兒,正忙碌地穿梭在餐廳裡,點餐上菜,或開火下廚。但尤塞夫卻文風不動,如同冬眠中的熊。我坐在窗邊的一張桌子上,目光始終停留在他身上,等待他抬起頭的那一刻。

長年以來,布萊頓海灘對不同的人而言,有著不同的意義。猶太人、波蘭人、義大利人、西班牙裔和俄羅斯人都曾在這裡找到了屬於自己的家園。如今,主要來自烏茲別克以及其周邊國家的中亞

新移民，也同樣在此找到歸屬。

我是在卡納西長大的，就在這地區往北方一些。我的鄰居有印度人、牙買加人、義大利人和猶太人。後來，我進入了布朗克斯（Bronx）的一所「優秀」高中，在高二那一年，我們讀了尼爾‧賽門（Neil Simon）的劇作《布萊頓海濱回憶錄》（*Brighton Beach Memoirs*），講述的是大蕭條時期，猶太裔男孩尤金‧傑洪（Eugene Jerome）的成長故事。我當時和英語老師為此爭論了一番，因為我就住在附近，卻從來沒有遇過像尤金這樣的人。老師當場毫不留情地給我上了一課，講解「回憶錄」這個詞的真正含義。

七〇年代後期，犯罪和毒品的惡臭在布萊頓海灘蔓延，即便這個社區充滿多采多姿的文化，但環境卻也充斥敵意。每年夏天，我們全家都會去康尼島（Coney Island）一日遊，沿著木棧道一路走到布萊頓海灘。我記得自己吃著塗滿黃芥末的納森熱狗（Nathan's），無論我怎麼試圖用背抵擋海風，熱狗裡面老是會混進沙子。就在這片汽水罐垃圾比貝殼還多的沙灘上，我們家總是會大聲地用韓文爆發尷尬的家庭紛爭；而我姊姊卻總能金蟬脫殼，跑去和完全不認識的陌生人交朋友。我喜歡看她和其他青少年坐在月神樂園的遊樂設施上驚聲尖叫，但我從不被允許靠近那些地方。我喜歡那裡的味道：蒸騰的烤熱狗帶有致癌的焦香、卡普特牌（Coppertone）椰子口味防晒乳的甜膩、百威啤酒的空罐留下的苦澀，以及鹹鹹的海風吹拂，挾帶著棉花糖的甜味，彷彿兩者交織的目的，就只是為了使孩子們一展笑靨。回頭看，那裡或許只是老百姓想去海邊避暑時的平庸選

項，但對我而言，那就是天堂。我們會一直待到日落。姊姊和我會拚命地跑，希望能追趕上即將消失的太陽，讓夏天多停留幾分鐘。對我來說，那是世界上最美的地方。大概是在我九歲左右時，我們就不再去了。

我還記得八〇年代，俄羅斯移民剛湧入布萊頓海灘時的情景。他們雖然初來乍到，但卻無所畏懼，甚至帶著一股咄咄逼人的傲氣。他們穿著運動服和皮衣。他們作風高調，開著各式豪車。和早已定居於此的義大利及波蘭移民相比，他們顯得格格不入。即使還不太瞭解他們，我們也出於本能地對他們敬而遠之。當時，有關「俄羅斯黑手黨」的傳聞已經傳開，讓我們對他們多了幾分戒心。

在我十歲那年，我們搬到了曼哈頓，之後的整個青少年時期，我都刻意避開布魯克林的那個區域。父母告訴我，我們很幸運能夠離開布魯克林，因為許多家庭都無法脫離困境。他們在布魯克林的生活一直是水深火熱的掙扎，入不敷出，日子過得很拮据。因此，我從未對布魯克林產生鄉愁與眷戀。它不過是通往中產階級繁榮生活路上的其中一站罷了。

―――― • ――――

這是我第一次重回這個老街區。我坐在 B 線地鐵上。到了布魯克林的第二站，所有時下新潮男女都已下車，剩下的是來自各地的勞工階級移民，他們還得長途通勤至東布魯克林。這些人來自世界

各地：哥倫比亞、海地、牙買加、巴基斯坦、波多黎各。他們之中有猶太人、基督徒，也有穆斯林。當地鐵列車駛出漆黑的隧道時，我看到倉庫的屋頂從窗外飛速掠過，建築物外牆上漆滿了塗鴉。地鐵車廂如今已現代化且變得乾淨了，但窗外的景象卻始終如一：低收入戶住宅、廢棄物堆放場、廣告看板。地鐵乘客們面無表情的臉孔，讓我多了一分親切感。這是一種自我保護的機制，可以避免在旅途中發生任何不愉快的事情。沒有人的視線會交疊，即使有人看著你，眼神也是空洞的，彷彿失明之人。這裡的一切都沒有改變。

然而布萊頓海灘的確變了，而且變了很多。一下地鐵，我立刻被各種俄羅斯方言包圍。市場裡充斥煙燻魚肉、醃肉、煎餅和以馬鈴薯為材料做出的五花八門料理；琳琅滿目的各式醃漬罐頭是所有移民者夢寐以求的天堂，甚至還有排滿整面牆的魚子醬和奶油乳酪。雖然俄羅斯料理從未入選過各大世界美食排行榜，但只要你在這些市場裡逛一圈，就會發現那些榜單是錯的。這裡的美食令人驚豔：從俄式餃子[1]到烏克蘭餃子[2]，從布利尼[3]到鮭魚派[4]，從五顏六色的羅宋湯到各種魚、肉凍，應有盡有。醃漬品就更不用說了！天啊，那些醃菜、酸菜沙拉和醬菜，種類之多，顏色之豐富，簡直讓人眼花撩亂！如果要真正理解俄羅斯美食的博大精深，我建議你可

1　pelmenli，可以水煮、煎、炸、烤、蒸或是以高湯煮成湯餃，常見的蘸醬有蒜味美乃滋、番茄醬、奶油等。
2　vaereniki，烏克蘭餃子通常呈半圓形，有的餡料會加入水果，又稱甜餡餃子。
3　blini，斯拉夫傳統菜餚，類似可麗餅。
4　coulibiac，其作法是將鮭魚和蔬菜塞入酥皮，放入烤箱以高溫烘烤。

以到布萊頓海灘任何一家有販售日常熟食、並以蒸氣加熱臺保溫菜餚的賣場逛逛。位於大師劇院（Master Theater）內的高曼諾夫（Gourmanoff）是家高級賣場，從斯拉夫特色菜到美式佳餚應有盡有；同時，也千萬別錯過理想生活美食廣場（Gastronom Arkadia）的熟食區，那裡的俄羅斯炸肉餅和涼拌菜絲絕對是頂尖美味。

在布萊頓海灘，我最推薦的餐廳非海景小館（Ocean View Café）莫屬；好笑的是，這家餐廳其實看不到海。這裡的綠色羅宋湯能瞬間成為撫慰你心靈的療癒食物首選。他們的煙燻魚類拼盤更是罪惡，油嫩得能讓你的頭髮閃著油光好幾週。他們的高麗菜卷是我吃過最好吃的，但最讓我驚豔的，還是俄式醃漬西瓜。身為美國南方人，我對醃漬的西瓜果皮並不陌生，這道美食總是充滿我的夏日時光；但是整個西瓜都以醃漬處理，對我而言還是頭一遭。這道菜端上來時，你會看到紅色果肉的西瓜被切成三角形，經過長時間的醃漬後，西瓜的顏色和質地變得非常像黃鰭鮪魚。玫瑰色的果肉變得濃郁、鬆嫩軟綿，並且集所有你想得到與「清爽」相反的形容詞於一身。菜餚本身散發蒔蘿、大蒜和辣椒的香氣；酸香濃度之高，甚至能讓你的鼻毛都捲起來。但對醃菜愛好者來說，這絕對是味蕾的極致享受。我可以只搭配一塊奶油小餐包稍作中和，就將這道料理一掃而空。

儘管我對俄羅斯料理的美味產生了許多新見解，但喀什小館帶給我的啟發卻是我始料未及的。走在布萊頓海灘的街道上，我被這

裡的亞洲臉孔數量給震懾：烏黑的直髮、狹長的深色眼睛、橄欖色皮膚的蒙古人種長相，和我的外貌有幾分神似，但他們卻說著俄語，言行舉止間也散發著俄羅斯人的風格。人們很容易忘記，蘇聯帝國的觸角曾經伸得如此之遠、影響如此之深，吞噬了橫跨半個歐洲和整個亞洲的眾多文化。在這裡，俄語是共同的語言，但說俄語的人可能看起來像中國人，也可能具有阿拉伯人的特徵，甚至還有維京人模樣的北歐長相。在布萊頓海灘，他們都是俄羅斯人。當喀什小館的顧客魚貫而入時，我注意到他們不僅說俄語，還使用另一種我不熟悉的語言。後來我才知道，那是烏茲別克語。

我用英語點了一道沙木薩餅（Samsa Parmuda），那是種中亞地區的傳統餡餅，有點像美國本土速食餐廳白城堡（White Castle）的迷你漢堡。它用層層疊疊的酥皮包裹著羊肉、洋蔥、番茄和胡椒。我敢說，我大概可以只吃這道菜一整年之後，才會開始覺得膩。接著，我點了一道名叫韓式泡菜沙拉的食物，結果讓我大吃一驚——它就是一碗辛奇；這道料理的命名並非試圖要諷刺或是裝文青，在我面前的，就是一大碗名副其實、紅通通的韓國大白菜泡菜。然後，我又點了火焰羊肋（Kovurga Say），一道炸羊肋排料理，搭配番茄、大蒜、胡椒、醬油和起司：又是一道混血料理，看起來有中東的影子，但吃起來更像是用亞洲食材烹製的味道。

最後，我點了這家餐廳的拉條子湯（Lagman Soup）。這道菜裡有寬麵條，搭配濃郁的肉類高湯，以及大蒜、紅甜椒、芹菜、番茄、高麗菜和長豇豆。湯端上來時，一股濃烈的八角香氣從碗裡飄出。

蔬菜漂浮在深不見底的湯中，麵條緊實而油亮。剛品嚐的第一口，讓我覺得不對勁。我不喜歡——不是因為不好吃，而是因為我的大腦無法理解這個味道組合。再多嘗了幾口之後，我意識到這不是豬肉或雞肉湯，而是羊肉湯。羊肉湯配麵條——這是我不曾試過的搭配。那股濃烈的土腥味和血腥味令我感到一陣暈眩。若是典型中餐廚師煮的湯，湯底味道雖然通常都很「猛」，但他們會試圖用香料和藥材來掩蓋這些原始味覺；他們的動作快速輕巧，像彈鋼琴一樣，而你可以在湯的味道中感受到這種速度與輕盈感。然而，這碗湯卻濃郁而笨重。我能嘗到的不僅是羊肉，還有古老砧板的痕跡，錘點錫鍋，炙熱的火焰，羊隻的叫聲，以及那雙布滿青筋、關節僵硬、帶著疼痛和緊繃四處游移的廚師之手。

　　這道料理震撼了世界。一個簡單的變化，一種文化差異，竟讓這碗麵變成一道我無法用言語形容的料理。我從沒想過用羊肉湯來取代湯麵裡的豬肉湯。我坐在這裡，看著這碗熱氣蒸騰的湯麵，意識到自己的味覺認知需要砍掉重練。我的直覺告訴我，這是一種錯誤的搭配：湯底的羊騷味和麵條的口感、軟嫩的高麗菜以及長豇豆的清脆咬勁，似乎格格不入。而燉煮的番茄又扮演什麼角色？我從小吃的湯麵都是用豬肉湯或牛肉湯，這樣的組合早已深植我的記憶，導致我無法想像麵條與其他湯底的搭配可能。對於那些不存在於我文化基因的料理，我總覺得可以自由探索，嘗試不同的口味和傳統。但基於某些說不上來的原因，當涉及到麵條時，我的內心卻生出強烈的衝突。對於這道菜產生喜愛，會讓我覺得自己彷彿背叛了兒時的味覺記憶。那如果這碗麵是真的很好吃呢？如果它不只是

好吃，而是美味得無以復加呢？如果它甚至比我童年記憶中的所有湯麵都來得空前絕後呢？

嘗了第一口湯之後，我的下一步便是試著拋開對羊肉與中東風味的刻板印象。我克制住想搭配優格、小茴香和各種無酵餅的本能，嘗試從全新角度來品味羊肉。我必須明白，所謂的「騷羶味」其實並不準確——那只是對不習慣羊肉的人來說的一種錯覺。我又喝了幾口湯，試圖解析羊肉的風情。它像是被雨後叢林的氣息包覆，也像用香菇（僅使用菇柄）精萃出的濃郁香精。它濃厚而微酸，味道從鼻腔蔓延開來，彷彿大雨傾瀉而下。這碗湯因大蒜、丁香、小茴香和八角的提味而更顯醇厚。這讓我突然意識到，中國五香粉的根源可能就在這裡——在這一間橫越遠東和黎凡特（Levant）[5]飲食文化交會之地的廚房裡。湯水與香料為厚實的麵條覆上一層輕薄卻馥郁的味道。桌上有一小罐特製調味醋——裡面浸泡著薑、辣椒和香料。我滴了幾滴到湯裡，這一碗料理瞬間達到完美境界。

晚餐結束後，我和店主的兒子丹尼克（Danik），以及一位充當翻譯的顧客，勉強以還過得去的語言能力溝通交流。丹尼克告訴我，他的父親尤塞夫當了一輩子的廚師。1961 年，他離開中國，定居在烏茲別克，並開了一家餐廳。大約二十多年前，在那家餐廳倒閉後，他搬來布萊頓海灘。他認識一些早先移居至此的同胞，得知這裡有

5　指地中海東部諸國及島嶼。

一個以俄語為母語的社區，對每個說俄語的人都非常友善。蘇聯時期不同民族之間的對立，在布魯克林並不存在。這裡就像是俄羅斯最美好的一面，有黑幫，但沒有 KGB 情報局。我詢問丹尼克其他族人的居住地。他告訴我，有些人住在華盛頓特區和維吉尼亞州，但據他所知，喀什小館可能是全美唯一一家維吾爾餐廳。我接著問：「這算俄羅斯料理嗎？」他聳了聳肩，似乎在說：「什麼才算是俄羅斯料理？」尤塞夫自始至終都在看報紙，幾乎沒有抬頭。直到我問出這個問題，他才看了兒子一眼，然後大家就站起來，回到各自的工作崗位。尤塞夫對我報以微笑，似乎在向我道晚安。

我走進傍晚夜色中，心裡的疑問比答案還多。為什麼這碗湯能帶給我如此劇烈的感受，我的內心為何如此擾動？什麼人會渴望這樣的味道？為什麼我在布萊頓海灘，卻無法喝得酩酊大醉？有人告訴我可以去木棧道，那裡的咖啡館有海量的伏特加，熱鬧的俄式娛樂，還可以俯瞰整片海灘。我循著海浪聲前進。夜幕低垂，街道變得靜謐，人影稀疏。我經過幾個裹著連帽大衣的女人，她們推著嬰兒車，裡頭的嬰兒哭鬧著，顯然是剛散步完要回家。我抵達木棧道，那裡依然吵鬧喧囂，孩子們在木棧板的走道上尖叫奔跑。女孩們站在昏黃的街燈下，對著手機咯咯笑著。一位老太太推著金屬推車，在這寒冷但無雲的夜晚賣傘。我沒有靠近海灘，但我能感受到細沙在鞋底下輕輕摩擦，使我的腳步隨著木棧板的紋理微微起伏。我無法告訴你這片沙灘上有多少顆沙粒，但我清楚記得，三年級時我的暗戀對象是誰，以及誰曾經霸凌過我，害我哭得無地自容。我還記

得,當我們最後一次把所有家當裝上搬家卡車,倉促離開卡納西時,全家只有我一個人回頭望著那個街區,輕輕揮了揮手,向它道別。

　　塔堤亞納餐酒館(Tatiana's)裡擠滿了熱鬧歡騰的人群,我找了張綠色塑膠折疊椅坐下,點了一杯伏特加加冰塊,並朝木棧道的方向望去。雖然已經看不見海,但我依然能聞到鹹鹹的海風,也能聽到海浪聲蓋過附近幾位老人家的笑聲。我試著和女服務生攀談,但她惜字如金。我問了一堆八成很愚蠢,甚至可能有點冒犯的私人問題。後來,我又點了一杯伏特加,這次換另一位服務生端來;她把酒杯重重地放在桌上,轉身就走,連看都沒看我一眼。我轉向坐在一旁的一對年長夫婦,他們倒是很樂意和我聊聊。男的叫波里斯(Boris),女的叫盧德蜜拉(Ludmila)。他來自西伯利亞,是詩人兼音樂家;她則是俄羅斯文學教授。他們和藹可親,滿頭銀髮,顯然已經有些微醺。我問他們關於俄羅斯的事情,波里斯馬上糾正我,強調自己是西伯利亞人,不是俄羅斯人。他向我描繪了一個遙遠、孤寂、終年被白雪覆蓋的家鄉;在他眼中,那是世上最美的地方。我說我也想去看看,但心裡清楚,自己大概永遠不會真的踏上那片土地。我請他們喝了一輪酒,波里斯則為我唱了一首家鄉的歌。伏特加真是既美好又致命的東西,我不知道它是否該為蘇聯的瓦解負責,但絕對也沒起到什麼好作用。我又喝了幾杯,搭配一盤中規中矩的基輔雞[6]後,來到一家叫天鵝絨繩索(Velvet Rope)的酒吧。塔堤亞納的那位女服務生會介紹我來這裡,八成是希望我趕快離開她的服務範圍。

任何名叫「天鵝絨繩索」的夜店,理應是個相當硬派、音樂如雷貫耳的地方。但當我走進去時,迎接我的卻是兩個俄羅斯大叔,他們坐在折疊椅上,嘴巴微張,睡得正熟。這個夜晚顯然有些冷清。我點了杯伏特加蘇打,試著和坐我旁邊一位有超模氣質的女人搭話。然而不管我問什麼,她都只以單詞回應,直到我識相地閉上嘴,意識到她對這場對話毫無興趣。吧檯另一側,一個衣著考究、身穿緊身皮夾克的男人,正和兩位美豔的女人抽著水煙。這兩名女子的穿著只能用八〇年代的華麗復古來形容,隱約帶點風塵味;如果換作別人,這身裝扮可能顯得廉價而俗氣,但在她們身上卻散發出經典的優雅。至於那個男人,他像是俄裔美國芭蕾舞者巴瑞辛尼可夫(Baryshnikov)和金鋼狼(Wolverine)的綜合體。我請他們喝上一杯,隨意聊了幾句,但音樂越來越大聲,我們根本無法進行有深度的對話。這裡有卡拉OK。事實上,這裡的每個角落都充斥著卡拉OK的聲音。煙霧瀰漫,伏特加酒氣四溢,廉價麥克風傳來一陣陣歌聲。年長的男人們開始唱起抒情歌,聲音洪亮又滄桑。有人問我要不要來一首法蘭克·辛納屈(Frank Sinatra)的歌,我婉拒了。這時,其中一位漂亮女孩走到麥克風前,唱了一首曲風強烈的微龐克(semi-punk)俄語歌曲。我請坐在吧檯的新朋友幫忙翻譯,他開始激動地手舞足蹈。我聽不清楚所有歌詞,但我猜意思大概是這樣:

她將珠寶藏在皮包深處

避開大街上嬉鬧的少年,但我見過更糟的一幕

在拉斯普丁旅館的浴室裡廝混

你會訝異一張小額鈔票就能換來罪惡的混沌

枕邊留有一張語氣稚嫩的字條

未完成的字句透露狂妄荒唐與招搖

上面寫著：

我們是待售的女孩和男孩

待售的女孩和男孩

你以為我們是無邪的天使

但真相卻不是如此

因為我們是待售的女孩和男孩

　　歌曲的後半段淹沒在酒吧的嘈雜聲中，但副歌仍迴盪在我腦海裡，在我舉手點了一杯伏特加蘇打的同時，依然揮之不去。結果最後端上來的，是一杯從冰箱裡拿出來的一口酒伏特加。我沒有直接乾掉，而是像喝茶一樣慢慢啜飲，使得酒保用疑惑的眼神打量我。音樂逐漸變得震耳欲聾，我的聽覺也變得遲鈍。我試著開口說話，卻發現自己的聲音輕得像從水煙管飄出的煙霧，虛弱而無力。坐在我旁邊的男人對我的言談失去了興趣。說實話，我自己也忘了剛才想說什麼了。

6　chicken Kiev，以雞胸肉製成的料理。雖然起源尚有爭議，但在後蘇聯國家及其他前東方集團國家非常受歡迎。

我直到深夜時分才離開酒吧。我沒有跟任何人道別，只是逕自笨手笨腳地離開。我不知道現在幾點，但是街道鴉雀無聲。路燈投下柔和的黃光，將一切籠罩在朦朧的光暈中。頭頂的列車轟然駛過，在短暫的片刻裡，有幾個人從地鐵月臺走出，匆匆消失在夜色裡。我視線有些模糊。這條街看起來像極了我童年的街區——高架鐵道，灰濛濛的磚造建築。我攔了一輛計程車，請司機在附近繞一繞，直到找到一間價格實惠的旅館。司機是個來自哈薩克的年輕人，我們聊得很愉快。他來這裡讀書，白天上課，晚上開計程車賺錢。他不喝酒。他之所以來美國，是因為他哥哥先一步抵達，還對這裡讚譽有加。我試圖追問更深入的解釋，但他只是輕描淡寫地如此帶過。他有個在髮廊工作的女朋友。我問他是否打算和她結婚，他說可能會吧，但他想先拿到學位。

「她會等你嗎？」我問。

「會。」他回答。

「那你乾脆拿三個學位吧。」我開玩笑地說。

我們都笑了，因為這個笑話很蠢，也因為我們有某種共鳴。

「等你拿到學位，結了婚，你會留在布魯克林還是離開？」

他沒有立刻回答。「也許吧。」他的語氣聽起來並不地肯定。

他把我送到貝斯特韋斯特飯店（Best Western），車子開走後，我才發現自己忘記問他的名字。他們對我兒時的布魯克林做了什麼？這裡什麼時候成了小敖德薩（Little Odessa）[7]？我知道這是個漸進的過程，只是長久以來都沒有人真正對此有所意識，直到最近。但這不就是移民習以為常的方式嗎？我們來到這片陌生而冷漠的土

地，彷彿在夜幕的掩護下，尋找一處被時間遺忘的角落，然後把它變成我們的家。我們在任何可以立足的地方尋找慰藉。韓國城、小印度、鐵邦區（Ironbound）[8]、小敖德薩——我們接管，我們征服。我們終將扎根。但問題是，這能維持多久？我們究竟能將母國文化封存多久，才能不被稀釋、不被沖淡，最後所有傳統都變成模糊的影子？我們該如何衡量這種文化的流失？是以月、年，還是世代來計算？還需要多久，尤塞夫的孩子才會覺得拉條子湯必須變得更符合主流口味？會是在他老眼昏花、再也無法在意這些的時候嗎？還是等到他離世，他的記憶逐漸被遺忘，直到再也無人懷念？

我不知道喀什小館還能撐多久。但說到底，這不是我該操心的事。它不會出現在《查氏美食指南》（*Zagat*）的排行榜，更別說登上榜首，但它確實是一個特別的地方，提供真正獨樹一格的料理——我幾乎不輕易使用「獨樹一格」這個詞，但用在喀什小館再貼切不過。我很幸運能在這裡吃上一頓飯。我的兒時布魯克林到底發生了什麼事？我無從知曉，因為我早已經離開。而我這趟回來獲得最大的領悟，是意識到它從來都不曾屬於我。

---

7 美國黑幫電影《殺手悲歌》（*Little Odessa*）以布萊頓海灘和俄羅斯移民為故事背景。布萊頓海灘因為擁有人口稠密的俄羅斯和東歐社區，被稱為小敖德薩。

8 美國紐澤西州紐華克（Newark）的著名移民社區，名稱源自社區四周的鐵路網圍繞，彷彿被鐵包圍。

我被鬧鐘吵醒，陽光已經照亮埃蒙斯大道。我快來不及了，我睡得不多，但不想錯過漁船出海的時刻；我匆忙跑到羊頭灣（Sheepshead Bay）。這裡有一座狹窄的碼頭，停泊著幾艘漁船，每天都會駛向波濤洶湧的大西洋。大部分的船隻已經揚帆出發，只剩幾艘還在等待最後的乘客。一小群人手裡握著釣竿等待開船。大部分的船隻都僱用了一個人站在碼頭邊攬客——現金交易，一趟大約四十美元，帶你出海一個上午，釣鯛魚、鱸魚和蠔隆頭魚。碼頭上還有幾艘所謂的「派對船」，這些中等豪華的大船專門載人出海喝酒、跳舞，直到有人喝到吐為止。這些船和釣魚毫無關聯。我走向其中一名攬客的瘦小老頭，義大利裔，年紀看起來有兩百歲，身上裹了好幾層破舊的大衣。彷彿一陣風就能把他給吹走。「保證讓你滿載而歸，」他說。「我們會出海一整天。我們是最好的船，絕對沒問題。」當他發現我不打算上船，只是來問問題時，他用義大利語嘟噥了一句我聽不懂的話，然後轉身對船長說：「開船吧。」

我記憶中的布魯克林充滿濃厚的義大利風情。那些幽默又愛冷嘲熱諷的義大利男人，操著獨特的黑幫口音。義裔美國人的文化深厚龐大且屹立不搖，使他們似乎不需急於融入周遭的新移民。羊頭灣有一家歷史悠久的釣具店，叫做「海星聖母釣具店」（Stella Maris Fishing Station）。如果你在那裡待得夠久，就能看到舊時代的影子；那些義大利兄弟們仍然互相調侃揶揄，彷彿連續劇《黑道

家族》（The Sopranos）仍在熱播。這家店自 1947 年以來一直由同一個家族經營，在逐漸消逝的漁業文化中是不可或缺的一部分。關於漁業的衰退，每個人都有不同的說法：魚獲量不如以往豐富、觀光客不再光顧、社區變調，或者乾脆用「現在的人不想釣魚了」來解釋。但這些說法背後真正透露的，是一種不確定性。在一個由俄羅斯移民掌控經濟脈絡的社區，如包租漁船這樣的利基產業，或許已經沒有生存空間了。在我成長的年代，出海釣魚是週末時最受歡迎的休閒活動。不管是到羊頭灣，或是一路往南到澤西海岸（Jersey Shore）以及貝爾馬（Belmar），每艘船上總是人滿為患。這並不是為了將釣魚當成消遣的遊戲，而是為了生計——船隻會使用聲納探測魚群，讓二十個人同時下竿，盡可能地多釣些魚，好讓家人有一頓豐盛的晚餐。我母親總是很樂意讓我去釣魚，因為她知道我會扛著快十四公斤的藍鯥回家，夠我們吃上好幾個星期。

　　這裡曾經的文化如今所剩無幾，碩果僅存幾家仍堅守往日風貌的餐廳。其中，埃蒙斯大道上的蘭達佐海鮮吧（Randazzo's Clam Bar）便是代表之一。你遠遠就能看到閃爍的龍蝦霓虹燈招牌在向你招手。他們家著名的紅醬讓這間餐廳數十年屹立不搖。醬汁的味道可圈可點，炸魷魚也酥脆可口。據說，早年他們都是直接從碼頭進貨。不過我更喜歡位於同一條街上的瑪麗亞餐廳（Maria's），這家店已經連續八十年供應一模一樣的菜色。你能在這裡吃到一些經典的招牌料理：帕瑪森雞排（chicken Parmesan）、焗烤蛤蜊，煮過頭的義大利麵——替你將懷舊氣息盛盤重現。那些工業時代所生產厚達一英寸、堅不可摧的厚重陶瓷餐盤，讓任何食物看起來都顯得沉

重，讓人提不起食慾。這頓飯並沒有任何過人之處，卻令我感到滿足。知道這些老店還存在，讓我覺得安心。當一切都在變遷時，也許最後留存下來的布魯克林義裔美國文化，將是那些仍舊會邀請薩爾·卡斯塔（Sal Casta）現場演唱的餐廳吧。

把一道菜的其中一個食材替換掉，這道菜還是原來的那道菜嗎？把一個社區裡原本的文化代換成另一種，這樣的美國夢還是同一種嗎？

簡版拉條子湯

這道食譜是我在喀什小館喝到的拉條子湯的簡化版,但依舊美味。湯頭辛香馥郁,能從內而外讓身體暖起來。我喝過口感接近燉菜的濃稠版拉條子湯,但我更喜歡這種可以搭配麵條的清爽版本。在喀什小館,店家會附上一小壺醋,讓客人依個人口味添加。我直接在食譜中加入醋,讓湯底的風味更加鮮明。但如果你偏好更純粹的味道,可以在製作時省略,等上桌後再酌量添加。

分量:4人份主菜

- 小羔羊膝(約450克) 2隻
- 粗鹽、現磨黑胡椒 適量
- 植物油 3大匙
- 洋蔥(切丁) 1杯
- 大蒜(切片) ½杯
- 芹菜莖(切丁) 1根
- 生薑(磨泥) 3大匙
- 塞拉諾辣椒(切薄片) 1根
- 八角粉 2大匙
- 小茴香籽 1½大匙
- 煙燻紅椒粉 1大匙
- 番茄糊 3大匙

- 水 4杯
- 雞高湯 4杯
- 醬油 ¼杯
- 魚露 1½大匙
- 四季豆 約230公克
- 大白菜(粗切) 約115公克
- 紅甜椒(去籽切丁) 1顆
- 米醋 3大匙
- 粗切麵條(如烏龍麵;依包裝說明烹煮瀝乾) 約450公克
- 新鮮蒔蘿(切碎裝飾用) 適量

1. 羊膝撒上鹽、黑胡椒調味。取一大鍋以大火熱鍋，加入 2 大匙植物油並加熱至高溫，放入羊膝煎至各面呈金黃色。取出並置一旁備用。

2. 加入剩餘的 1 大匙植物油，將洋蔥、大蒜、芹菜、生薑和塞拉諾辣椒放入鍋中，翻炒約 4 分鐘，至呈現漂亮的金黃色。轉中火，加入八角、小茴香籽、紅椒粉和 1 小匙黑胡椒，拌炒約 1 分鐘或至聞到香氣。加入番茄糊，繼續拌炒 1 分鐘或至顏色變深。將①的羊膝放回鍋中。倒入水、雞高湯、醬油和魚露，煮至沸騰。轉為小火，保持湯汁微滾狀態，蓋上鍋蓋，燉煮 1 小時 45 鐘至羊肉軟嫩。期間偶爾查看，若湯汁未能完全蓋過羊膝，可加入適量清水，確保羊肉完全浸於湯中。取出羊膝，放置一旁冷卻，湯汁也備用。

3. 羊膝冷卻後，取下肉，骨頭丟棄。將羊肉與四季豆、大白菜和甜椒一同放入鍋內，以小火加熱至湯汁微滾，並持續燉煮 10 分鐘，至蔬菜軟化。加入米醋調味，視需求加鹽和黑胡椒。

4. 將煮熟的麵條分裝於四個大碗，倒入羊肉湯，蓋過麵條。最後用新鮮的蒔蘿點綴裝飾。

註：麵條煮好後若非立即使用，建議在起鍋後拌點油，例如芥花油或葡萄籽油，以防麵條沾黏。

俄式醃漬西瓜

如果你想學做俄式料理,強烈推薦你去找達拉‧戈爾茨坦(Darra Goldstein)的《俄羅斯之味》(*A Taste of Russia*)。我的這道食譜便是受她的配方啟發。醃漬西瓜的美味會讓你驚豔。這道醃漬西瓜可以當作冷肉拼盤的配菜,也可以搭配煙燻魚肉,作為燒烤的配菜更是相得益彰。你還可以把它切小塊,加入沙拉增添風味,或是在早餐時拌入優格中。製作時,建議選用尚未完全熟透的西瓜。

分量:約可製作 2.4 公升

- 小型西瓜(約0.9~1.8公斤,洗淨) 1顆
- 水 8杯
- 白醋(蒸餾醋) 1小匙
- 鹽 ¼杯
- 糖 2大匙

- 多香果 1大匙
- 月桂葉 2片
- 大蒜 6瓣
- 芹菜莖(切薄片) 4根
- 蒔蘿(切碎,裝飾用) 1束

1. 西瓜切成約2.5公分厚的圓片,再將其切成三角形。準備一個能裝下西瓜片的大玻璃罐(或是多個小罐),將西瓜片緊密排入罐內。

2. 取一中型鍋,混合水、白醋、鹽、糖、多香果、月桂葉、大蒜和芹菜,以小火加熱,攪拌至鹽和糖完全溶解。滾後關火讓醃漬液冷卻。

3 將冷卻的醃漬液倒入玻璃罐，確保西瓜塊被完全覆蓋並填滿至罐口。準備紗布覆蓋罐口，以橡皮筋固定。置於室溫下 24～36 小時，每隔 12 小時檢查一次。聞到發酵開始（醃漬液散發出微酸味）後，即可放入冰箱冷藏。

註：醃漬西瓜約在兩天後即可食用，亦可拉長醃漬時間。我個人喜歡鮮甜清脆的口感，所以只會冷藏幾天，但你仍可以放置一個月；時間越久，酸味會越濃郁。

搭配 咖啡蜜汁培根&炸花生

醃漬西瓜有很多種的吃法，但如果你想讓它更顯精緻，不妨試試這道搭配酥脆培根的沙拉組合。雖然分量不大，但風味與口感皆具豐富層次。

分量：4 人份前菜

咖啡蜜汁培根
- 現煮濃縮咖啡　¼ 杯
- 楓糖漿　3 大匙
- 黑糖　2 大匙
- 厚切培根　8 片

炸花生
- 水　1 杯
- 生花生（未加鹽）　½ 杯
- 細砂糖、玉米胚芽油　各 ½ 杯

- 醬油　1 大匙

裝飾
- 俄式醃漬西瓜（見 P93，切小丁，保留醃漬汁）　1 杯
- 萵苣（羊萵苣、蘿蔓萵苣、芝麻葉等）　少量
- 新鮮羅勒葉（撕碎）　¼ 杯
- 特級初榨橄欖油　適量
- 粉紅胡椒粒（切碎）　½ 小匙

製作咖啡蜜汁培根

1 烤箱預熱至 175°C，烤盤鋪上烘焙紙備用。
2 取一小鍋，混合濃縮咖啡、楓糖漿、黑糖，加熱攪拌至糖完全溶解。
3 將培根均勻鋪在烤盤上，刷上一半②的咖啡蜜汁。放入烤箱烤 10 分鐘。
4 取出烤盤，將烤箱溫度調高至 200°C，瀝去烤盤上的多餘油脂，將培根翻面再刷上剩餘蜜汁，放回烤箱，繼續烤 3～4 分鐘，至培根變酥脆且帶有糖衣光澤（呈現深紅色，表面起泡）。取出培根，靜置於烤盤上並完全冷卻，剝塊備用。

製作炸花生

1 取一小鍋，加入水、花生、細砂糖和醬油，加熱至沸騰、砂糖溶解。轉小火繼續煮約 5 分鐘。花生瀝乾，平鋪於紙巾上晾乾。
2 另取一小鍋，將玉米胚芽油加熱，放入花生炸至酥脆，約 2 分鐘。撈出瀝油，放在紙巾上吸去多餘油分（炸花生可提前一天製作，但不要冷藏）。

盛盤

準備四個小沙拉盤。每盤擺上 3～4 塊醃漬西瓜及萵苣、生菜、羅勒葉，撒上咖啡蜜汁培根與炸花生。將西瓜醃汁淋在沙拉上，再滴上優質橄欖油、撒上粉紅胡椒粒，即可享用。

CHAPTER 4

齋戒小插曲

我來到密西根州的迪爾伯恩（Dearborn），就是為了吃。我在黎明前開了六個小時的車，一路只靠咖啡和紅牛能量飲提神。盛夏時節，我車子的冷氣卻壞了，但這不足以成為耽誤行程的理由。65號州際公路沿途有一長段路正在施工，若想避開車陣，最簡單的方法就是在深夜時分出發。這也讓我有時間思考，我來到底特律的郊區究竟是在尋找什麼。

・・・

　　迪爾伯恩並不是典型的美食目的地；這個地方鮮為人知，而且世人對其有所誤解。如果你上網搜尋「迪爾伯恩」，你會看到許多介紹當地穆斯林豐富歷史，以及他們與福特汽車廠之間關係的文章。但只要再繼續往下滑動頁面，就會看到滿懷憤怒與惡意的聲浪襲來。「迪爾伯恩斯坦」（Dearbornistan）是一個意圖連結這座美國城市和它中東特性的常見綽號；它的出現也伴隨著想要「淨化」這座城市，或將其「歸還」給所謂合法擁有者的呼聲。

　　為了這趟旅程，我做了大量研究。迪爾伯恩一直反覆出現在許多反移民仇恨網站上。令人不安的是，我發現一頁又一頁充斥著千篇一律仇恨言論的惡毒內容。但當我改為搜尋迪爾伯恩的餐廳時，

卻又驚喜地發現許多用餐地點的推薦。迪爾伯恩擁有數十家餐廳，幾乎囊括了中東各地的飲食文化。大眾盛傳，要找到黎凡特地區最上等的美食，就必須得來這座工業城市──福特汽車工廠依然高聳矗立於此──探尋。我還閱讀了很多關於亨利・福特的資料，為這趟旅程做好準備。他雖然個性有缺陷，但才華橫溢，他的公司正是讓迪爾伯恩成為美國穆斯林人口最多的社區的主因之一。

沒有人知道第一個來自黎凡特的家庭，之所以選擇落腳迪爾伯恩的原因。但有件事的確被詳實記載，那就是許多穆斯林曾在福特汽車的工廠工作。當我的車駛近迪爾伯恩的交流道時，我在腦海中想像著那場最初的相遇。

1917 年時，亨利・福特就已經意識到，曾經風靡全球的 Model T 以及其代表的創新技術，早已瞠乎其後。他把眼界放在一個更大的目標上：在迪爾伯恩的里弗魯日（River Rouge），打造一個飛輪磁電點火系統（flywheel magneto ignition system）的龐大生產線。它不僅僅是一座工廠，而是一個為全人類服務的系統。屆時將有八萬名員工在超過四百公頃的土地上同心協力，朝著相同的目標邁進：生產人類有史以來最先進的機器。然而，如此宏大的野心自然是困難重重。員工流動率過高阻礙了生產進度，組織工會的聲浪也開始出現。福特認為人性是有缺陷的。只有工作才能拯救人類；對這個系統保持信仰，便能保持理智。

五大湖區的汽船每天沿著里弗魯日的河岸，將鐵礦石和煤炭送達此地。福特先生經常會駐足欣賞這些將世界各地的資源帶到他面前的

偉大機器。就在這樣一個陽光灑落的清晨，他在碼頭上注意到一位來自葉門的年輕水手。他和這位來自亞丁（Aden）的商船水手攀談，好奇一個年輕人為了得到穩定的工廠工作，會願意走多遠。

「我們會走遍世界，」水手回答。「但永無止境的周而復始，是奴隸的詛咒。」

「勤奮之人必獲繁榮之賞，」福特先生說。「每天五美元，我將贏得你的忠誠。」

水手興致勃勃。「每天五美元，我們將為您組裝汽車，駕駛您的船隻，開採您的原料。我們將帶著家人前來，我們將烹煮我們的沙塔[1]，建造我們的清真寺。」

福特先生感到一絲不耐。「那就通知你的家人、朋友和同胞吧！」他說。「直到繁榮昌盛的傳聞傳遍整個黎凡特。如果你們保證能夠帶來優秀的工人，我會指派船隻迎接。讓消息穿越沙漠，直到福特的名字成為所有渴望從工作的神聖中獲得生活改善之人的指路明燈。」

葉門水手離去，消失在船隻纜繩旁排隊的數十名水手裡。但他的腦海中，已經開始構思第一封寫給家人的信，只差找到機會空檔，提筆書寫。

---

1 saltah，葉門的國菜，使用羊、雞、牛肉，搭配馬鈴薯、雞蛋、米飯、番茄、辣椒、洋蔥等燉煮。最後會加入兩種特別的調味料：holba和zhug，通常會使用熱石碗烹煮和盛裝。

沒有證據可以替這段對話背書，但這是眾多關於密西根州迪爾伯恩如何成為美國穆斯林人口最密集城市的起源故事之一。儘管如此，它仍帶有幾分真實，也恰好符合人們的想像，像一個在你醒來瞬間剛好結束的夢境。或許這則軼聞美好得令人難以置信，但有些歷史並不能單靠綠卡或統計數據來解釋。有時候，最接近真相的，或許就是神話。有些城市並非透過網路就能真正瞭解，你必須躬體力行，用自己的雙眼去見證。

・

一般大眾的普遍常識會認為，美食評論應該避開政治和宗教。但在一個以宗教和文化隔離聞名的地方，我該如何做到這一點？美食難道不是我們所處的世界背景中不可獲缺的一部分嗎？在我出發旅行的前一週，發生了兩件事。其中一件是拳王穆罕默德・阿里（Muhammad Ali）的逝世，他無庸置疑是美國史上最廣為人知的穆斯林名人。我居住的城市路易斯維爾，同時也是他的家鄉；在他去世的那一週，全城堆滿鮮花與淚水，最後以一場紀念儀式落幕。過程中，包括 NBC 節目主持人布萊恩特・岡貝爾（Bryant Gumbel）、前總統比爾・柯林頓（Bill Clinton），和金牌脫口秀主持人比利・克里斯托（Billy Crystal）等知名人士，皆獻上致詞弔唁。當晚首位發表悼念的，是牧師凱文・克羅斯比博士（Rev. Dr. Kevin Crosby）。他的悼詞中有一句話深深打動了我：「阿里屬於所有人，但我們永遠不能忘記，他是黑人在爭取自由的鬥爭下孕育而生的鬥士。」這

幾句話太過真誠坦白而有些殘酷，這讓我感到不安；但同時，在當今仍然存在的分裂之下，這些言詞所號召的團結呼聲，也在我心頭揮之不去。阿里去世將近一週後，一名精神異常的男子闖入佛羅里達州奧蘭多（Orlando）的同志夜店，犯下美國史上最嚴重的槍擊案之一。他自稱是穆斯林。整整一週，媒體的焦點都集中在這起事件、穆斯林，以及仇恨與責難之上。全國瀰漫著憤怒之情。

阿里的逝世與奧蘭多夜店槍擊案，兩起事件性質截然不同，卻同樣影響深遠——一邊是紀念與讚頌，另一邊則是褻瀆與毀滅。在全國情緒如此高漲的氛圍下，我驅車前往密西根州的迪爾伯恩。我渴望理解與連結，驅使我前往一個如迪爾伯恩一般素昧平生的地方。然而，我也必須接受一個可能性，那就是我遇見的人，大概不會願意與我交流。

每前進八十公里，我就會想：這真是個糟糕的主意，我應該掉頭回去。那些車身如同聖誕樹般閃爍七彩燈光的卡車，以迅雷不及掩耳的速度從我左側呼嘯而過，強大的氣流幾乎要把我吸入它們的後輪底下。我打穩方向盤，灌下一大口冰咖啡。我繼續以每小時一百二十八公里的速度行駛，堅持不在路邊停車買速食。我不想用毫無營養的垃圾食物填滿我的胃。我正朝迪爾伯恩的方向奔馳，準備大快朵頤，卻渾然不知自己即將在那裡迎來一場齋戒。

迎接迪爾伯恩早晨的，是遠方的禱告聲和空蕩蕩的街道。這個地方絲毫沒有「美食天堂」的氣息，反而顯得肅穆且乾燥，宛

如沙漠般了無生氣。簡陋的藍領住宅一路延伸至市中心，那裡的雙層建築單調乏味，只講求實用性。我沿著城市的主幹道華倫大道（Warren Avenue）行駛，很明顯感受到自己身處異鄉。路上的招牌無情又陌生，如同難以辨識的塗鴉。阿拉伯字母看起來就像牆上的藝術作品，外來者無法輕易解讀。每個街區都有幾家餐館，大部分規模都不大，門口掛著黯淡無光的遮陽棚，似乎不打算熱情迎客。一名老翁坐在摺疊椅上抽菸，他的臉色灰白，彷彿腳下的柏油路面。即便陽光普照，也無法為這座城市增添一抹色彩。

我把車停在第一家映入眼簾且已經營業的餐廳——阿米爾餐館（Al-Ameer）。店裡空間寬敞，顯然是為了接待大批顧客而設計。雖然此刻空無一人，服務生們仍忙得不可開交，這意味著人潮很快就會蜂擁而至。我的服務生動作俐落、應對簡潔，或許是因為心裡還惦記著其他待辦的雜務。我點了基貝[2]、鷹嘴豆泥、雞肉卡夫塔[3]和羊肉串（lamb kebabs）。服務生端上來的薄荷茶香氣撲鼻，茶湯卻深沉濃郁，這種矛盾的組合反而讓我格外享受。食物按照精心編排的節奏依序上桌——簡單、純粹、美味，且上菜迅速。隨著顧客陸續上門，出餐的速度變得更加飛快。這裡沒有浪漫的情調，沒有人悠閒地細細品嘗那最後一口拌入起司優格（labneh）的番紅花飯。帳單送上來時，我的茶還保有餘溫。我付了帳，走到櫃檯，從這裡可以清楚看見整個廚房的運作流程；有位老人家正用一臺老舊的烤箱，分批烘烤著那些膨脹不均的麵餅。我鼓起勇氣，試著和老人攀談。我一向擅長這種事——我知道如何進入廚房、如何與服務生搭話——但這一次卻行不通。他們沒有帶我參觀烤箱，沒有提及家族

食譜的對話；這裡的一切，只是日復一日的營業日常。我默默地從前門走了出去，順手買了一份當地報紙。頭版印著穆罕默德・阿里的照片。我看不懂上面的文字，但我也不需要懂。畢竟，他是最偉大的拳王。

　　這一天剩餘的時間，幾乎都是相同的步調。我走進餐館，品嘗美食，提出問題，但得到的回應始終禮貌但簡短。任何外來者首先遭遇的，都是懷疑與戒備。對於經營一間只有十五個座位的小餐館老闆來說，我所撰寫的美食故事對他而言毫無意義——他的顧客不需要美食指南來告訴他們該點些什麼。我充其量是個怪咖，但若更精確形容，我感覺自己像個討人厭的麻煩人物。我似乎成了這個社區對外界不信任的化身。出發前，有人建議我帶上一位能幫我介紹當地人、會說阿拉伯語的同行者，也就是所謂的「中間人」或「聯絡人」。但我最後決定不這麼做，因為我希望這趟旅程屬於我個人，我想靠自己摸索來瞭解參透。儘管現在我對這個決定有些後悔，但我仍堅定前行。

―――――●―――――

2　kibbeh，一種肉丸，分為外皮和內餡兩部分，通常用油炸製作。
3　kaftah，一種絞肉烤串，主要由牛或羊的絞肉混合洋蔥、大蒜、香菜和香料製成。

現在是齋月[4]，大家正值禁食時期，因此大部分餐廳在白天都空無一人。餐廳老闆們微笑著向我揮手後，隨即退回店內深處，似乎有意避開與我對話。而我也找不到任何與他們攀談的機會。夕陽西下時，我驅車前往附近的一家飯店打算休息，卻被告知客滿。原來，碧昂絲（Beyoncé）正在底特律舉辦演唱會。我最後只好入住一家廉價的長住型汽車旅館，房內配有一個簡陋的廚房，與其說是烹飪空間，更像是製毒實驗室。當晚，我獨自在迪爾伯恩的街頭漫步，尋找能聊上幾句的人。據說日落時分，餐廳便會湧入大批打破齋戒的人潮。但無論我走到哪裡，電視螢幕上播放的都是半島電視臺報導奧蘭多槍擊事件的新聞。我周圍大多是鬍鬚如戟、身穿藍領階級衣著的男性，他們嚴肅地盯著電視，或用我聽不懂的語言熱烈交談。沒有人有興趣閒聊，至少對我來說是如此。我知道他們在觀察我，但他們的目光訓練有素，以致於整個晚上，我從未與任何人對上視線，儘管我偶爾會從我的加拉巴[5]盤裡抬起頭，亦是徒勞。

我吃完晚餐後，來到迪爾伯恩最華麗的甜點店——夏蒂拉烘焙坊（Shatila Bakery）。這裡乍看之下不像是咖啡館，反倒更像一間賭場。店裡人聲鼎沸，擠滿了戴著頭巾（hijab）的女性，其中幾個還帶著年幼的孩子，耐心地排隊等著買甜點。店內設有一個咖啡吧、一座幾乎要與足球場等長的玻璃展示櫃，裡面擺滿各式各樣的糕點，還有一個冰淇淋櫃，各種口味的冰淇淋如霓虹般七彩繽紛。我耐心排著隊，點了一份我認為自己的胃能夠承受的甜點盛宴：卡什塔[6]、卡達耶夫[7]，以及淋滿玫瑰水與蜂蜜糖漿、香氣四溢的巴克拉瓦

[8]。除了形狀以外，我幾乎無法分辨它們的不同。此時，一位年長的先生注意到我手中的筆和筆記本，便主動和我搭聊了起來。

「你是作家？」他問道。他鬍子刮得乾淨，兩鬢飛霜，看起來有點像教授，但他輕薄的聚酯纖維襯衫使他更像一名辦公室職員。他說話時沒有明顯的口音，只是語調裡帶著一種和美式英語不同的韻律，乍聽有點像英國腔，但我知道並不是。

「算不上吧。」我回答，然後向他解釋了此行的目的。

「你在寫關於齋月的文章？」

「也不完全是。」我回答，卻立刻感受到他語氣中的奚落。「我對齋月的瞭解不多。我該去哪裡學習會比較好？」

「齋月不是學來的，你必須親自體驗。」

「你的意思是要我禁食？」

「有何不可呢？」

「可是我不是穆斯林。」

4　Ramadan音譯「拉瑪丹」，是伊斯蘭曆的第九個月，也是穆斯林實行齋戒的月分；日間禁食，夜間禮拜。確切的開始時間會依新月觀測結果而定。

5　ghallaba，以香料、番茄為基底的炒蔬菜，也可以加入雞肉或羊肉，搭配杏仁、長米和沙拉等配料，屬於中東風味的菜餚。

6　kashtas，濃稠的乳製品，類似英國的濃縮奶油，奶香濃郁且口感獨特，通常會加糖、橙花水或玫瑰水調味。

7　katayif，一種以細麵線製成的甜點，內餡以研磨過的杏仁或核桃加上糖漿製成，通常會再調入香草糖，然後用細麵線包裹。烘烤冷卻後，再將浸泡檸檬糖漿。

8　baklavas，一種蜜糖果仁千層酥。

「你認為禁食只和穆斯林有關嗎？」

「難道不是嗎？」

「禁食是為了體會苦難，感受人性。如果你覺得這只是穆斯林的信仰，那你就是在限制自己對世界的理解。」

突然間，我陷入了一場神學辯論。我原本想起身離開，但就像夜色中那條黑暗公路上疾馳而過的卡車，我感受到某種強烈的吸引力，使我無法抽身。我深陷於這個提議中。

「如果我做不到呢？我是說，我來這裡是為了吃美食。」

「這就要看你自己了，作家先生。沒有人會怪你。但什麼才是你真正想在這裡發現的？」他祝我好運，隨即轉身離去。「作家先生」這個稱呼帶著幾分輕蔑，使我感覺有些刺耳；直到我發現，他已經悄悄替我付了糕點的錢。我拿起叉子，插入濃郁香甜的巴克拉瓦，心裡有數，這將是我短時間內最後一口食物。

———●———

我本來打算在日出前起床，喝大量的水，然後吃上一頓豐盛的早餐。然而，我卻睡過頭了。一道陽光射入房間，把我從睡夢中喚醒。我飢渴交迫，迷迷糊糊地從床上爬起來，腳踝僵硬，步履蹣跚地走向水槽。我端起水杯，裝滿冷水，想稍微緩解舌頭的乾渴。就在我睡眼惺忪，正要把水杯送到嘴邊之際，我突然想起昨晚那個男人的話——他的語氣、他的嗤之以鼻。我現在獨自一人，沒有人知道我的承諾，也沒有人在乎。我完全可以晚一點再開始，沒有人會

發現,反正我又不是穆斯林。就在這時,我彷彿聽見他那語帶諷刺的聲音,稱呼我「作家先生」。我放下水杯,重新躺回床上,努力分泌一點唾液。現在是早上九點,還有超過十二個小時才日落。我慘了。我決定盡可能堅持下去。

我一早來到美國最大、最古老的清真寺——美國伊斯蘭中心（Islamic Center of America）。這座由白色石材和金色圓頂搭建而成、完美無瑕的壯麗建築,四周環繞著修剪整齊的草坪,就矗立在或許是全美最不起眼的城市——迪爾伯恩的中心。它如同大多數的祈禱聖地般莊嚴肅穆,令人心生敬畏。我走進寬敞的大理石門廳時,可以聽見遠處傳來低沉的祈禱吟唱;這裡潔淨而冰冷,空無一人,我的呼吸聲甚至在這空曠的空間裡迴盪。我聽見門閂在發出嗡鳴聲後打開,隨後,一位四十多歲、戴著傳統頭巾的女士從辦公室走了出來,問我是否需要一本《古蘭經》,接著便帶我穿過寺內的庭院。她沒有詢問我此行的目的,只告訴我要尊重《古蘭經》。我告訴她,我除了在大學藝術史課讀過些許片段之外,對《古蘭經》幾乎一無所知。她溫和地微笑,語氣平靜而富有耐心。她沒有試圖向我傳教,只說禁食是為了體會窮人的苦難。令人意外的是,我們的對話似乎與宗教無關。她談起了她的女兒,還問我是否有孩子;我則問她對奧蘭多槍擊案有何看法。

「他不是穆斯林,」她說。「穆斯林不會做出這種事。」

她帶我走進祈禱室,裡面是個寬闊的空間,地上鋪滿古老的地毯,人們正跪在毯子上虔誠禱告。我脫下鞋子,走到角落跪下。她

告訴我自己得去祈禱,我們可以稍後再聊。然後,她走到房間中央,雙膝跪地,開始誦讀《古蘭經》。幾分鐘後,一名男子拍了拍我的肩膀,指了指門口,示意我跟他出去。

「你不是穆斯林,不該待在這裡。」他語氣柔和,卻很堅定。「她會祈禱很久。」他補充。「你可以和我聊。」

我們一起走向停車場,坐在長椅上。他向我講述這座清真寺的歷史,談起它曾經遭受的褻瀆,以及那些遠道而來、只為在迪爾伯恩抗議的人們。他停頓了一下,彷彿是在傳達自己無需多做解釋,也沒必要為自己不曾犯下的莫須有罪行辯護。他遞給我一張餐廳名單,祝我好運。我忘了問他的名字;我發現,自己老是會因為不想顯得在打探隱私,而難以向遇到的人問出最簡單的問題。

———•———

接著,我來到一家小小的伊朗烤肉餐廳。他們的菜單上有燉羊頭。我點了它,以及其他三道菜。我耐心等待食物上桌。餐點上桌時,我先聞了味道,做點筆記,並照例用手機拍了幾張照片。羊頭沒有任何裝飾,只是一盤從羔羊頭骨上剝下的嫩肉。我請店家提供外帶餐盒。老闆娘疑惑地看著我,我告訴她自己正在齋月期間禁食,但想寫一篇關於這道菜的文章,所以打算等到晚上再吃。她原本嚴肅的臉上瞬間綻放出溫暖的笑容。她是一位身材豐腴的女士,滿面風霜。她使用簡短的英語句子溝通,大多是由名詞拼湊而成。她好

奇地問我從何而來。她仔細替我打包食物，貼心地將塑膠袋打結，讓我方便攜帶。她呼喊她的丈夫；他走過來和我握手。他只穿著一件T恤、一條休閒褲和一雙夾腳拖鞋。他歡迎我光顧他的小店。他負責料理廚房，而那個內場空間狹窄得讓我無法想像他的備料區到底在哪裡。他不苟言笑，但我感覺這並非針對我，而是他的個性使然。我們聊了一會兒，他向我推薦了幾家餐廳。

我繼續走訪幾家供應午餐的地方，重複著同樣的流程。與人交談讓我興奮不已，而自己也因此快要感受不到飢餓。其中一家幾乎所有人都推薦的餐廳是蘇丹餐館（Al Sultan），位於迪爾伯恩郊區附近的英克斯特路（Inkster Road）上。餐廳的外觀像是一間美式餐館，外牆被霓虹環繞，招牌上是一名騎馬揮劍的男子。雖然這幅噴繪風格的圖像相當超現實，但食物卻是一流的美味。當時已經是下午兩點，堆在我車後座的四袋外帶食物，正在夏日的高溫下慢慢發酵。接著，我來到一間提供現宰活雞的店。我實在不忍心點一隻雞，但最後仍買了一份芒果布丁——雖然我知道它很快就會在車裡變質。距離我能夠吃下第一口食物還有大約六個小時，到目前為止，除了口渴之外，我的狀態還算不錯。

一整日的時光飛逝。我開車來到一家甜點店，走到擺滿糕點的玻璃櫃前。不知為何，焦糖的氣味觸動了我內心某個任何肉類都沒辦法啟動的開關。它使我軟弱。我的動作變得明顯遲緩，步伐變得沉重。大腦捕捉到糖分的氣息，使我感到煩躁。最後，我什麼也沒點，逕自走出店門。我帶著滿腔怒火跳上車。車裡瀰漫著濃烈的羊肉味，而且空調還壞了。我開車回飯店，把嘻哈歌手傑伊（Young

Jeezy）的音樂開到我所能承受的最大音量。

　　我整理了一下冰箱裡的食物，然後直接躺在地板上。地板有股地毯蟎蟲[9]的味道，雖然我也不清楚牠們聞起來究竟是什麼樣子。飢餓感再次消散，但我不知道能維持多久。於是，我開始翻閱那些已讀的電子郵件。沒多久，我便沉沉睡去。

　　我在下午五點左右時醒來。距離可以進食還有四個半小時。飢餓感倒還能忍受，口乾舌燥才是真正折磨我的元凶。我知道，這種程度的煎熬其實不該發生，我只不過禁食一天，許多人堅持了整整一個月，沒有一絲怨言。但對於一個習慣每天攝取三千卡路里的人而言，這對身體來說無疑是個衝擊。電視上正在播放《茱蒂法官》（Judge Judy），她的聲音意外地讓我有所慰藉。我開始大聲喊出自己身體上的各種不適，彷彿這樣能減輕一點痛苦。

　　「其實胃不算太難受，但是手臂和腿感覺沉重又無力。」
　　「我甚至能清楚感覺到自己的呼吸。」
　　我頭痛欲裂，但不是刺痛，反而像是一種不停歇的啜泣聲在腦中低鳴。耳朵裡也隱隱作痛，我猜是因為我每隔幾秒就吞嚥一次，原本希望能滋潤喉嚨，卻只是吸入更多乾燥的空氣。我開始用拇指依序觸碰其他手指，雙手交替輪流，重複這個動作。不知不覺，我又睡著了。

　　我醒來時，窗外籠罩著一片昏暗的橘色雲層。太陽終於要下山了。我已經有好多年沒有這麼迫切地盼望日落。我一身冷汗，體內

的水分不斷流失，卻異常亢奮，像是進入一場迷幻。我沒有出現幻覺，但我的狀況顯然不太對勁。當胃不再發出飢餓的咆哮時，你會清楚地感覺到它正在萎縮。電視的聲音讓我感到刺耳。我找不到遙控器，只好蹲下來摸索電源開關。眼前的彩色畫面震顫閃爍，刺痛著我的眼睛。現在是晚上八點三十分，還有一個小時。我決定出去走走，與其說這是刻意的選擇，不如說是為了擺脫遲鈍，強迫自己保持清醒。我不知道該去哪裡，就在停車場裡來回踱步。以前這種酷熱難耐的天氣對我來說根本不算什麼，但現在，熱氣彷彿化作一件厚重的披風，緊緊地裹住我的身體。我沒有穿襪子，鞋子磨得我的腳隱隱作痛。我的雙腿開始發麻。我回到房間，倒在床上，卻無法入睡。我的思緒正飛快轉動，但手腳卻依然癱軟無力。我試著寫些東西，卻發現自己無法組織出任何有條理的語句。我感覺到自己正在放棄，但放棄什麼呢？我知道自己不會死，那麼，我的身體到底想做什麼？它似乎正在關機。我的視線開始變得模糊。

　　這是我連續二十個小時滴水未沾、粒米未進。我不確定自己是否還能沿著直線行走，但繼續待在這裡盯著時鐘滴答作響，我一定會被逼瘋。我開車出門，找到一家美食名單上的敘利亞餐廳。此時，距離開齋（iftar）只剩下大約十五分鐘。餐廳裡的桌子逐漸坐滿了男性，他們看起來平靜而從容。我與老闆攀談，告訴他我的狀況。他

9　小圓皮蠹，擅長破壞任何含有自然纖維的物品。

來自敘利亞，負責廚房的所有料理，他的妻子則在外場服務客人。他滿頭銀髮，膚色黝黑。我點了烤串、鷹嘴豆泥和幾款甜點。他看著我，眼中閃過一抹失望的神色。

「齋戒的目的不是為了在日落後大吃大喝，」他說。「你必須保持謙遜，少量、緩慢地進食。」

讚，真是謝了，我心想。我現在餓得恨不得啃掉自己的手臂，卻還得講求節制。

「你可以吃上很長一段時間，」他解釋道。「但每次都要小口小口地吃。」

「先喝點茶，」他建議。「再來點簡單的湯、麵包和鷹嘴豆。只有在這個時刻，我們才能真正體會到貧困者的感受。還有，如果你第一口就吃烤串，待會可能會胃痛。」

———•———

就在日落的那一刻，他在我面前放下一杯茶。我喝了一口⋯⋯感覺自己從未真正嘗過薄荷的味道。茶湯鮮明而非凡。此刻，我竟然一點也感受不到飢餓。這杯茶平靜了我的心緒。我沒有狼吞虎嚥，而是慢慢地享用食物。我喝了一碗濃郁的湯，裡面只有三種簡單的食材，卻鮮美得讓人欲罷不能。我又撕了一塊無酵餅，細細咀嚼。回到飯店時，早已夜幕低垂。我擺出今天買的所有外帶——足足有十二個保麗龍餐盒。我每樣都淺嘗一口，然後在筆記本上記下感想。要在錯過最佳品嘗時機好幾個小時後，還能準確評價一道菜

的美味，確實不太容易。不過，蘇丹餐館的阿拉耶斯[10]——一種用麵餅包著碎羊肉和蔬菜的夾餅——依然令人驚豔。我敢肯定，如果能在它熱騰騰出爐時立刻吃到，味道一定更加優秀。即使已經放涼，它仍舊輕而易舉地成為我最愛的三明治。這種夾餅的麵皮必須自己做，而作法非常簡單。用市售的皮塔餅[11]根本無法還原那種口感與風味。

那天晚上，我酣然入夢。

———— • ————

我又成功堅持了三天的齋戒。這幾天，我遇見更多人，他們逐漸敞開心扉，允許我走進他們的生活。我能感覺自己初來乍到時遭受的戒心正在慢慢消散。有一對經營甜點店的夫妻邀請我共進開齋飯，我吃了皮塔餅配拉巴嫩[12]，和一些油炸點心。我被拉巴嫩具備樸實滋味，卻能同時喚醒我味蕾而感到驚訝。現在，當我的注意力不再集中於禁食的痛苦時，我的感官變得更加敏銳，味覺也異常清晰。我甚至沒有享用羊肉，而是完全徜徉在溫熱的皮塔餅和拉巴嫩的風味之中。

---

10 arayes，中東版的墨西哥捲餅。外皮通常使用皮塔餅或麵餅（flatbread），內餡則是用帶有獨特香料的生絞肉製成。
11 pita也稱口袋餅，是一種圓形口袋狀麵食。
12 labneh，一種希臘式優格，質地介於液狀優格與固態硬起司。作法是將優格放入濾袋，過濾掉偏液狀的乳清，留下偏固態的優格，保留了優格獨特的酸味。

甜點主廚表示，皮塔餅是自家手藝。

這還用說。我覺得自己品嘗的，不只是一道家傳食譜或故鄉傳統，而是一種更深層、更古老的味道。拉巴嫩的酸香攜帶來自遠古的韻味，在禁食一天後帶來心靈慰藉。這道美食在過去五十年、一百年、兩百年間發生過多少變化？穆斯林在迪爾伯恩的歷史已超過百年，但這座城市至今仍在寂謐的不安與寧靜，以及緊張與包容之間，尋求微妙的平衡。我遇到的大多數人，這一輩子都住在這裡。他們英語流利，上了大學，開美國車。但同時，他們對自己的宗教與這座城市，依舊懷抱著深刻的虔誠與忠貞。

最後一天，我在車上塞滿食物，打道回府。我邀請朋友們來家裡，一邊享用美食，一邊講述我的禁食經歷。聽起來像是一場夢，沒有人肯相信我。我承諾自己會繼續禁食，但我連一天都撐不下去。隔天早上，我幫女兒穿好衣服，準備送去幼兒園時，順手就抓了一片餅乾塞進嘴裡。離開迪爾伯恩後，禁食變得難以為繼。沒有那個社群、沒有那些同樣參與齋戒的人，禁食彷彿變成一種純粹的節食，失去了精神上的意義。我翻開筆記本，平時我總是寫滿了筆記，這次卻寥寥無幾。我忘了詢問人們的姓名，也沒有收集菜單。我意識到，當我從旁觀者變成參與者時，我便不再有寫作的衝動。我沒有採訪任何人，只有與他們對話。我遇見形形色色的人，卻從未想過要問他們的姓名或職業。我雖然無法真正理解他們的文化，但在短短幾天內，卻已經感覺自己離它更近了一些。我能夠一嘗信仰的力量——它滲透這個文化的每個角落：那些禱詞、齋

戒、儀式。我一生都在吃鷹嘴豆泥、中東芝麻醬和油炸鷹嘴豆餅（falafel），但直到現在，我才真正理解為什麼這些食物能滋養心靈，如春風化雨。禁食一整天後，這些食物的風味與油脂浸潤到骨子裡，如同一帖良藥，從內而外治癒了我。

———•———

　　距離我的迪爾伯恩之旅，已經過了四個月。這天是星期五晚上，我坐在當地一間教堂的活動中心。為了回應奧蘭多事件，我曾捐款給一個支持青少年探索自我認同的LGBTQ組織。今晚，我與這群孩子聊著自己的工作，並帶了一些餐廳的開胃菜與他們分享。他們問了我很多問題，比如我最喜歡什麼食物，還有我在廚房裡是否會大聲嚷嚷。我們開玩笑，分享彼此的失敗經歷，整個晚上都圍繞著美食談天說地。我們沒有談論奧蘭多事件，我也沒有問他們心裡有什麼煩惱。有個十四歲的女孩用烏克麗麗彈了一首歌給我聽。我回答了孩子們的問題，以及匿名問題箱裡的提問。我們一起自拍、交換臉書帳號，氣氛輕鬆愉快，但對這些孩子而言，暴力的陰影始終在上空盤旋。儘管如此，這個夜晚，我過得很開心。

　　據大眾所述，亨利·福特相當偏執，他相信機械式邏輯多過人性。我從未找到任何他與美食家之間的關聯。關心食物，就是關心人。試圖理解另一種文化的食物，就意味著必須接受當中的侷限。然而，即便知道這個文化永遠無法真正理解你，你仍努力去理解它，這依然能帶來深刻且滿足的結果。我至今仍未讀完整本《古蘭經》，

對於伊斯蘭教,以及這個孕育出美國最重要料理版圖之一的古老文化,依舊所知甚少。然而,我透過嘗試禁食,感覺自己對人性有了更深的體悟。在一座試圖守護來自數千公里以外的千年文化之城,我學會了選擇「吃」或「不吃」。也許,迪爾伯恩並不是典型的美國城市;也許,我們覺得他們應該多吃點披薩,多看看《南方四賤客》(South Park)。也許,我們總希望他們能更積極地融入這個社會,不要停留在自己所願意嘗試的程度。但我們熱愛他們的文化所創造出的美食——鷹嘴豆泥、油炸鷹嘴豆餅、羊肉串、優格醬和麵餅。他們慷慨地將這些美食與我們分享,當我們在鷹嘴豆泥裡加入朝鮮薊或把叉燒豬肉夾入皮塔餅時,他們也沒有怨言。

　　要成為美國的一部分,就必須將一切事物同化嗎?我們能否學會尊重那些不願變得與我們相同的文化界線?我希望如此,因為儘管我熱愛披薩和雞油菌鷹嘴豆泥(chanterelle hummus),我同樣希望,當我來到迪爾伯恩時,能夠走進一家餐廳,店家可以毫不遲疑地為我端上一整顆連牙齒都完整保留的熟羊頭,彷彿這是再自然不過的午餐選擇。

羊肉阿拉耶斯

我在迪爾伯恩旅行時，學到許多新菜式。之所以選擇分享這道料理，不僅因為它是我吃過最美味的菜餚之一，也是因為它非常適合在家製作。這道料理不需使用特殊的烤箱，也無需長時間燉煮。基本上，它就是一道羊肉夾餅。羊肉餡香氣四溢、風味濃郁；手作皮塔餅，則是一種充滿儀式感的體驗。我習慣多做一些皮塔餅，第二天再搭配鷹嘴豆泥享用，或是將剩下的皮塔餅烘烤至香脆後再切成小塊，作為沙拉的點綴。

分量：4 人份三明治

羊肉餡料
- 羔羊里肌肉（剁碎） 約450公克
- 番茄（切碎） 1 杯
- 洋蔥（切丁） ½ 顆
- 新鮮扁葉歐芹（切碎） ⅓ 杯
- 多果香粉 ½ 小匙
- 肉桂粉 ¼ 小匙
- 鹽 1 小匙
- 紅辣椒碎 ½ 小匙
- 現磨黑胡椒粉 ½ 小匙
- 石榴糖漿 1 大匙
- 黑麥皮塔餅 4 片（食譜後附）
- 橄欖油（刷餅用） 適量
- 鹽 適量
- 洋蔥（切絲） 1 小顆
- 芝麻葉 ½ 杯
- 醃漬甜椒 ¼ 杯（食譜後附）
- 中東芝麻調味醬 ½ 杯（食譜後附）

烤箱預熱至 175°C。

製作羊肉餡料 & 烤皮塔餅

1. 取一大碗，混合羊肉、番茄、洋蔥、扁葉歐芹、多果香粉、肉桂、鹽、紅辣椒碎、黑胡椒粉和石榴糖漿，攪拌均勻。

2. 將皮塔餅對半剖開。在其中一片餅皮鋪上一層羊肉餡料（約 ¼ 份），再蓋上另一半的餅皮。重複此步驟，直到用完所有皮塔餅和餡料。以橄欖油輕刷皮塔餅兩面，並撒上少許鹽。

3. 將皮塔餅逐一排放至烤盤，放入已預熱的烤箱烘烤 15～20 分鐘，至羊肉熟透。

4. 從烤箱中取出皮塔餅，掀開上面餅皮，依序鋪上洋蔥、芝麻葉和醃漬甜椒，淋上少許中東芝麻調味醬，蓋回餅皮。趁熱享用。

搭配 黑麥皮塔餅

分量：8 片

- 溫水（約 45°C）1 杯
- 活性乾酵母　2 大匙
- 砂糖　½ 小匙
- 黑麥粉　¼ 杯
- 中筋麵粉　1¼ 杯（另備 ½ 杯作手粉）
- 鹽　2 小匙
- 橄欖油　2 大匙

酪乳與塗鴉

1. 取一大碗，混合溫水、酵母、糖、黑麥粉和 ¼ 杯中筋麵粉拌勻。靜置 10 分鐘，或至表面起泡。

2. 加入鹽、橄欖油和 1 杯中筋麵粉，以木匙輕拌 1 分鐘混勻。依照麵團濕度，逐漸加入剩餘的中筋麵粉，至麵團呈現微溼但不沾黏碗壁。將麵團移到撒粉的工作臺上，揉捏至光滑且能保持形狀（幾分鐘即可，必要時可補充手粉）。將揉好的麵團放入塗抹薄油的大碗中，蓋上保鮮膜，置於溫暖處發酵 1 小時，至見麵團體積膨脹為兩倍大小。

3. 將烤盤放入烤箱中層，並將烤箱預熱至 245°C。

4. 取出②發酵好的麵團，輕輕按壓排氣，分成八等分。將每份麵團揉成小球，放在撒粉的工作臺上，蓋上微濕的毛巾，靜置 10 分鐘。

5. 取出一顆麵團，其餘保持遮蓋。在撒了少許麵粉的工作臺上，用沾粉的擀麵棍，將麵團擀成厚約 0.3 公分、直徑約 13 公分的圓形。重複以上步驟，將所有麵團擀成圓形。擀好的麵團可疊放，但每片之間務必夾入烘焙紙。小心取出③預熱好的烤盤，盡可能放入最大數量的麵餅。將烤盤放回烤箱烘烤約 2 分鐘，至皮塔餅開始膨脹。餅皮鼓起後，以夾子翻面，繼續烤 1～2 分鐘，至表面保持淡色但出現些許褐色烤痕。取出烤好的皮塔餅，放在盤子上備用。

6. 重複上述步驟，烘烤剩餘的麵團。若無立即使用，可將麵團放涼，用保鮮膜分裝包裹後放入冷凍庫，最多可存放一個月。食用時，以 150°C 預熱後烤箱加熱 5 分鐘即可享用。

❹ 齋戒小插曲

搭配 醃漬甜椒

分量：約 500 毫升

- 小顆甜椒（去籽切片） 10顆
- 米醋　1杯
- 水　½杯
- 糖　⅓杯

- 鹽　1小匙
- 八角　1顆
- 黑胡椒粒　½小匙
- 檸檬皮　1大片

1. 將甜椒去籽後切成細片，放入乾淨玻璃罐，盡量壓實。取一小鍋加入米醋、水、糖、鹽、八角和黑胡椒粒，加熱至沸騰，攪拌至糖完全溶解。加入檸檬皮，關火，靜置冷卻至室溫。
2. 將醃漬液倒入玻璃罐中，確保甜椒完全浸泡，蓋緊瓶蓋，放入冰箱冷藏至少一晚。如有多餘的醃漬液可直接丟棄。此醃漬甜椒可在冰箱中保存最多一個月。

搭配 中東芝麻調味醬

分量：一杯（約240毫升）

- 拉巴嫩或希臘優格　½杯
- 中東芝麻醬　3大匙
- 烤芝麻油　2大匙
- 水　¼杯

- 雪莉酒醋　1大匙
- 新鮮檸檬汁　1大匙
- 紅椒粉　½小匙

取一小碗，將上述材料混合，以打蛋器攪拌至均勻滑順。蓋上蓋子或保鮮膜，放入冰箱冷藏至食用前。此調味醬可在冰箱保存最多兩週。

雞油菌鷹嘴豆泥

在現今這個美食文化相互交融的時代，廚師和美食作家對於「鷹嘴豆泥」的定義一直有激烈的爭論。我通常是傾向站在純粹主義者這邊──黑豆泥並不是鷹嘴豆泥（而且味道真的很糟糕）。但這道料理我仍稱之為「鷹嘴豆泥」，因為雞油菌的風味與色澤都讓我聯想到鷹嘴豆。將這款鷹嘴豆泥抹在皮塔餅（見P118）上，是一道風味絕佳的素食小吃，搭配醃漬甜椒（見P120）味道更是一絕。

請勿使用其他種類的蕈菇來製作，味道上會有顯著差異。而且，必須選用盛產季節的雞油菌（一般是初夏到秋季，確切時節需視你的所在地）。

分量：4人份開胃菜

- 大蒜　10瓣
- 橄欖油　6大匙
- 雞油菌（洗淨）　約680公克
- 鹽　3小匙
- 水　½杯

- 特級初榨橄欖油　⅓杯
- 檸檬（榨汁）　3顆
- 中東芝麻醬　1大匙
- 紅辣椒碎　½小匙

1 將烤箱預熱至 175°C。

2 將大蒜放在鋁箔紙中央，淋上 3 大匙橄欖油後包緊鋁箔紙，確保封口密合。放入①的烤箱烘烤 30 分鐘或至大蒜變軟。

3 同時，另取一中碗，將雞油菌與 3 大匙橄欖油、1 小匙鹽拌勻。將雞油菌均勻鋪在烤盤上，放入①的烤箱烘烤約 15 分鐘，至完全熟透。

4 將烤好的大蒜（連同橄欖油）、雞油菌放入食物調理機中，加入水、特級初榨橄欖油、檸檬汁、中東芝麻醬、2 小匙鹽和紅辣椒碎，以高速攪打至滑順。若鷹嘴豆泥過於濃稠，可一次補充 1 小匙水至理想稠度。將調製好的鷹嘴豆泥密封並冷藏保存，可存放一週。

CHAPTER 5

流亡與雪茄

惡劣天氣下的機場內，是我最不想待的地方。整個候機室裡充滿猜疑、焦慮和無助的情緒。乘客們因班機延誤而產生的怒氣極具傳染性。我看著疲憊的飛機蹣跚駛向登機口，同時試著凝視停機坪來稍作冥想。黯淡的雲層覆蓋陰沉的天空。煙霧般灰黑的色彩濃密且不為所動，拒絕讓陽光穿透。雖然雨尚未落下，但航班延誤的消息已經如洩洪般傾瀉而來。一班接著一班，機場廣播逐一宣布各個目的地城市的航班延誤資訊。我迅速掃視航站大廈，觀察那些忿忿不平舉起雙手示意的人，彷彿這一切是真的出乎意料，好似上天真的有在聆聽他們的抱怨。我要前往邁阿密的航班延誤超過一個半小時。看到其他人的行程也同樣被打亂，雖然並非樂事，卻是我此刻僅有的慰藉。

• • •

我期待能與主廚諾曼・范・艾肯（Norman Van Aken）[1] 見上一面。

---

[1] 美國廚師和作家，名廚查理・特勞特（Charlie Trotter）將范・艾肯譽為「美國烹飪界的華特・惠特曼（Walt Whitman）」。

打從我還年輕,他就是我的英雄,最近我們還成了好朋友。我傳了簡訊給他,他向我致歉,說他必須前往佛羅里達州的山多拉(Mount Dora),因為他正在那裡籌備一家新餐廳。他告訴我,幾天後會再與我碰面。我重新倚靠回座位上,恰好目睹充滿戲劇性的場面:一名體型魁武的英國男子正歇斯底里地對著一位面無表情、膚色黝黑的女子怒吼,那名女子則心平氣和地敲打著一個老舊鍵盤。天空看起來隨時都會裂開,降下如《聖經》故事中的毀滅性暴雨。

當時,對身為年輕廚師的我而言,唯一重要的料理全是來自歐洲,尤其是法國菜。如果你想成為廚師,你勢必得學習法國菜;你得研究埃斯科菲耶(Escoffier)[2],熟悉廚房編制體系,學會製作「母醬」(mother sauce)。當時,電視播放的是雅克・貝潘(Jacques Pépin)和茱莉亞・柴爾德(Julia Child)[3]的烹飪節目,報紙則充斥著安德烈・索特納(André Soltner)和葛雷・昆茲(Gray Kunz)的報導。尚-喬治・馮格里奇頓(Jean-Georges Vongerichten)以其亞洲風格的法式料理掀起一股浪潮,但本質上,它仍是以歐洲為中心思想出發的飲食觀點。亞洲料理雖然廣受歡迎,但我在雜誌上看到的那些版本,都帶著一股令我感到虛偽的異國情調。甄文達(Martin Yan)也相當活躍於電視上,但他的形象更偏向家庭廚房。蔡明昊(Ming Tsai)以他的東西融合料理(East-meets-West cuisine)風靡全球,儘管我如饑似渴地吸收他講的每句話,他那橄欖球運動員般的健壯身材和常春藤名校的微笑,仍令我清楚意識到,我與他之間隔著一道無法跨越的鴻溝。諷刺的是,我竟然得把視野望向英國,才找到一

位能讓我產生共鳴的亞洲廚師。雖然譚榮輝（Ken Hom）是美國人，但他大部分的電視節目和出版作品都是透過BBC推出。事實上，在我生命的大部分時間裡，我一直以為他是英國廚師。然而，儘管譚榮輝的食譜對我充滿啟發，但它們講述的仍只是單一視角的故事。它們沒有觸及到像我這樣的人的內心矛盾——我對亞裔身分的歸屬感，和對我成長時期的美國電視晚餐世代[4]的歸屬感一樣強烈。我從來不能理解，為什麼亞洲血統和美國人的身分必須被切割看待，就像我的斯旺森冷凍晚餐（Swanson's dinner）裡的索爾斯伯利牛排（Salisbury steak）和蘋果派總是被劃分在不同的區域。我想要的是把這一切融為一體，一口品嘗所有的滋味。

後來，我認識了諾曼・范・艾肯。他可能有荷蘭血統，也許還有法國和德國血統。來自伊利諾州的他，年輕時移居佛羅里達礁島群（Florida Keys），並在那裡展開一場美食探索之旅，將整個佛羅里達州的風味融入自己的料理之中——從佛州狹長半島獨有的南方特色，到古巴的熱情香氣，再到加勒比海的異國香料，還有遠至亞洲及其他地區的各式風情。他在邁阿密的「諾曼餐廳」（Norman's）將這些理念實踐。事實上，「無國界料理」（fusion）這個詞就是范・

2　Georges Auguste Escoffier，法國烹飪史的傳奇人物，西方飲食文化的改革者，被譽為「廚神之神」、「西餐之父」。
3　美國第一代料理女神，將法國料理普及至大眾，影響諸多美國家庭。
4　係指二十世紀中葉成長於美國、習慣在電視前享用冷凍料理包（TV dinner）的兒童及青少年。

艾肯首創。這個概念迅速風靡世界，成為所有將不同文化風味結合的菜餚代名詞。然而這個詞，以及隨之而來的各種只為噱頭的料理，很快就淪為笑柄。「無國界料理」變成了芥末口味的馬鈴薯泥，或是淋上甜膩芒果薑汁的烤雞。人們忽略了范・艾肯試圖傳達的訊息所帶來的真正影響。

范・艾肯的料理只能在南佛羅里達這樣的地方誕生，正如他常說，這裡就是各種風味得以在他餐桌上交會的地點。他對不同文化的開放態度和包容，使他對我格外重要。他倡導長久永續的料理哲學，既擁抱自身的民族背景，也擁抱所處環境的文化影響。突然之間，人們不再需要做選擇，也不必受限於強加於自身的邊界，過著封閉孤立的飲食生活。對他而言，烹飪加勒比料理是再自然不過的事，尤其是當你的所在地市場裡就能輕易買到牙買加煙燻香料（jerk spices）、山羊肉和芒果。范・艾肯的天才之處，在於他能將「異國」食材與他所接受的正統料理訓練水乳交融，並且充分理解兩者可以用有意義的方式共存。因此，「無國界料理」的概念並不是隨意混搭或挪用不同文化，也不是在普通的馬鈴薯泥裡面添加人工芥末粉來作為噱頭，而是在歐洲的正統料理架構與周遭移民文化的家庭料理之間尋找平衡。這才是真正的「無國界」。這則強而有力的宣言，全因為一位廚師的無心插柳，影響後來所有年輕一輩的廚師。由於「無國界料理」這個詞彙被嚴重誤解，范・艾肯未能獲得其應得的讚譽。有一整代的廚師努力反駁這些錯誤詮釋，才讓下一代廚師逐漸重新擁抱這個概念的真正內涵。正是范・艾肯讓我明白，學習法國料理的傳統固然重要，但我同樣可以在這個框架之

外,開創屬於自己的料理之路。

　　1998年,我前往邁阿密的諾曼餐廳。我從紐約市搭乘灰狗巴士,幾乎睡了整路。抵達餐廳後,我忐忑不安地點了幾乎菜單上的每一道菜,安靜地品味每一口嘴裡的食物。儘管我知道那天晚上諾曼就在廚房裡,我仍沒有要求見他。我偷偷帶走了一張菜單。我在邁阿密沒別的事可做,於是回到車站,等待搭車回紐約。候車時,我一遍又一遍地閱讀那張菜單。2003年,我搬到路易斯維爾接管「610 Magnolia」餐廳時,做的第一件事就是把那張菜單裱框掛上牆。

──────●──────

　　等待了兩個小時,我終於登上飛往邁阿密的飛機。我喜歡飛機上那種與世隔絕的安靜。我手裡拿著諾曼的新書手稿,一部與佛羅里達有關的野心之作。他試圖定義佛州的料理——這是一個擁有眾多地理因素和文化層次的地方,怎麼看都不太可能面面俱到。他的出版社請我在書封撰寫推薦語。這件事讓我感到有些彆扭。為我仰慕已久的人寫下一句鼓勵的話,竟是一項令人望而卻步的挑戰。就許多面向來說,無論你取得多大的成就,英雄都無法成為你的同儕。我總覺得他們應該保持距離和光鮮亮麗,供人景仰。因為一旦與某人變得親近,就容易看到他作為人的缺陷,而我也許並不想瞭解或接受諾曼的這一面。對我來說,他是廚師、作家,也是有自己見解的歷史學家。但同時,他也是一個複雜的人,經歷過事業的失敗,

❺ 流亡與雪茄

也未曾獲得某些同行所享有的關注。當時，年過六旬的他正在重建自己的事業版圖。我們正處於由「守門人」[5]負責書寫美國料理史的時代。但對我來說，看到諾曼似乎嘗試「重新進入」美國人的視野，讓我有些難以適應，因為在我心裡，他從未離開過。我試著想出一句話來向他致敬，但又不願讓自己聽起來像個過度崇拜的粉絲。我希望我的推薦語能莊重且充滿感激，但此刻，我依然找不到適合的詞彙。

　　我抵達邁阿密的那天風勢強勁，棕櫚樹被吹得幾乎像要彎下腰。我的第一站是凡爾賽餐廳（Versailles），這家餐廳是第8街（Calle Ocho）──也被稱為小哈瓦那（Little Havana）──上極具代表性的老店。我點了一份古巴三明治、炸香蕉和一杯啤酒。諾曼事先寄了一份必訪清單，包括古巴漢堡魔法師（El Mago de Las Fritas）、驛站燒烤（El Tambo Grill）、蝦之家（La Camaronera）、加西亞海鮮餐廳（Garcia's）、甜蜜蜜冰淇淋（Azucar），還有其他許多地方。我知道自己無法一一造訪。在凡爾賽餐廳裡不難找到願意和你討論這個街區歷史的人。若是將小哈瓦那的經濟繁榮歸功於卡斯楚，乍聽之下似乎有些奇怪，但當你和這裡的古巴人聊得夠深入，你很快就會聽到他的名字。自從卡斯楚掌權後，美國本土便上演起意識形態的鬥爭。早在1950年代末期，就已經有大批難民湧入邁阿密，而美國政府樂觀其成，將其視為美國社會相較共產國家更優越的體現，並以此作為向共產主義的鄰國展現實力的機會。而此舉的結果，便是數波人數起伏的古巴難民潮，端看卡斯楚政策的變化，時而激

增,時而減少。從 1960 年代古巴革命後就抵達的早期難民,到 1980 年代的「馬列爾人」[6],古巴移民的故事漫長又複雜。然而,早期的難民與後來抵達的年輕一代,對許多事情的看法並不一致。或許,唯一能將他們團結在一起的,就是對卡斯楚的強烈反彈,即便古巴國內仍有許多人景仰他。「我們離開了家人、朋友、家園,來到美國,」一位戴著草帽的老先生在第 8 街的果汁攤告訴我:「在這裡,我們團結一致,反對卡斯楚。」

整晚,天空都在虛張聲勢著要降雨,卻始終沒有半滴雨水落下。狂風挾帶著鹹鹹的沙塵,在空氣中打轉,讓原本潮溼的氣候變得更加悶熱。我在飯店房間裡待上一整夜,將諾曼的著作從頭到尾讀完。書中收錄了他一生在廚房累積的無數食譜和故事。然而,最讓我驚訝的是,儘管他的作品充滿了珍貴的文字和食譜,我依然覺得能夠親耳聆聽他的聲音,才是無價之寶。他的聲音裡透露著寧靜又不可撼動的信念,書中的文字無法完全傳達這種力量。如果能聽他親口說出這些話,那又會是截然不同的感受——這是資訊與真理之間的差異。有時候,只需要一個真誠且令人安心的聲音,就足以讓人願意擁抱信念,並跨出那一步。

5　gatekeepers,是指那些掌控美國料理話語權的人,例如名廚、美食評論家、餐飲媒體、歷史學者或業界權威。他們決定哪些人、哪些料理風格、哪些歷史事件會被記錄下來,成為美國料理的一部分。

6　Marielitos,指 1980 年 4 月至 10 月間,從古巴馬列爾港(Mariel Harbor)經海路逃往美國的古巴難民,這場難民潮史稱「馬列爾事件」(Mariel boatlift)。這些難民大多來自古巴的中下階層,包括被古巴政府釋放的囚犯和精神病患,因此在美國社會引發爭議。

隔天，我來到古巴漢堡魔法師餐廳，品嘗他們的煙燻紅椒豬肉漢堡，以及撒在上面、滿滿的炸馬鈴薯條。漢堡的肉質柔嫩彈牙，幾乎已經被攪揉得過於細緻；調味粉在肉餅表面形成一層薄薄的脆皮，讓我忍不住頻頻點頭讚許。薯條被撒得到處都是，唯一合理的辦法就是用雙手抓起漢堡，壓扁之後再大口咬下。麵包是便宜貨，經過加工，軟而無力──換句話說，完美。我特地加了一顆煎蛋，雖然這不是漢堡的原始搭配，但我仍然這麼做。我全程埋頭苦幹，直到食物被我吃得一乾二淨才重新抬起頭。我又點了一杯水和一杯馬米果（mamey）果汁，還加點了一個玉米粽[7]。我環顧四周，餐廳內色彩繽紛，裝飾著塑膠蕨類植物和復古菜單板。服務生悄悄地瞥了我一眼。

　　算了，管他的。「再給我來盤吉拿棒吧！」我對她說。

　　探索美食最大的難題，就是無法克制自己進食過量。當我真正享受一頓美食時，我根本沒有辦法只是吃個一兩口就停下來。離開餐廳時，我已經撐腸拄腹到短時間內完全無法再吞下任何東西。於是，我沿著街道走了幾個街區，來到溫伍德藝術區（Wynwood Art District）一家舒適的雪茄店，想找個地方坐下來小憩，順便重新點燃食慾。店裡燈光昏暗，空氣中煙霧瀰漫，冷氣溫度適中。店經理帶我進入他的雪茄儲藏室，讓我挑選雪茄。我問他這裡是否有本地生產的雪茄，他示意一款叫卡尼茂（Canimao）的雪茄。他說這款雪茄濃烈但和諧。我不太懂這到底是什麼意思，但還是決定試試看。

　　休息室裡還有兩個人在吞雲吐霧。一名削瘦的女子坐在一張以

她矮小身形無法駕馭的寬大皮椅上,深刻的煙紋布滿她的上脣。她旁邊坐著一個年輕男子,身材壯碩但動作笨拙,穿著T恤和牛仔褲,留著短短的阿兵哥頭。他在聊爵士樂,她則在談論政治。他們都喝雞尾酒。她熟練地夾著雪茄,我模仿她的手勢,試圖學會那種優雅。我向他們自我介紹,並獲得一盒用來點燃雪茄的火柴。那位年輕人說他要去隔壁的酒吧,問我需不需要順便替我帶一杯蘭姆酒回來。我欣然接受。喇叭裡播著克勞斯・瓦爾德克(Klaus Waldeck),聽起來像是多了一分迷幻的懷舊舞廳音樂。大螢幕上播放著佛雷・亞斯坦(Fred Astaire)跳舞的黑白影像。我無法確定這段影片是隨機播放,還是同步搭配音樂。這裡的氣氛悠閒自在,沒有人急著離開。經理告訴我:「如果你在這裡待得夠久,這附近的街坊鄰居你都能遇上一遍。」

「那製作這些雪茄的人呢?」

「你說梅爾(Mel)嗎?他就住在這附近。」

此時,一位年輕的古巴裔女子推著裝滿甜點的保冷箱走了進來。她名叫歐迪(Ody),正販售幾款糕點,包括番石榴口味和椰子口味的兩種塔派,還有一種她稱為塞莫維塔[8]的甜點,類似表面撒了糖粉的酥皮小方塊。這種糕點口感輕盈、細緻且酥脆,讓我立刻察覺它是用豬油製成。每個只要一美元。我買了幾塊奶糕[9]請大家品嘗,於

---

7 tamale又稱墨西哥粽、拉美粽,以玉米粉揉製麵團,加入配料後,包入玉米莢或香蕉葉,蒸熟即可食用。

8 semovita,一種由粗粒小麥粉製成的粉類產品,與Semolina相似,但質地更細膩。

是我們繼續喝酒、聊天。突然，四名全副武裝的警察走了進來，我頓時一陣緊張。他們在一張長條軟座椅上坐下，挑選雪茄，不發一語地抽了整整二十分鐘，然後禮貌地離開。

「他們是這裡的常客。」經理告訴我。

我向他解釋自己得先走一步，因為諾曼一定會問我對他的推薦有什麼心得，我不想讓他失望。

「但梅爾正在趕來的路上，」經理說。「我打電話給他了。」

我的腦子高速運轉，想找個好理由離開，但雪茄的煙霧讓我頭昏眼花。我的直覺告訴我，也許該留下來等一會兒。

「我會喝完這杯酒，但之後就得走了。」我說。

梅爾‧貢薩雷斯（Mel Gonzalez）身材高大，體格健壯，光頭，微微駝背。這一看就知道是長期彎腰工作的人會有的體態，和上了年紀的廚師沒什麼兩樣。他雖然已經六十多歲，看起來卻較實際年齡年輕許多。他問我對他做的雪茄有什麼看法。我坦白說：「我其實對雪茄不太瞭解。除了偶爾晚上用來放縱一下，我從來沒有認真研究過。」

「你現在抽的是古巴的甘蔗之花（Flor de Caño），」他告訴我。「產自下布埃爾塔（Vuelta Abajo）。」

我點點頭，彷彿想表達「這還用你說」。

他帶我走進雪茄儲藏室，開始向我講解雪茄製作的過程。他是一個充滿自信的人，熱中於分享自己的手藝。他拿起一盒雪茄，深吸一口氣，然後用手指輕輕敲了敲盒子。

「一切都始於這個盒子，」他說。「雪松可以使雪茄變得醇厚。」他向我展示盒子。這個雪茄盒的設計花了他整整一年才完成。盒身描繪著馬坦薩斯灣（Matanzas Bay）的景色，四周環繞著沙灘和棕櫚樹，以及緩緩沉入地平線的夕陽。畫面看似老套又毫無新意，但在你聽完梅爾親自講述它的故事之後便會改觀。馬坦薩斯的意思是「大屠殺」（massacre）。這片土地的歷史，建立在血與淚之上。

「正是在這片土地上，卡尼馬奧（Canimao）[10]開創了孕育世界頂級雪茄的文化。」

梅爾來自一個世代傳承的雪茄世家，他是第三代傳人。「就在這片山丘的另一側，有一道山脊，」他指著雪茄盒邊緣外一處。「從那裡可以俯瞰整個海灣。我的夢想是將來在那裡蓋一棟房子，安享退休生活。」

梅爾在1992年9月23日來到邁阿密。他對這個日期記憶猶新，因為它深深烙印在他的身分裡。他上學、受過教育，後來擔任伊萊克斯（Electrolux）家電的銷售人員，收入頗為豐厚。2006年，他創立了自己的雪茄公司，並將其命名為「卡尼馬奧」。去年，他的公司賣出了十五萬支雪茄。

9　pastellas，主要是由牛奶與糖製成，口感細膩柔軟。
10　Canimao是位於古巴馬坦薩斯省的河流，該地區土壤肥沃、氣候條件適宜，特別適合菸草種植。馬坦薩斯灣周圍的地區，尤其是Vuelta Abajo，被認為是世上最優質雪茄菸草的產地之一。

「那麼，什麼樣的雪茄才算是好雪茄呢？」我問他。

他挑了挑眉，似乎在說我這問題真蠢，不過還是會替我解答。「雪茄只能由一種東西製成，那就是菸草葉。關鍵在於如何調配和捲製，這會決定它的風味。好的雪茄，能讓你在口中感受到香氣，品嘗到層次：matices（細緻的差異）。第一步，你必須先嗅聞。」他拿起雪茄，像廚師對待一顆水果般仔細審視。他閉上眼睛，深吸一口氣，但精準掌控所有動作，彷彿在與雪茄的香氣交流。接著，他開始觸摸雪茄，輕輕敲擊表面，再任憑它滾動於自己靈巧的指間。「它應該紮實且緊緻，但又不能過於緊密，否則會影響吸菸體驗。」他點燃雪茄。「先點燃，再吸。優質的材料能讓菸灰結實穩固。這款雪茄使用康乃狄克的茄衣[11]，帶有甜美迷人的風味。每支雪茄都有一個『甜蜜點』[12]，而這正是你所要尋找的。你無法從前幾口獲得任何感受。等到茄芯穩定燃燒後再開始抽。讓煙霧在口中翻滾，滑過舌下。它帶有木質調嗎？還是如奶油般醇厚？舔舔嘴脣，觀察煙霧。一切都充滿誘惑。再看看你的煙灰，應該如我說的相當結實。」

我模仿著他的每一個動作。

「千萬別去拍雪茄頭上的菸灰，讓它自然掉落。先休息一下，喝點蘭姆酒、咖啡或紅酒。別抽得太快，停一停，慢慢享受。」他深深吸了一口，煙霧從微噘的嘴脣緩緩吐出。

我真希望自己也有那樣的嘴脣。他沉默了一會兒，隨後又回到話題上：「和人聊聊天，讓一天變得更悠長。等到時機對了，再回頭品味雪茄。」

突然間，我就像個努力搜尋詞彙來形容自己感受的學生。我第

一次品嘗如波爾多醬汁（bordelaise sauce）、雷莫拉醬（rémoulade）、達克瓦茲（dacquoise）這類精緻美食時，就知道自己很喜歡，卻不懂得如何描述。直到後來，我學會了這些早在我出生前就已經被創造出來的詞彙，我才終於能夠表達自己的情感。那已經是很久以前的事了，我幾乎忘了那種詞窮的感覺，忘了曾經因口中爆發的滋味而震撼得說不出話的感受。「絲滑」、「辛辣」、「鮮美」這些詞彙，究竟能傳達什麼意義？它們遠遠無法完整描繪真實的感受。因為我們試圖表達的，不只是味道，還有情感。

此刻，我找不到適當的詞彙來向梅爾表達我的感受。濃煙燻得我眼眶溼潤，我心中卻有飽滿的情感正熱烈激盪。我的全部感官似乎被某種力量喚醒，舌頭上殘留的味道粗糙中微苦，像是泥土、陽光、熱氣、歲月，與汗水交織而成的氣息。我無法確定它是櫻桃、焦烤核桃，抑或是甘草的味道。這些詞彙雖然充滿想像力，卻未必能完整捕捉那股深邃的滋味。這是一種竄入鼻腔，使之微微刺痛的香氣。品味煙霧的概念本身相當原始而性感，讓我無法從這種最本能的體驗中抽離。突然間，我有一種想脫掉上衣的衝動。

我們的雪茄燃燒至末端，我的思緒也漸漸感到疲憊。梅爾就像是一位釀酒師，試圖僅憑一種原料創造出豐富的層次，只不過他的

11　茄衣（wrapper）是雪茄最外層的完整菸葉，直接影響雪茄的口感與外觀；茄套（binder）是包覆填料的菸葉，負責固定雪茄的形狀；填料（filler）是雪茄內部的捲製菸葉，決定主要風味。

12　是指雪茄在燃燒過程中，風味達到最佳平衡點的階段，通常發生在點燃後的1/3或中段。

原料剛好是菸草罷了。他對煙草的敏銳度令人驚嘆，精準地掌控著捲製的緊密度和煙霧的濃度。我試著想像，如果我也能將這種極致的專注力投注於單一食材，是否也能挖掘出前所未有的深度？我開始明白，他的手藝不僅精湛，更是達到難以望其項背的境界。

我們又點了一支肯塔基火烤雪茄（Kentucky Fire Cured）來體會其中的差異。這款雪茄口感強烈，帶有濃郁的胡桃木和巧克力風味。接著，一個想法猛然浮現在我腦海：只有在體驗過對立之後，我才能真正定義某樣事物。這正是我們學習的方式。我們先經歷了其中一項，再去體驗與之相反的另一面，於是我們得以建立一個完整的認知光譜。如何判斷香蕉是否成熟？因為我曾咬過未熟透的香蕉，體會過它的生硬與青澀。這是一堂讓我重新學習「品味」意義的課。這些道理應該是我的本能反應，卻因為時間一久而遺忘了最根本的法則。現在，我又從頭來過。

「如果我們眼下在古巴，」梅爾說。「我們會這樣度過一天：坐在咖啡館裡，抽著雪茄，聊著音樂、哲學、愛情和美酒，悠哉消磨時光。人生還有什麼比這更值得做的事呢？」

他談起古巴雪茄，那宛如神話生物般的完美傑作。他說，他更喜歡尼加拉瓜的茄芯和厄瓜多的茄衣。「現在的古巴很難找到適合的原料，他們只能將就妥協。他們有的是知識，卻缺乏優質的材料。在這樣的環境下，要如何對自己的手藝懷抱驕傲呢？古巴不允許你追夢，你只能日復一日地耐心熬度人生，別無選擇。」他憤怒地說：「因為共產主義，我們甚至得把尿摻進我們的咖啡豆。」我不確定

這是誇飾,還是真有其事,但他顯然深受其擾,所以我沒有追問。「我父親還健在,」他說。「他已經九十九歲了。我可能再也見不到他了。」

我因為似乎勾起了他不願回想的記憶,而對他感到抱歉。梅爾明顯有些顫抖,我想這大概是該告別的時刻了。沒想到他卻問我是否餓了。是的,我餓了。天色漸暗,我的胃裡裝的煙霧比食物還多。「我帶你去匠人餐廳(La Fragua)吃飯吧,」他說。「那裡有全城最棒的雞肉。」

我們上了他的車,穿過車水馬龍的街道。天空仍然陰沉,狂風陣陣,將散落在街道上的報紙吹得四處翻飛。風勢漸長,但至今仍未落下一滴雨。

「很快就會下的,」他說。「每年這時候總會有一場暴風雨。」

他的妻子打了通電話來。他嘟噥著說,自己本該在幾個小時前就回家了。我聽到他用西班牙語解釋,顯然是在把遲歸的責任推到我身上。他開啟免持聽筒,我已經做好心理準備,迎接一個素未謀面的女人的怒火。沒想到,電話裡傳來一個悅耳的聲音,溫和地問:「我先生有好好招待你嗎?」「他人好極了。」我回答。她笑著說,下次會邀請我到家裡作客,但現在不太方便。我向她道謝。

梅爾把我送到餐廳門口,說他不能留下來了。臨走前,他替我點了餐:烤炸雞佐莫荷醬[13],搭配木薯和炸香蕉作為配菜。我們像老朋友一樣擁抱道別。我坐下大口享用這道看似平凡無奇的烤炸雞。莫荷醬的配方簡單——僅有橙汁、檸檬汁、橄欖油、大蒜、鹽和胡

椒——卻能使雞肉的風味瞬間昇華，雞肉原本可能被忽略的柔嫩感也更為明顯。

我大快朵頤地吃完晚餐，起身準備結帳。「不用擔心，」服務生說。「梅爾先生已經幫您付過了。」在那一刻，我才真正體會到梅爾那份低調而深厚的善意。

———•———

隔天早上，我接到諾曼的電話，他邀請我去恩瑞奎塔餐廳（Enriqueta's）碰面。這是一家總是門庭若市的小餐館。我大約在中午前抵達，餐廳裡已經座無虛席。諾曼和他的妻子珍妮特（Janet）正耐心地坐在一張小桌旁等待。我們都點了當日特餐瓦卡弗里塔（Vaca Frita），一道調味極為簡單的炸牛腹碎肉料理。這道菜完美地展現了我喜愛的古巴料理精髓：簡單而靈巧，僅使用幾種基本食材，更加仰賴精湛的烹飪技巧，不是每位廚師都甘願這樣細心製作，至少不是每天都願意。牛肉的口感富有嚼勁又柔軟細膩，調味恰到好處，刻意保留一絲清淡，彷彿廚師們不希望年輕一代忘記，長輩們的料理就是如此樸實純粹。如果說這道牛肉料理是一篇關於「簡單」的論文，那麼黑豆飯就是一堂如何從平凡食材中萃取美味的課。你會為一盤黑豆竟能蘊含如此濕潤度與豐富的風味而感到驚豔。把它和牛肉拌在一起，就能感受到這一頓飯達到的完美和諧。我們用幾片炸大蕉（fried plantains）替這一餐畫上圓滿的句點。

我向諾曼詢問他在邁阿密最喜歡的地方。他隨口列舉一些，然

後轉頭看向珍妮特,彷彿在尋求認同。珍妮特是一個安靜體貼且善解人意的女人。他們攜手走過這麼多年,默契早已深厚到能接續彼此未完的話語。諾曼對他的新計畫充滿熱情,其中一項是在邁阿密開設一所烹飪學校。珍妮特微笑著,眼神中卻透露一絲倦意,彷彿是對這種高壓而嚴苛的廚房生活感到有些疲憊。諾曼有許多令我欣賞的特質,但最讓我敬佩的,還是他的沉穩從容。我曾為許多主廚工作過,有些年紀只有他的一半,怨氣卻是他的兩倍多。他身上有一種寧靜的氣質,讓人感到安心。我知道,距離他開新餐廳的日子已經不遠,他的壓力一定不小,但他仍抽出時間請我吃飯,和我聊了許多話題。我也知道他和珍妮特都很忙,所以我試著把握每一刻,不斷向他們提問,因為我不確定下次再見到他們將會是何年何月。而且我也知道,一旦分別後,我會立刻開始想念他們。

「我們成為美國人後,會因此失去些什麼?」我問諾曼。「我們是否為了獲得美國人的身分,拋棄了祖先的文化?」

「是的。」他說。「但在人生的某個時刻,我們會感受到一股暗流,將我們拉回源頭,帶我們重新找回自己。那麼,我們又得到了什麼?未來。這就是我們的收穫。而邁阿密正是一個未來提前上演的地方。」

我不確定那句話是他自己說的,還是他引用了別人的話,但這

---

13 mojo sauce,在古巴料理中,mojo 是指以大蒜、橄欖油或豬油以及柑橘類果汁(傳統上使用苦橙汁)為主要成分的醬料。

就是典型的諾曼。他總是用氣勢凌人的語句表達想法,當你聆聽他深入闡述時,時間彷彿慢了下來。我們三人一邊喝著咖啡、享用焦糖布丁,一邊繼續聊天。

我給了諾曼和珍妮特深長的擁抱,然後離開餐廳。有時候,當你遇見你的英雄時,他們會符合你所期待的一切模樣;有時候,他們會讓你失望。有時候,你認知到的不是你景仰已久的偶像,而是你自己。對我而言,諾曼代表的就是這個價值,有過之而無不及。我在他身上找到了靈魂知己;當我獨自走回南灘(South Beach),穿過那片紙醉金迷的璀璨燈火時,我感到一絲揮之不去的孤獨。這時我才意識到,我忘了告訴諾曼,自己正在為他的新書撰寫推薦語。我忘了告訴他,我無法想像沒有他的世界;是他讓我的世界開始運轉。甚至在此刻,當我在腦海中組織著推薦語的文字時,一陣強勁的颶風前兆正悄然升起,將我捲入一場無法平息的風暴中心。

我離開邁阿密的那個星期,卡斯楚逝世的消息使第 8 街陷入一片歡騰。凡爾賽餐廳在遮陽棚上掛起古巴國旗,人群在街上載歌載舞,敲著鍋碗瓢盆,聲響震天。我買了一盒梅爾的雪茄,坐在辦公室裡一邊悠閒地抽著,一邊從網路上觀看這場慶祝活動。然後,我走進廚房,想做一道能與濃烈雪茄相襯的料理,一道擁有濃厚煙燻風味、帶有大地氣息且和諧的菜餚——獻給梅爾、獻給珍妮特,也獻給我的朋友和人生導師,諾曼‧范‧艾肯。

酥炸芒果

在第 8 街，各種熟度的芒果隨處可見。我喜歡芒果能在一夜之間產生劇烈轉變的成熟過程。這道食譜建議使用微熟的芒果——不要全青也不能過熟，仍需保持些許硬度。油炸後的芒果會變得柔軟細緻，如奶油般滑順。而墨西哥辣椒薄荷蒜泥美乃滋則可以替這道料理增添清新明亮的風味。這款醬料搭配炸魚也非常出色。

分量：2 至 3 人份

- 芒果（微熟） 3 顆
- 玉米胚芽油（油炸用） 約 6 杯
- 中筋麵粉 1¼ 杯
- 鹽 2 小匙（另備少許，視個人口味增添）
- 現磨黑胡椒粉 4 小匙
- 卡宴辣椒粉 2 小匙
- 氣泡水 1¼ 杯
- 海鹽 適量
- 墨西哥辣椒蒜泥美乃滋 約 1 杯（食譜後附）

1. 芒果去除核和皮，先切成 1 公分厚的片，再切成 1 公分寬的條。
2. 取一中型鍋，倒入玉米胚芽油（約 5 公分深），加熱至 175°C。
3. 另取一中碗，混合 1 杯麵粉、鹽、黑胡椒、卡宴辣椒粉和氣泡水後拌勻成麵糊。
4. 將 ¼ 杯麵粉倒入淺盤中。

5 取①的芒果條輕裹上一層麵粉，再沾裹麵糊，抖掉多餘的麵糊，放入②的熱油中油炸。炸至芒果條四面金黃，約需 1～2 分鐘，期間翻面一到兩次。用漏勺撈出芒果條，置於廚房紙巾上吸油，趁熱撒上鹽。重複此步驟處理剩餘芒果條。

6 炸好的芒果條搭配墨西哥辣椒薄荷蒜泥美奶滋，趁熱享用。

搭配 墨西哥辣椒蒜泥美乃滋

分量：約 2 杯

- 美乃滋（建議杜克牌Duke's） 2 杯
- 新鮮薄荷葉（切碎） ¼ 杯
- 墨西哥辣椒（去籽切碎） 2 根
- 大蒜（切碎） 3 瓣
- 萊姆（取皮與汁） 1 顆

取一中碗，將美乃滋、薄荷葉、墨西哥辣椒、大蒜、萊姆皮與萊姆汁攪拌均勻。蓋上保鮮膜後，放入冰箱冷藏。此醬料建議製作後立即使用，冷藏可保存三天。

雞肉版瓦卡弗里塔椰香飯

這道菜的靈感來自我和諾曼一起享用的瓦卡弗里塔。傳統的瓦卡弗里塔以牛肉製作，但我改使用雞腿肉。雞肉軟嫩多汁，檸檬賦予料理鮮明的酸香。微甜的椰香飯，更能襯托雞肉的風味，再加上熟芒果切片，為整道菜增添了清爽的口感。

分量：2人份主菜

- 全雞腿　2隻
- 檸檬　½顆
- 大蒜　4瓣
- 新鮮奧勒岡葉（切碎）　1小匙
- 煙燻辣椒粉　2小匙
- 孜然粉　2小匙
- 橄欖油　1大匙
- 莫荷醬　¼杯（另備少許上桌使用，食譜後附）

椰香飯
- 雞高湯　3杯
- 椰奶　2杯
- 卡羅來納黃金米　1杯
- 魚露　2小匙
- 鹽　1小匙
- 糖　少許

- 橄欖油　2大匙
- 粗鹽　適量
- 現磨黑胡椒　適量
- 芒果片（裝飾用）　適量
- 新鮮芫荽葉（裝飾用）　適量

製作烤雞

1 將烤箱預熱至 175°C。

2 在工作臺鋪上大張鋁箔紙。將雞腿置於鋁箔紙中央，依序鋪上檸檬片、大蒜、奧勒岡葉、煙燻辣椒粉和孜然粉，最後淋上橄欖油。再蓋上一張鋁箔紙，將兩張鋁箔紙邊緣緊密折疊封實，形成密封鋁箔包。

3 將鋁箔包置於烤盤，放入①的烤箱烘烤 40 分鐘，或至雞肉軟嫩、骨肉分離（若要打開鋁箔包檢查請小心蒸氣）。取出鋁箔包打開，使雞肉冷卻。

4 將雞肉移至砧板或盤子上，鋁箔包中的湯汁過濾後備用。去除雞皮、雞骨，放入碗中。加入莫荷醬拌勻，讓雞肉於室溫下醃製 20 分鐘。

同時準備椰香飯

1 取一大鍋，將雞高湯、椰奶、米、魚露、鹽和糖混勻。煮至微滾後，轉小火，蓋上鍋蓋，偶爾攪拌，煮約 20 分鐘，至米飯變軟、濃稠且鬆散。如有需要，上桌前可再加入水並拌勻。

2 將烤雞肉瀝乾，丟棄醃汁。取一大平底鍋加熱橄欖油，放入雞肉煎至表面金黃酥脆，約 4 分鐘。以鹽和黑胡椒調味。

3 將椰香飯盛入盤中，雞肉擺在米飯上，再以芒果片和芫荽葉裝飾。將烤雞時保留的雞汁淋在雞肉和米飯上，最後再淋上少許莫荷醬。

搭配 莫荷醬

分量：約 ¾ 杯

- 新鮮橙汁　¼ 杯
- 新鮮萊姆汁　¼ 杯
- 橄欖油　¼ 杯
- 鹽　1 小匙
- 新鮮奧勒岡葉（切碎）　½ 小匙
- 孜然粉　¼ 小匙
- 大蒜　8 瓣

將橙汁、萊姆汁、橄欖油、鹽、奧勒岡葉、孜然粉和大蒜放入攪拌機中打至細滑。此醬料建議製作後立即使用，若加蓋冷藏可保存三天。

CHAPTER 6

沙拉熱狗堡
和臘腸卷

在得知羅妮・倫迪（Ronni Lundy）為了撰寫《飲食》（*Victuals*）這本書，而即將展開一連串橫跨阿帕拉契山區的公路旅行後，我便打了通電話給她，毛遂自薦成為她的旅伴。倫迪的著書《乾豆串、疊層蛋糕，與真材實料的炸雞》（*Shuck Beans, Stack Cakes, and Honest Fried Chicken*）[1]是我移居肯塔基州時買的第一本食譜；這是我第一次將食譜當成小說一般，細嚼慢嚥。在那之前，我總是把食譜視為工具書，用來查找特定的料理，例如克拉芙緹[2]的製作方法，或是醃製雞肉需要的鹽巴分量。食譜能提供精確的分量和步驟，但我從來沒想過它們能傳達一個時代、一個地方的風貌。儘管倫迪出版的作品不勝枚舉，提筆撰寫《飲食》對她而言，仍是命中註定。這是一本只有她能寫的書，同時也是我渴望隨行參與她研究過程的原因。

1　乾豆串（shuck beans）是阿帕拉契山區的傳統料理。新鮮豆莢收成後，不經烹煮，直接去掉豆莢線，用線串起，掛在陽光下或火爐旁晾乾；由於自然風乾後會像皮革般的乾硬，又稱皮革褲子（leather britches）。疊層蛋糕（stack cake）又稱蘋果疊層蛋糕，以多層蛋糕和餡料疊製而成的甜點。至於真材實料的炸雞（honest fried chicken），honest在料理領域常用來形容回歸本質的烹飪方式，也反映了用料的實在。
2　clafoutis又稱法式櫻桃布丁或法式櫻桃布丁蛋糕、櫻桃布丁派，以不去核的黑櫻桃作為主要食材。

‧‧‧

當時，羅妮與我僅止於點頭之交。我想，她應該是出於善意才答應讓我同行；對於我成為旅伴這件事，她絕對毫不諱言自己其實忐忑不安。萬一我們處不來怎麼辦？和一個幾乎素昧平生的人在同一輛車裡待上五天，可能會是一場災難。所以，當她在電話裡慨然應允之時，我當機立斷結束通話，免得她改變心意。這是我們這趟旅程的故事。

─────●─────

我和羅妮約在阿什維爾機場（Asheville airport）碰面。她是一位嬌小而矍鑠的女士，已過耳順之年，依然神采奕奕。我一跳進她的車裡，就立刻注意到那本超級巨大的蘭德‧麥克納利（Rand McNally）公路地圖集；這本地圖集大得將她整個人完全遮住，只露出抓著封面的手指。駕駛座傳來她毫無抑揚頓挫的聲音，我不禁笑了出聲。我詢問她要不要用我的 GPS 導航。

「李先生，你是在嘲笑我的地圖嗎？」

「沒有，女士。」我趕緊收起笑容。

就這樣，我們的阿帕拉契之旅開始了。若是陰陽一分為二，我是陰，她則是陽。當我癟嘴鬧彆扭時，她總是微笑；她的活力與我的沉悶形成對比，她的理性與我的直覺相互輝映。她是蜂蜜，我是黑糖漿[3]。羅妮是來自肯塔基州科爾賓（Corbin）的山林之女。她的

職業生涯起步於路易斯維爾（Louisville），而後成為一名專業樂評，擅長研究藍草樂[4]；我們的話題總會在千迴百轉中不斷回到比爾‧門羅（Bill Monroe）[5]的音樂上。正是因為她，我才開始聽他的音樂；也因為她，我不再往玉米麵包裡加糖。

羅妮兒時舉家搬遷到了以勞工階級為主的路易斯維爾，但她清楚地記得父親對群山的思念。她父親常說：「這些山巒是我的歸屬之處，這片土地總是召喚我踏上歸途。」

她堅持親自駕駛，而且是高速行駛。我不確定 Astro 廂型車是何時停產的，但她的這一輛看起來就像蘇聯太空計畫時代的產物。方向盤比她的身軀還寬，但她依然能不費吹灰之力讓車子在彎道上靈活轉向。她從不減速過彎，就算面對崎嶇的山路，也會毫不留情地隨之盤旋起伏。我們沿路收聽亞利加尼山電臺（Allegheny Mountain Radio）。我轉頭看向羅妮，她笑盈盈地開口。

「雖然這裡生活艱苦，但我對這片土地有種難以言喻的親近感。與其他地方相比，這裡更加神聖，更加崇高。而艱苦本身恰好也是引人入勝的部分。看看這風景。」

廂型車在越過山脊時發出不穩的引擎抖動聲。史前的劇變雕刻出這些陡峭而翠綠的山丘，在歷經歲月的滄海桑田後，早已變得圓

3　蜂蜜質地順滑輕盈，黑糖漿濃稠而厚重，有拖泥帶水的笨拙感。作者以此對比形容兩人個性上的差異。

4　美國民謠，以吉他、曼陀鈴、斑鳩琴、小提琴等弦樂器演奏。

5　比爾‧門羅創立了藍草樂這種音樂類型，被譽為「藍草樂之父」。

潤平滑；它們如波浪般起伏延展，造就彷彿童話般的風景。房屋稀疏四散於山間，彼此遙遠而孤立。一座教堂獨自矗立於山丘之上。我們穿過一片空地，看見一座橫跨涓涓細流的廢棄木造空橋，兩旁是嶙峋高聳的巨大石灰岩。你會不禁愛上這片土地，它也同時讓人不由自主地開始相信神的存在。山谷道路的兩側綿延著翠綠的白楊和梣樹，濃密的枝葉交錯，遮天蔽日；即便里程數持續累積，雙頰卻始終感受不到陽光的溫度。當我們抵達另一個觀景處時，羅妮放慢車速，讓我們細細品味眼前的景色。她指向牧場與天際交會之處，珊瑚綠的雙眼如清晨的陽光輕柔地落在我身上，短短的白髮與太陽穴的弧度緊密貼合。她說的每句話，聽起來都像情歌的歌詞：「即使沐浴在陽光之中，死亡與黑暗的陰影仍會永遠緊跟在後。」

我們的第一站是一家販售三明治和派的路邊小餐館。羅妮向我介紹了這個地區的酸黃瓜，還談到了麵包、豬肉，並解釋豬肉為什麼成為當地的主要蛋白質來源——在陡峭的阿帕拉契山脈，養牛並非智舉。她向我講解了迪金森鹽場（J.Q. Dickinson Salt-Works）[6]和當地鹽礦的歷史，我們聊起煤礦與木炭加工廠，又談到宗教與冰毒（crystal meth）。在這片彷彿伊甸園的豐饒森林中，卻隨處可見環堵蕭然的矛盾。當地發現煤炭後，這片樂土的命運便隨之改寫。這種被稱為「黑鑽石」的資源，吸引了來自四面八方的人。繁榮伴隨著危機，成為這片山區的生活寫照。如今，礦坑逐漸關閉，更具破壞力的「山巔移除」（mountaintop removal）[7]在暗中危害；雖然這種採礦法提供了源源不絕的煤炭，卻不再需要那麼多工人。這片土地

上迴盪著一段複雜的群體故事，既令人唏噓，也讓人懷抱希望。我的那塊派只要一點二九美元[8]。

我最期待的美食之一就是西維吉尼亞州的沙拉熱狗堡（slaw dog）。我把艾蜜莉・希利亞德（Emily Hilliard）替南方美食聯盟（Southern Foodways Alliance）撰寫的那篇文章牢記在心，她在文中記錄了自己尋找這款著名熱狗的旅程。我把她提及的地點一一記下，希望能藉機嘗試幾家，但其實一開始我並沒有說起這件事。羅妮筆下的阿帕拉契地區更著重於歷史與美食，這使我的處境有點尷尬；若在她講解鹽發酵麵包時打斷她，並請她帶我去吃這種加工食品，怎麼看都不太適合。我有點扭捏地開口問，如果距離上允許的話，能否在中途停靠幾家店。

「哎呀，老弟，幹麼不早說呢？這就對了嘛！」

我興奮得彷彿心臟快要爆炸。

西維吉尼亞熱狗堡是當地的特色小吃，主要使用一種柔軟的市售熱狗麵包製成；先在麵包上塗抹黃芥末醬，然後放上一根煮熟的牛肉香腸，接著加入不含豆子的辣牛肉醬，通常是番茄調味，因

---

6 迪金森鹽場是1817年在維吉尼亞州邊境創立的家族企業，已傳承七代，其富含礦物質的海鹽具有獨特且令人愉悅的風味和口感。

7 「山巔移除」是一種暴力式採礦法，會徹底摧毀山峰的頂部，把數百英尺的岩石和土壤炸開，以暴露底部的煤層。挖出的廢棄物被傾倒至附近的山谷，形成巨大的填埋場，對生態環境造成嚴重破壞。

8 作者在此暗示當地經濟的衰退與低物價，呼應前文所提「繁榮與貧困並存」的矛盾。

地區而有些微差異。肉醬上面會再覆蓋一層用美乃滋和醋調製的高麗菜涼拌沙拉，味道濃郁帶微酸；最後撒上一些細碎的生洋蔥。這種熱狗在該地區隨處可見，從路邊小餐館到加油站，甚至連當地酒吧都有販售。在維吉尼亞州，這種熱狗被稱為「沙拉熱狗堡」；但在西維吉尼亞，它就是普通的「西維吉尼亞熱狗堡」。然而，西維吉尼亞北部的熱狗堡通常不會加上涼拌沙拉。在維吉尼亞威斯維爾（Wytheville）著名的昂伯格（Umberger's）餐廳，他們將這種熱狗堡稱作「史基特熱狗堡」（Skeeter Dogs），單價兩美元；但在其他地方，兩美元通常可以買到一對。這種熱狗堡乍看之下沒有什麼特別之處，但一入口，你就會知道這才是熱狗堡的圓滿之作，宛如涅槃。你能在第一口就瞭解這種小吃的精髓。辣肉醬的結構至關重要，若是過於濃稠，便無法在嘴裡和其他配料完美融合；過於稀散，熱狗堡便會在第一口之後解體，在你的手中變成一團軟爛的漿糊。此規則同樣適用於高麗菜涼拌沙拉。羅妮大概一直沒有真的對我產生信任，直到她親眼看見我在早上八點前就喝了一大口滾燙的黑咖啡、配上兩個沙拉熱狗堡的那一刻，她才真正把我當一回事。

西維吉尼亞熱狗堡是當地的明星美食，甚至有網站專門介紹這道小吃。雖然熱狗和麵包幾乎都是工廠大量生產，但當地自製的涼拌沙拉獨具特色，每家店的辣肉醬也都有專屬的祕製配方，因此，誰家的沙拉熱狗堡最好吃，始終是個爭論不休的話題。史基尼斯（Skeenies）還是圖坦卡門（King Tut）？史基特還是巴弟（Buddy B's）？似乎沒有人能夠闡明這種熱狗堡的傳奇誕生。羅妮認為，它

起源於鐵路小鎮裡隨處可見、會供應辣肉醬麵包的撞球場。還有一種可信的說法是，早期的移民家庭生活艱難，為了改善貧乏的飲食，就在自家後院種植蔬菜，其中高麗菜最容易栽種，於是人們開始拿來大量製作成涼拌沙拉；這款配料逐漸被加入許多菜餚中，包括熱狗堡。據說最早販售沙拉熱狗堡的店，是 1920 年代的史托佩堤得來速餐廳（Stopette Drive-In），但許多人認為，當地人早在此之前就已經在家裡這樣吃熱狗堡了。不論起源為何，有一點是毋庸置疑的：沙拉熱狗堡不僅是一種美食，更是一種值得擁戴的文化象徵，也是當地人的驕傲。

沙拉熱狗堡與西維吉尼亞州的另一道特色小吃——臘腸卷——的風格截然不同。後者是一種源自義大利、由早年移居至此的義籍煤礦工人所發明的簡樸美食。這些礦工需要耐餓又方便攜帶的點心，讓他們可以迅速補充體力。克拉克斯堡（Clarksburg）具有地標性的烘焙坊達努奇歐（D'Annunzio's）一直以來都持續製作這款小吃，數十年如一日。它的作法簡單得不得了：將臘腸切成約十公分長的小條，包入鬆軟香甜的麵包卷裡烘烤。就是這麼輕而易舉且單純：只有麵團和臘腸一起進烤箱，不加其他任何配料。

我在早上八點抵達達努奇歐，正巧碰上麵包的出爐時間。我排在一群彬彬有禮的當地人裡頭，不少人一買就是一打。我咬了一口手中的臘腸卷，麵包鬆軟不乾硬，不會太費嚼勁，臘腸則稍有餘溫。初入口時，甜椒粉的味道一枝獨秀，整體乾澀而不均衡。咀嚼幾下後，臘腸的油脂才就此慢慢釋放，味道逐漸浮現；但即便如此，它

仍然平淡無奇，單調乏味。老實說，我頗為失望。

羅妮告訴我，臘腸卷是勞工階級的食物，它的意義在於人情的連結。當你整天待在礦坑深處時，那一小段臘腸也許就是你與家人、身分認同，以及地面世界的唯一聯繫。

我也買了一打臘腸卷，決定接下來幾天都把它們帶在身邊。克拉克斯堡曾經繁華一時，如今卻在貧困加劇與人口流失的現實中掙扎。市中心幾乎空無一人。我們駕車穿過城郊、接近工廠林立的地帶，沿途可見許多被法拍的廢棄房屋，以及日漸衰敗的拖車移動住宅。唯一的燈光來自那些被稱為「熱點」的合法賭場。雖然有些熱點兼營酒吧，但多數只是光線昏暗、陳設簡陋的小空間，牆邊一字排開五、六臺的吃角子老虎機。這些熱點的主顧大多是上了年紀的人。他們一邊抽菸，一邊不停地轉動老虎機轉盤，啤酒則被穩穩地放在座位上的塑膠杯架裡。我在其中一間賭場遇到了經理艾芭（Alba），她以宛如糖漿般濃重的西維吉尼亞口音告訴我，她是義大利人。我點了一杯麥根沙士，她教我基諾[9]的玩法。她說，原本住在這裡的人，大部分都已經搬到布里奇波特（Bridgeport）去了。她還建議我去米納德餐廳（Minard's）吃義大利菜，那裡有炸雞和義大利麵。

艾芭的家人在好幾世代前就為了工廠聘員來到這裡，從此落地生根。她告訴我，這裡有很多義大利人。我笑著回她，經過這麼多世代後，她仍把自己稱作義大利人，而不是西維吉尼亞人，我覺得很有趣。她聳了聳肩說：「我們一開始都是鄉巴佬（redneck）[10]。」

我遞了一塊臘腸卷給艾芭,她接過後道謝,並給予肯定地說:「還是達努奇歐的最好吃。」此時,門鈴作響,於是她開門讓一位獨自前來的老太太入內。她們認識彼此。艾芭告訴我她得去賺點錢,隨後便揚長而去,留我一個人繼續賭博。

　　那位老太太完全沒興趣與我交談,只顧著玩吃角子老虎機。她在離我最遠的一臺機器前坐下。輪盤轉動的燈光反射在她的鏡片上,映照著她乾癟消瘦的臉。她看起來似乎也有義大利血統。艾芭悄悄對我說,這位老太太不太喜歡社交,但她以前會做臘腸卷,而且是最數一數二的;她曾經在自家販售這些臘腸卷,但現在年紀大了,心有餘而力不足。我注視著老太太操作觸控式老虎機的手,發現她的手依然靈活。我想從她的雙手學到的,不是如何玩老虎機,而是如何揉製臘腸卷的麵團。

　　身為現代人,我們對於烹飪的觀念早已被寵壞。我們可以輕易地學習一道菜,無需經歷任何麻煩,去尋找願意親自傳授功夫的老師。我們在品嘗和複製菜餚的過程中,已經將文化層面的知識移除。然而,這樣的情況卻與大部分的人類歷史南轅北轍。我相信,對許多祖母輩而言,「從書本上學做菜」的概念,就像要我們放棄食譜,只靠家裡女性長輩從旁指導如何揉麵團一樣陌生。

9　Keno,一種數字賭博遊戲。

10　原文 redneck 為「紅脖子」之意,在美國通常指南方農村或勞工階級的白人,因在陽光下勞動,脖子被晒紅而得名。這詞有時帶有貶義,指沒有受過良好教育、粗俗或保守的人,但在某些地區則是帶有鄉土自豪感的自嘲,代表刻苦耐勞、純樸、與土地和社群緊密連結的文化。

我遞了一塊臘腸卷給那位老太太，但她拒絕，還把手提包移到椅子的另一側，離我遠一點。我只好自己吃了。越是咀嚼，我越開始覺得它還不錯。房間裡一片昏暗，只有電子機臺的螢幕發出幽幽微光。

　　我對食物抱持的諸多想法，都是源於自身期許，希望能夠講述一則匠心獨具的故事——一個以絕勝風味與成功廚師圓滿作結的故事。但現實往往不是如此。在這段旅程中，無論是穿越阿帕拉契山區，還是造訪為了寫這本書而去的小鎮，最具啟發性的時刻往往安靜而純粹。這讓我開始反省對於自我的認知與期待。這片土地和它的文化對我沒有任何義務；我無權評斷，也沒有資格對它們發表意見。如果我覺得臘腸卷索然無味，那是我自己味覺的侷限，讓我無法理解它的樸實所蘊含的價值。我又咬了一口，試著去想像一位披星戴月、疲於勞力的工人。這個臘腸卷可能是他整個早上最期待的享受，也可能是他直到晚餐前唯一能夠充飢的食物。我漸漸明白了。昏暗的空間令人窒息，我才待了二十分鐘就受不了。剎那間，這個臘腸卷成為我吃過最美味的東西。我在老虎機留下價值約十美元的積分，然後走出大門。

　　從克拉克斯堡到斯湯頓（Staunton）的路途風光明媚，堪稱最美的公路之一。像艾京（Elkin）這樣的小鎮會彷彿幽靈一般突如其來地出現。一路上能看到許多廢棄的房屋和建築，人去樓空。

　　「是什麼理由讓其他人選擇留下呢？」我問羅妮。

　　「有孤獨，就有自由——這正是某些人所需要的。他們受這樣

的生活召喚。山巒至少提供了孤獨與自由。」

斯湯頓是個典雅小鎮，吸引許多來自雪南多亞河谷（Shenandoah Valley）的遊客。你在這裡看不到該地區其他鄉鎮普遍存在的經濟困境。這裡是得以讓伊恩・博登（Ian Boden）這種等級的大廚設計出融入南方風味的前衛品嘗套餐[11]的地方。他的廚房小得像個掃具間，但《君子》（*Esquire*）雜誌曾多次刊登對他讚譽有加的文章。他的餐廳今天休息，所以我和羅妮去了一家名為貝弗利（Beverly）的老式餐館，牆上掛著手寫菜單，倚靠在一組復古餐盤櫃的木桌上，擺放著當天新鮮出爐的派。我們邊啜飲口味平庸的咖啡，邊享用美味的派。

現代餐飲文化有個趨勢讓我感到不安，那就是對餐點各方面都追求完美的執著。然而，在貝弗利餐館裡，他們只專注於把派做好。我的切斯派（chess pie）非常美味，派的上方覆蓋了一層略微裂開的糖霜，中間是香甜的卡士達醬，底層的派皮雖然較一般的厚，但仍然保持酥軟，輕輕一壓便唯命是從地裂開。羅妮點的椰子蛋白派（coconut meringue pie）外型高大挺立，蛋白霜甜美輕盈，又保持緊實的口感，最上層烤得恰到好處。貝弗利餐館的餐具樸素無華，桌布也需要更換，但是一切卻散發著一種躊躇滿志的自信。他們的食物可圈可點，但甜點更為出色。咖啡或許有些苦澀和稀薄，但餐廳

---

[11] tasting menu是指由主廚精選餐廳的特色菜，以小分量、多道菜形式供應，能讓顧客一次品嘗多種風味。這種套餐通常依循特定的烹飪主題或季節食材，展現餐廳的獨特風格與廚藝精髓。

的姊妹花老闆並不以為意；她們不需要討好任何人，也不渴望讚美。我喜歡這種不刻意追求完美的餐廳；畢竟，這些小小的瑕疵才讓貝弗利顯得更真實、更有人情味。她們兩姊妹似乎不在意別人的批評。這句話的言下之意並非她們不關心餐廳，而是她們不覺得有必要奉承迎合所有顧客（可惜的是，時代的巨浪已經將她們淹沒。在我拜訪後不久，貝弗利餐館便關門大吉。）

這對經營貝弗利餐廳的姊妹，是羅妮所推崇的阿帕拉契山區文化的一部分。她們或許固執己見，但貧窮勞工階級的出身，使她們擁有頑強的鬥志。正如當地人所說，姊妹倆很「純樸」，但絕非人們想像中那種滿口缺牙、喝著激浪汽水的大佬粗（Hillbilly）[12]——這種偏見正是羅妮這樣的人最深惡痛絕的刻板印象。我之所以陪同羅妮來到這裡的一部分原因，是想打破這些刻板印象，但我需要一個嚮導來幫助我看得更透澈深入。當你的目光落在貝弗利餐館這對缺了幾顆牙齒的姊妹身上，你很容易覺得「這不就是一對典型的鄉巴佬嗎？」然而，她們的故事遠不只是如此。

我誠懇地向羅妮發問：「阿帕拉契山區的居民究竟是什麼樣的人？」是過著田園般詩意生活的山區居民嗎？是愛拉小提琴、穿著工裝褲、不受時間影響，視世俗為塵土的理想化社群嗎？還是那些在這片嚴酷的土地上奮鬥不息，努力在美國爭取一席立足之地的貧困移民？或是那些渴望獨立，卻被誤解為因為種族歧視而形成排外文化的群體？也許，真相就介於這些說法之間。

羅妮與我談起了移民家庭，也聊到造就這片土地人口的族群遷

徒。這裡並不是一個貧困荒涼的化外之地。這裡承載著豐富的歷史，有些充滿痛苦，有些純粹美好。她告訴我，早期的移民勤奮苦幹、夙夜匪懈，大多是來自英格蘭、蘇格蘭、義大利和德國的白種人——他們總是誠實可靠，個個堅忍不拔。在移民向西遷移的過程中，阿帕拉契山區通常只是路過不作停留的地帶；移民人口多數選擇定居在地勢平坦，適合農耕的俄亥俄州、印第安納州和伊利諾州。只有那些頑強不屈、能忍受艱困環境的人，才會選擇在這裡扎根。

我想起了我妻子的祖先。她是杜霍茲（Dürholtz）家族的一員，他們的前人來自德國的黑森林地區。我常想，他們在朝西部遷徙的過程中，一定曾經跋涉過這片巍峨的群山。他們在印第安納州已經生活了超過六個世代。他們性格溫和，上教堂做禮拜，為人低調，做過最罪大惡極的事，了不起就是講講別人八卦。然而，我在阿帕拉契山區遇到的這些人——無論是來自德國、愛爾蘭還是蘇格蘭——都更為強悍，與他們相去甚遠。阿帕拉契山區的居民，是完全不同類的人。

為了證明這一點，羅妮帶我深入阿帕拉契山脈的核心地帶。我們沿著一條蜿蜒的高速公路行駛，兩旁盡是茂密的灌木與樹林，幾乎一整個小時都沒有看到其他車輛。突然間，我們看到一個歷史地

12　Hillbilly 一詞帶有貶義，意思是山區的白人老粗，尤指阿帕拉契山脈一帶的居民，被視為貧窮、落後、習慣訴諸暴力。現任美國副總統范斯（James David Vance）即出身於此區的藍領家庭。

標告示牌,告訴我們已經抵達赫爾維西亞(Helvetia)——一個與世隔絕的小村莊,裡頭的村民煞費苦心地維持著1869年穿越布魯克林來到此地的瑞士移民所承襲下來的傳統生活方式。據說這裡的人口只有六十人。這個村莊的景物看起來幾乎像個主題樂園,但事實上,這裡的人真的住在這片荒野之中,遵循古老的生活之道。這裡有一座教堂、一所小學、幾棟儲存乾貨的建築、一座磨坊、一條清澈的小溪,以及一間以木作為建築本體的瑞士餐館赫特(Hütte)。我們享用了炸肉排(schnitzel)、蘋果醬和德國酸菜(sauerkraut),整間餐廳只有我們兩個人。

羅妮和我,一位年長的美國白人女性和一個四十多歲的韓裔美國男子,在午後一起用餐,舔著盤中最後的蘋果醬,這畫面看起來一定讓人覺得光怪陸離。在車上共處了那麼久,我們已經無法再偽裝自己。隨著時間流逝,我們開始向對方吐露那些在正式社交場合不會說出口的話。因此,當我們坐下來吃午餐時,以「『正宗』的意義是什麼?」、「南方料理的頭銜究竟鹿死誰手?」作為開場的對話,竟然已經顯得再正常不過。幾個小時後,我們依然在無盡的高速公路上來回討論這些話題,為一段深厚的友誼奠定基礎。

羅妮想要蘋果醬的食譜。餐廳老闆說就在他們的食譜書裡,我雖然半信半疑,但還是買了下來。食譜書是一本輕巧的黃色小冊子,裝訂方式只是簡單地用釘書針將打字頁釘在一起。書名頁上寫著:

《赫爾維西亞的祖母家常菜》
為西維吉尼亞州赫爾維西亞的

阿爾卑斯玫瑰花園俱樂部編撰

作者：埃莉諾・法爾納・梅洛（Eleanor Fahrner Mailloux）

書中除了蝴蝶餅、瑞士薯餅[13]等一般料理，以及玉米醬[14]和蘋果炸餅[15]之類的當地特色菜外，還有一道名稱奇特的「膨鬆餅乾」[16]食譜。雖然書中也有一份蘋果醬配方，但我看得出來這並不是餐廳提供的那款。書的後半段還附上黑色長襪的清洗方法，以及被雷擊時的急救建議：「用冷水沖洗兩個小時。如果依然沒有生命跡象，加入一杯鹽，再繼續沖洗一個小時。」書裡充滿了各種令人莞爾的偏方和生活智慧，我一邊讀給羅妮聽，一邊和她驅車離開小鎮。

我睡著了，這就是吃了太多豬肉和香腸的下場。輪胎輾過碎石的聲音把我吵醒，當時天已接近全黑。我們停在位於兩個小鎮之間的一處加油站稍作歇息，心裡想著必須趕緊找個地方吃晚餐，否則就只能認命地吃高速公路上的速食了。趁羅妮加油的時候，我跑到路的另一頭探訪一間小餐館，並請她待會再來與我會合。夕陽正在茂密的樹林後方迅速隱沒。這家餐館是一棟斜屋頂的單層樓建築，

13　Rösti，源自瑞士的傳統馬鈴薯料理，將馬鈴薯絲去除多餘水分，加入調味和配料後壓成餅狀，厚度約1～2公分，再以平底鍋油煎至兩面金黃酥脆。

14　corn relish，典型的南方菜餚，以煮熟的玉米粒為主要食材，搭配紅綠辣椒、胡椒粒、糖和蘋果醋等調味品製成。

15　apple fritter，經典的美式甜點，將蘋果切片或切丁後，裹上甜味麵糊油炸至金黃酥脆，再撒上糖粉或淋上糖霜。

16　Ammonia Cookies，以碳酸氫銨作為膨脹劑製作的餅乾，在過去很常見，但現在基於安全和風味上的考量，許多烘焙師更傾向使用小蘇打或泡打粉。

一條格子窗簾遮住了屋子上的窗戶。停車場裡只有一輛車。我氣喘吁吁地走進門。廚房裡有個年輕的廚師正在收拾打掃,櫃檯前站著一位女士,還有另一位年輕人正在後面拖地。雖然沒有客人,但餐廳乾淨整潔,而且散發著誘人的香味。我不假思索地問:「你們這裡有賣沙拉熱狗堡嗎?」此話一出,我才發現自己不僅是大聲疾呼,還不自覺地帶了點當地的口音。和羅妮一起連日駕車穿越這個地區,我居然也染上了這裡的腔調。

每個人都盯著我看,卻沒有人開口。沉默持續了很長一段時間。終於,站在櫃檯後方的女士——我猜她應該是這個家庭的女主人——禮貌卻有些結巴地告訴我,他們已經打烊了。我向她道謝後走向停車場。這時,羅妮剛好開了車過來。我沒多想,覺得大概是因為晚餐時段生意門可羅雀,他們想早點打烊。我跳上廂型車,對羅妮說隨便找一家速食店將就吧。就在此時,一位大約十四歲的女孩從餐館裡跑出來,追上我。我搖下車窗,看見綁著雙馬尾的她金髮碧眼,笑容皎潔如月。她說:「回來吃晚餐吧,他們不是故意的。」她臉上的表情,使我根本無法拒絕她。

她帶我們到一張長木桌的尾端坐下,遞上菜單。她雖然滔滔不絕,但似乎有點心不在焉。她端了水來,幫我們點餐。我點了一盤沙拉熱狗堡。

「我們這一帶可不叫它沙拉熱狗堡。」她用帶點同情的口吻告訴我後,便隨即轉身走向廚房。

羅妮低聲問我,待在這裡是否讓我感到不自在,但我並不這麼

覺得。作為一個經常穿梭在美國各個小社區的人而言，無論是和白人、黑人、棕色人種，或是其他族裔共處一室，我總能感覺到自己是空間裡那個格格不入的異類。我曾經在紐澤西的一家傳統韓國餐廳用餐，卻依然感受到那些懷疑目光帶來的刺痛感，只因我並非他們的一分子。

我們坐在燈光昏暗的餐廳裡悠閒地吃著晚餐，這家人一個接一個地來到我們的餐桌旁，略顯尷尬地向我們打招呼。雖然夜幕逐漸降下，但天空仍有微光。我不禁覺得，一個穿著牛仔襯衫的韓裔美國人粗喘著氣闖進門，大聲問他們有沒有沙拉熱狗堡，大概是他們餐廳百年一見的景象。想到這裡，我忍不住輕笑出聲。或許，他們的震驚不是來自於我並非白人，而是因為我竟膽敢把他們的西維吉尼亞熱狗堡稱作沙拉熱狗堡。或許吧，誰知道呢？

―――●―――

旅行的尾聲，羅妮和我走進了一家古董店，我被裡頭的一幅畫作深深打動。這幅畫以平面圖像描繪了密西西比河隨時間推移產生的流動和氾濫；圖上寫著：「密西西比河下游沖積平原地質調查」。褐色的色調生動呈現出河道的曲折變化，讓我聯想到人體內部連結器官的動脈血管。水流的線條交織纏繞，最終匯入海洋。有些水流的軌跡看起來毫無道理，彷彿它們是刻意停留，拉出冗長的曲線，不願離去。我在這幅畫中看到了阿帕拉契山區的矛盾；逃離的必要性與留下的本能彼此拉扯。我看到了喜悅、熱情與溫暖，也看到了

不信任、恐懼和孤立。這樣的矛盾並非阿帕拉契獨有，美國許多小鎮的情況皆如出一轍；在這些地方，舊時代的價值觀正受到年輕世代大膽無謂的衝擊。我買下了這幅畫，但還沒想好該掛在哪裡。「老弟，你知道自己剛才買了什麼嗎？」羅妮伸手輕放在我的手上，安慰著我。

「不知道，我買了什麼？」

「一張地圖啊！」她捧腹大笑，彷彿可以就這樣笑好幾個小時。

我只要一有機會，就會回去阿帕拉契山區和雪南多亞河谷。我最喜歡的美食公路旅行路線，大概是從斯湯頓一路行駛到洛亞諾克（Roanoke），再到威斯維爾（Wytheville），最後抵達布里斯托（Bristol）。先去斯湯頓的小屋餐廳（Shack）試試伊恩・博登大廚的手藝；再造訪卡托巴（Catawba）的家鄉餐館（Homeplace Restaurant）；到了洛亞諾克，別錯過河流與鐵路餐廳（River and Rail），再走幾個街區到德州會客室餐廳（Texas Parlour）享用一碗德州辣肉醬。接著開車前往威斯維爾，品嘗舉世聞名的沙拉熱狗堡；最後抵達布里斯托，看看崔維斯・米爾頓（Travis Milton）如何為阿帕拉契美食奠定新標竿。沿途收聽亞利加尼山電臺，讓廣播陪伴你穿越群山，欣賞那些最令人屏息的壯麗景色。

每次來到阿帕拉契山區，我的心跳會變得平穩，呼吸會變得緩慢，血液也彷彿變得清澈，全身純淨輕盈。我陶醉在野花和餅乾的香氣之中。每次旅行，我都會對餐桌上的返璞歸真與巧思多一分體會。我在這裡吃的都是簡樸的家常菜，卻從不感到有任何缺憾。回

到家後，我開始烹調一些講究層次與風味的慢食料理。我會煎豬排，並嘗試一些玉米能夠應用的新作法。我對妻子說：「總有一天我要在阿帕拉契山區買棟房子，過上自給自足的生活。」她聽完的反應是給我一個白眼。也許她是對的，我或許永遠都不會真的這麼做，但至少在每次從阿帕拉契回來後的那一週，我會重新調整生活的重心，煮辣肉醬搭配沙拉熱狗堡，烤派，聽藍草樂。

每一次的造訪都使我更加確信，這片土地上的人絕不能被隨意定義，或是粗略歸納成一種刻板印象。然而，每隔幾年就會有一部電影或一本書問世，比如范斯（J.D. Vance）2016 年的回憶錄《絕望者之歌》（*Hillbilly Elegy*）[17]，依然描述阿帕拉契是一個充滿困境、居民幾乎無法照顧好自己的地方，再次強化這類刻板印象。這些作品總是引起如羅妮這樣的人的強烈反對與憤怒，因為他們認為阿帕拉契是一片擁有神聖傳統與堅定倫理的土地。然而，刻板印象之所以存在，是因為它們的確基於某些事實，《絕望者之歌》的描述不算虛構。對於任何一位認為阿帕拉契是被上帝遺棄之地的人，我會邀請他們前往斯湯頓北部的山脊，在夕陽西下時，俯瞰那片被茂密樹梢覆蓋的壯麗景色，親身感受上天賜與這片土地的恩典與美麗。

---

[17] 美國現任副總統范斯（J.D. Vance）的自傳，闡述美國底層社會面臨落後、貧困、家暴、酗酒等問題的絕望與無力。

我的獨門沙拉熱狗堡

別指望我會給你花俏的「精緻手工版」沙拉熱狗堡。有些東西根本不需要刻意更動。而且，在這個凡事講求有機、過度講究的時代，偶爾享受一些現成又簡單的食物也是挺不錯的。當然，如果你想用有機牛肉熱狗製作，或把布里歐（brioche）當作熱狗麵包使用也無妨。不過，雖然我平常也不會選擇這個版本使用的加工食材，但它們卻會讓我想起西維吉尼亞州——那一片缺陷與光輝共存的土地。

8 個沙拉熱狗堡

辣肉醬
- 芥花油　1大匙
- 牛絞肉（85%瘦肉）　約450公克
- 甜洋蔥（維達麗雅洋蔥，切丁）1顆
- 蒜末　5瓣
- 番茄糊　¼杯
- 辣椒粉　2½大匙
- 孜然粉　1½大匙
- 鹽　2¼小匙
- 啤酒　1½杯
- 水　1杯

涼拌沙拉
- 高麗菜（去芯切碎）　½顆
- 糖　3大匙
- 美乃滋（建議杜克牌Duke's）3大匙
- 蒸餾白醋　1大匙
- 鹽　1½小匙

- 全牛肉熱狗　8條
- 熱狗麵包　8個
- 無鹽奶油（融化）　3大匙
- 黃芥末醬　適量
- 甜洋蔥（切丁）　1顆

製作辣肉醬

在荷蘭鍋或其他高鍋中,以中大火加熱芥花油。放入牛絞肉與洋蔥,翻炒至牛肉變色、洋蔥軟化(約 6～8 分鐘)。加入蒜末、番茄糊、辣椒粉、孜然粉、鹽後拌勻。轉中火,繼續煮 5 分鐘,至蔬菜變軟。倒入啤酒和水,煮至微滾。燉煮約 1 小時,讓大部分液體蒸發,並使所有風味融合。肉醬完成後,關火,靜置於室溫。

製作涼拌沙拉 & 組合熱狗堡

1 取一大碗放入高麗菜,加入糖、美乃滋、醋、鹽後拌勻。保鮮膜封碗,放進冰箱冷藏 1 小時。使用前再攪拌一次。

2 取一中型鍋裝滿水並煮沸。放入熱狗,煮 4 分鐘。

3 同時打開熱狗麵包,在內側刷上融化的奶油。麵包開口內側朝下放入加熱的平底鍋中(分批進行),煎至麵包溫熱且微微焦脆,約需 3 分鐘。

4 加熱辣肉醬,並將①的高麗菜沙拉瀝去多餘水分後拌勻。在③煎熱的熱狗麵包上刷入芥末醬。取出②的熱狗,瀝乾水分後放入麵包,再刷點芥末醬。舀適量辣肉醬鋪在熱狗上,放上沙拉和少量洋蔥碎,裝盤後即可享用。

家常版純樸炸豬排

阿帕拉契山區的美食樸實且令人滿足,又顯得謙虛不張揚。這些食物就像我在旅途中遇到的人物,純樸敦厚。若試圖過度提升這些料理的格調,反而顯得不真誠,因為它們不需要過分雕琢。這個地區有許多家庭經營的餐廳,供應像這道炸豬排,或我們在赫特瑞士餐館吃過的炸肉排一般的家常料理。不過,與傳統的瑞士配菜不同,我用來搭配這道豬排的是一款口感溫潤、充滿鮮味的的味噌奶油玉米。而鹹香的醃漬湯汁則為傳統肉汁醬增添了一抹意想不到的細膩酸味,使其更加鮮活。

分量:4 人份主餐

- 豬排(肋排或中段里肌肉,厚約 2 公分,每塊重約 170 公克) 4 塊
- 粗鹽、新鮮研磨黑胡椒　適量
- 中筋麵粉　½ 杯
- 雞蛋(大)　2 顆
- 麵包粉　1 杯
- 新鮮鼠尾草葉(切碎)　3 片
- 植物油(煎炸用)　適量
- 醃漬肉汁醬(食譜後附)
- 味噌奶油玉米(食譜後附)

1　將豬排兩面均勻撒上鹽和黑胡椒。準備三個寬口淺碗,分別放入中筋麵粉、打散的蛋液、與混勻鼠尾草碎的麵包粉,取豬排依序沾裹。

2　取一大平底鍋，倒入約 **0.6** 公分深的植物油，以大火加熱。放入①的豬排，煎炸至兩面金黃酥脆（每面約煎 **3** 分鐘）。取出豬排，放至鋪有廚房紙巾的盤子上，吸除多餘油分，撒上少許鹽調味。

3　豬排擺盤，搭配醃漬肉汁醬和味噌奶油玉米一起上桌。

搭配 醃漬肉汁醬

如果你製作了醃漬甜椒（見 P120），就會同時擁有風味濃郁的醃汁可供使用。大部分的人會在吃完醃菜後把醃漬的湯汁倒掉，但我從不這麼做。它是極佳的調味料，可以為沙拉醬、燉煮料理和這道簡單卻讓人上癮的肉汁醬增添風味。

分量：約 2 杯

- 無鹽奶油　5大匙（另備1大匙冷藏奶油，加入肉汁醬用）
- 中筋麵粉　5大匙
- 雞高湯　1½杯

- 鹽　½小匙
- 新鮮研磨黑胡椒　½小匙
- 醃漬甜椒的醃汁　¼杯（依個人口味調整）

1　取一平底鍋放入 5 大匙奶油，以中大火加熱融化。於鍋內均勻撒入麵粉，用攪拌器邊攪拌邊持續加熱約 1 分鐘，或至糊化。持續攪拌的同時，緩慢倒入雞高湯。

2 將①的肉汁醬加熱至微滾，轉小火，加入鹽和黑胡椒調味。用小火慢煮約 2 分鐘，至肉汁醬稠化。

3 將醃漬甜椒的醃汁拌入肉汁醬中。最後加入另備的 1 大匙冷藏奶油，輕輕攪拌，至奶油融化。趁熱上桌。

搭配 味噌奶油玉米

奶油玉米是阿帕拉契山區常見的家常料理，我也非常喜歡。不過這個創新版本結合了玉米清甜爽口的風味與味噌的鹹香濃郁。味噌的風味不會過於突出，恰好能提升整體的鮮味與層次。

4 人份配菜

- 新鮮玉米（去皮） 5 根
- 無鹽奶油 3 大匙
- 雞高湯 ¼ 杯
- 重鮮奶油（乳脂含量 36% 以上） ¼ 杯

- 赤味噌 3 大匙
- 鹽 1 小匙
- 現磨黑胡椒 ½ 小匙

1 將玉米粒從玉米棒上切下，放入大型淺碗中。用大湯匙刮下棒上的玉米漿，放入另一個碗中。

2 取一中型鍋以中火融化奶油，加入玉米粒拌炒 2 分鐘。加入雞高湯、①的

玉米漿，煮至微滾蓋上鍋蓋，繼續煮 10 分鐘，從爐子上移開。

3　取 ⅓ ②的玉米混合物放入攪拌機，攪打至滑順後倒回鍋中，加入鮮奶油和味噌拌勻。用中火煮至微滾，不蓋鍋蓋煮 5 分鐘，至稍微稠化。用鹽和黑胡椒調味。

CHAPTER 7

克拉克斯代爾的
基貝

經過密西西比州的圖尼卡（Tunica）時，我駛離公路稍作停歇，想從這無窮無盡的單調農田景色和幾乎每隔七秒就朝我迎面而來、滿布沙塵的賭場廣告牌中稍作喘息。陽光刺痛著我的雙眼。遠望61號公路的沿途景致，可以看到那些日漸沒落，名為「好萊塢」、「黃金礦脈」或「卡普里島」的賭場，如一座座袖珍城堡綿延不絕。它們遠得讓人看不清建築物的破敗，卻又近得讓人躍躍欲試。這裡是三角洲地帶；這裡是棉田的故鄉。肥沃的土壤覆蓋著沙質表土，經歷密西西比河史無前例的氾濫後，孕育出豐饒的農田。然而，當地人會告訴你，這裡不算是密西西比州。這裡是科荷馬郡（Coahoma County），是帕奇曼農場監獄（Parchman Farm prison）——也被稱為「沒有圍牆的監獄」——的所在地。過去，他們常讓囚犯在附近的農田勞動服刑，基本上就是在引誘他們越獄。但是這片土地平坦且毫無遮蔽物，沒有樹木掩護，囚犯根本無所遁形、插翅難飛。我環顧這片開闊的大地，腦海中浮現一名囚犯拚命奔跑的畫面；他奮力衝刺，試圖甩開背後緊盯著他的槍口。這使我不寒而慄。我來自一座樹木環繞、丘陵低緩起伏的山谷，在伯恩罕森林（Bernheim Forest）的河床上，人們還能找到一絲慰藉。但在這裡，土地光禿荒蕪，彷彿被烈日灼燒過。我可以從地平線的一端毫無阻礙地看見另一端的整片天空。這種無垠的空曠感幾乎使我窒息。

・・・

　　我坐在藍與白餐廳（Blue and White Restaurant）的吧檯邊，這裡是一家深受當地人喜愛的老式餐館。現在是下午一點，我正準備享用今日第一頓像樣的正餐。牆上的海報記錄了來自三角洲地區的藍調音樂家的故事——一連串響亮的姓名，從雷德・貝利（Lead Belly）、羅伯特・強森（Robert Johnson）、約翰・李・胡克（John Lee Hooker）到馬迪・沃特斯（Muddy Waters），還有許多其他音樂巨擘，全都來自密西西比州的這片區域。這裡是音樂家的聖地，是現代搖滾的誕生地。但此刻的我不是為音樂而來，而是為了美食。我點了一份鯰魚三明治、大頭菜葉和椰子派。隨後，我和鄰座的一位女士攀談起來。她穿著一件寬鬆的白色棉質洋裝，讓我聯想到枕頭套。

　　「你覺得你能在克拉克斯代爾找到什麼？」她問我，語氣並非咄咄逼人，只是有些漫不經心。她灰色的爆炸頭如海浪般洶湧翻騰，彷彿撞擊著她身後的世界。她說她的名字是瑪麗，在克拉克斯代爾長大，在亞特蘭大住了二十年，最近才搬回來。但她沒有說明原因。

　　「你看起來不像那些來觀光的藍調迷。」她喝完咖啡對我說。

　　「那他們看起來像什麼樣子？」

　　「一群拿著相機和一本羅伯特・強森傳記的混帳。」

　　我們都笑了。我的包包裡偏偏就塞著一本山姆・庫克（Sam Cooke)[1] 的書，這下更不能拿出來了。

　　她說她是個裁縫師，我問她身上的洋裝是不是自己做的，她說

她穿的衣服都是自己親手縫製。我告訴她，我父母以前開製衣廠，所以對縫紉技巧略知一二，還稱讚她洋裝上的羽狀針法。她歡欣雀躍，我們的話題便因此熱絡起來。我問她附近是否有推薦的美食，她介紹了三角洲玉米粽，並建議我可以去拉蒙（Ramon's）和艾伯燒烤（Abe's BBQ）兩間餐廳用餐。接著，我又詢問她關於這裡的靈魂料理[2]。

她搖了搖頭，說：「大部分的黑人都在自己家裡做飯。賭場有廚子，做的東西還不錯，」她接著說。「或者去中式自助餐廳──那裡也有靈魂料理。」

她一點也不覺得推薦我去中式餐廳吃靈魂料理有任何諷刺之意。我問她對這家藍與白餐館的食物有什麼看法。她告訴我，她每週都會開車來這裡吃一頓好料，順便離開克拉克斯代爾透透氣。她原本沒有打算回到克拉克斯代爾，但一切就自然而然地發生了。她一直盯著空了的咖啡杯。

這裡的食物味道相當不錯。鯰魚口感紮實，帶有一絲苔蘚清香，魚肉細膩柔嫩，裹著一層炸得酥脆的麵衣，咬下去時肉先是微微彎曲，最後才乖乖屈服。青菜軟爛得幾乎能入口即化，湯汁醇厚濃郁。我和瑪麗的座位一直隔著一把空著的吧檯椅，但現在我挪近

1　美國靈魂樂先驅之一，被譽為「靈魂樂之王」。

2　soul food，即美國南方黑人的傳統食物。源自美國實施奴隸制度期間，黑奴因食材有限，於是把白人奴隸主不吃的蔬菜、肉或動物內臟拿來做菜，結合當時的各種菜餚，創造出具有家鄉風味的特色料理。

了一些,和她分享我的椰子派。服務生微笑著對我說:「你從哪來的啊,小甜心?」但她根本沒等我回答就掉頭了。這裡的人種多為白人與黑人,且白人占大多數。廚房裡碗盤碰撞的聲音此起彼落,空氣中瀰漫著濃烈的咖啡香,帶著一股厚重的泥土氣息。

瑪麗向後仰,仔細打量我一番。「你千里迢迢來到這裡,就為了找靈魂料理?」

「我也不太確定自己為何而來,但食物確實是其中一個原因。」

「我相信你會找到你想要的。」她微笑著,感謝我分享的派。離開餐廳時,我差點買了一件紀念T恤,但又不想讓瑪麗看到我做出這麼像觀光客的舉動,於是作罷。

我試著在收音機裡找到播放藍調音樂的頻道,結果只聽見基督教歌曲。我在轉到一首由溫柔男聲演唱的歌曲時停下;他的歌聲充滿矛盾,以及假音。聽了幾段歌詞後,我才意識到這是一首福音歌曲,演唱者是喬納森・麥克雷諾茲(Jonathan McReynolds)。這位年輕人用清亮的嗓音唱出內心掙扎——一邊渴望世俗享樂的沉溺,一邊又想遵循上帝的教誨。他唱道:「你無法同時侍奉兩種信仰之主。」我並沒有特別喜歡基督教音樂,但麥克雷諾茲的嗓音和詮釋方式卻讓我深深著迷。他的歌聲有種催眠的魔力,讓人捨不得切歌。然而,他的歌曲描繪的是毫無妥協餘地的世界,一個不允許中間立場、不接受對福音有另類解讀的世界。他說,這是一個非黑即白的世界。你不是在天堂,就是在地獄;不是善良,就是邪惡。這裡可是克拉克斯代爾,宗教信仰的威力根深蒂固;這裡是一個充滿

強烈對比的地方：大地與天空、富裕與貧窮、權力與服從、白人與黑人。你要麼是三角洲的人，要麼不是。

我不相信這個世界只能被切割成非黑即白的兩個面向。我在美國南方生活了超過十五年，收集了許多存在於兩極之間的故事。這些故事豐富了飲食文化的內涵，卻不會因此淡化兩方或是黑人與白人間淵遠流長的複雜矛盾歷史。我自己就是無法輕易被歸納入這種簡化二元對立框架的亞裔美國人。然而，來到克拉克斯代爾，我才深刻意識到，在某些地方，這個世界的對立仍未被居中調和。

我初次造訪克拉克斯代爾是在2015年，當時我和三角洲晚餐俱樂部（Delta Supper Club）合作，替道克利種植園（Dockery Plantation）準備一場晚宴。我們是一群年輕廚師組成的團體，致力於替這個地區注入一些經濟與文化活水。我們烹煮了三角洲地區生產的米飯和當地的家禽、享用了搭配濃郁在地冰淇淋的切斯派，還喝了波本威士忌，直到酩酊大醉。最後，我們來到窮猴家（Po' Monkey），想看看他願不願意開門營業，結果挨了一頓對方的破口大罵。窮猴小酒館（Po' Monkey's Juke Joint）是一間隱身於荒野中的傳奇藍調酒吧，人們每週都會聚集在這裡酣歌恆舞、飲酒狂歡。安東尼·波登曾在他的節目《波登闖異地》（*Parts Unknown*）裡介紹密西西比的那一集提到這間酒吧，也因此讓它聲名大噪，吸引了來自世界各地的關注。

「窮猴」本名威利·希伯里（Willie Seaberry），已於2016年去世。在他的葬禮上，一名女子聲稱他欠錢不還，引發了爭吵。所有

人都相信他在酒吧的某個角落藏有大量現金。至於這間酒吧是否應該在沒有窮猴的情況下繼續營業，至今仍是爭論不休的話題。對於曾經見過他的人來說——他經常穿粉紅色西裝——有一點是毋庸置疑的：世界上只有一個威利・希伯里，再也找不到第二個「窮猴」。

今天，一位參加過道克利種植園晚宴的成員，與我約在城裡碰面。他名叫湯姆（Tom），來自密西西比州的傑克遜（Jackson），是名廚師兼作家。我們約好要共進午餐，但因為還有一些時間，我便開車繞著克拉克斯代爾空蕩的街道閒晃。我感覺自己像個迷失在末世城鎮的陌生人，偶爾才能看到零星的路人走過街頭。市中心散落著幾處供遊客參觀的著名藍調地標，而其他地方則像是鬼城般，只有一棟棟珍貴卻早已荒廢的建築靜靜矗立。演員摩根・費里曼（Morgan Freeman）在這裡擁有一家頗受歡迎的藍調俱樂部；我還看到吉他手馬迪・沃特斯（Muddy Waters）的小屋、道克利種植園，以及藍調女歌手貝西・史密斯（Bessie Smith）去世時所待醫院的標誌。我不禁思忖起遊客來到這裡的真正目的。是想要一覽幾棟早已荒廢閒置的建築地標？想要聽一場藍調音樂會？還是為了一種從未真正屬於過他們的懷舊之情？

我開車經過克拉克斯代爾郊外的一小片棉田。棉花已經結束收成好幾個月了，但仍有幾團雪白的棉絮頑強地依附在帶刺的黑莖上。乍看之下是一幅優美景色，直到你想起這種作物背後所承載的非人道歷史。我的思緒在這份美麗與暴力之間來回擺盪。我不禁自問，我為何而來？或許我不是那些尋訪藍調的觀光客，但我是否也

是另一種遊客？一個尋求懷舊美食體驗，並希望以此作為寫作題材的美食旅人？我究竟要吃多少碗寬葉羽衣甘藍燉菜[3]，才能讓自己覺得融入其中？對我而言，這場衝突總是在懷舊與現實之間拉扯。如果我們耽溺於舊日時光，那等同於扼殺未來的可能性；但若遺失懷舊之情，我們便沒有了故事，也失去那些努力在文化逐漸消逝成難以捉摸的記憶、甚至變得一片空白之前，極力保存它的人。

我第一次去曼哈頓柏威理街（Bowery）的 CBGB 酒吧時才十五歲。當時，有兩個看起來比我年紀大很多的女孩與我同行。酒吧裡又暗又黏，牆上滿是貼紙和塗鴉，地板上全是啤酒漬。當晚的樂團喧鬧嘈雜，樂手們如幽魂般蒼白瘦弱，一副就是嗑到嗨過頭的樣子。我愛極了這一切。我太年輕，沒能親眼見證雷蒙斯（Ramones）龐克搖滾樂團、龐克教母帕蒂・史密斯（Patti Smith），或是歌手黛比・哈利（Debbie Harry）的演出，所以只能將就看這些憔悴的樂手表演。我在男廁小便斗如廁時，有人吐在我的牛仔褲上。他沒有道歉。同行的兩個女孩覺得噁心，就丟下我先走一步。我躲進一個角落，被那裡的熱氣、能量，還有混雜著啤酒與尿液的狂野氣味搞得不知所措。我站的地方看不到樂隊的演出，但能感受到音響傳來的震動。人群正瘋狂搖擺著。我記得當時心想，這不可能是真的。如果連我

---

[3] 寬葉羽衣甘藍的葉片寬大且堅韌，顏色深綠，葉脈明顯，常見於美國南方料理，尤其是做成燉菜，常與培根、火腿、煙燻火雞等肉類一同燉煮，並搭配玉米麵包享用。

這樣的人都能進來,那這地方又能有多「正宗」?但接著我又想,當這個地方處於它的巔峰時期、當真正的傳奇正在發生時,那又會是何種光景?也許答案是,CBGB只是一個人們來表演的地點;他們選擇這裡,不是因為它特別,而是因為它不受其他人的青睞。這裡原本只是讓人可以玩音樂的地方,後來才變成反體制的聖地。就像克拉克斯代爾,當馬迪・沃特斯(Muddy Waters)[4]住在破爛的小屋裡時,那裡還不是藍調的故鄉;那時,它只是個生活艱苦之地,音樂不過是人們用來應對現實的一種方式罷了。

我想,這就是我在克拉克斯代爾尋找的——不是傳奇,也不是地標,而是人們做飯的地方[5]。

———————●———————

艾格妮絲(Agnes)和托妮(Toni)是沒有血緣關係的妯娌好姊妹。她們的丈夫是同父異母的兄弟,或者說,曾經是。艾格妮絲的丈夫過世已將近二十年,托妮的丈夫則也是在差不多的時間點與她離異。艾格妮絲和托妮在克拉克斯代爾市中心經營一家小型服飾店,她們在人行道旁豎起一塊招牌,上面寫著「高級時裝」,另附加店內亦有販售磁鐵、湯匙、胸章和化妝品。招牌左上角用膠帶貼著一張手寫字條,上面寫著「胡桃」。這讓我產生了興趣。店內的衣架上掛滿用厚重塑膠套保護的亮片禮服。唱詩班服裝區緊挨著一個狹窄的內衣區。玻璃櫃檯後方陳列著一排手提包和編織假髮,展示櫃裡襯著閃亮的布料,上面擺滿各式各樣的飾品。一位身材高䠷、年

約六十的女性從櫃檯後方走出來。艾格妮絲的體態端莊，說話帶著一種獨特的密西西比口音，語調微微上揚，禮貌又得體。她精心梳理的髮型紋絲不動，優雅地向我走來時，彷彿一道幽影。

「年輕人，有什麼我能夠替你服務的嗎？」

我告訴她自己對招牌上寫的胡桃很感興趣，也有點想看看那些湯匙。她以每磅七美元的價格賣了胡桃給我，並用一個棕色的小紙袋裝著。我取出一顆放進嘴裡，發現味道出乎意料地香濃，堅果的香氣和大地的芬芳雙管齊下，包裹在只有新鮮胡桃才有的油潤之中。「這些胡桃是哪裡來的？」我問。

「是我兒子在我們家附近種的。」她回答。

我開始翻找錢包，看看還剩多少現金。這時，另一位女士從後面走了出來。她模樣短小精悍，並用懷疑的眼光看著我。她比艾格妮絲小差不多十歲，膚色偏深，五官有中東人的特徵，說起話來卻是典型的密西西比口音。

「妳是黎巴嫩人嗎？」我問她。

「當然啦，親愛的。」她回答。

「那妳知道哪裡可以吃到好吃的黎巴嫩菜嗎？」

兩位女士都笑了起來。艾格妮絲靠近我，小聲說：「克拉克斯

4　美國藍調音樂的傳奇人物，被譽為「芝加哥藍調之父」。他的音樂為藍調的現代發展奠定基礎，對搖滾樂、R&B和靈魂樂影響深遠。

5　「做飯」象徵一種日常的生活實踐。作者的言下之意，他想尋找的是一個有生活氣息的地方，而不是被外界浪漫包裝、神話化的藍調文化象徵。

代爾最棒的高麗菜卷和基貝，就是出自托妮之手。她都在家裡製作，然後在臉書發文，等有現貨就會開放購買。大家可是會從四面八方聞香而來呢。」

我問她，為什麼她做的最好吃？

這個問題引發了一場激烈的辯論。艾格妮絲告訴我，如果在基貝裡面放肉桂，那可就大錯特錯了。「維克斯堡（Vicksburg）的人可能會那麼做，但我們這裡不行。」

托妮告訴我，她的祖先是馬龍派（Maronites）[6]，為了躲避在黎巴嫩遭受的迫害而來到這裡。他們大多知道自己再也回不去了，所以當他們抵達密西西比時，並非尋求短暫的庇護，而是把這裡視為新的家園。他們從事體力勞動，兜售任何能賣的東西──肥皂、乳液、毛巾──他們的客人通常是佃農。他們會講阿拉伯語和法語，也經商做生意。他們還會製作食物來販售。

「我們在這裡很久了，」艾格妮絲告訴我。「基貝成了我們的象徵。如果你是黎巴嫩人，來到克拉克斯代爾後，你就會在這些泥土路上邊走邊不斷喊著『基貝』，直到有某個黎巴嫩家庭聽到後收留你。這就是基貝在這裡如此受歡迎的原因。」

托妮說她考慮去上烹飪課，學習更多相關知識。

「坦白說，妳可以傳授的反而比妳能學到的還要來得多。」我告訴她。這使她的心暖了起來。

我在離開時和她拍了張合照，但艾格妮絲拒絕入鏡。

「我只是覺得這樣不太合適。」她邊說邊用手指輕撫她那文風不動的髮型。她建議我去夏蒙憩所（Chamoun's Rest Haven）用餐，

而那裡剛好是我要和來自傑克遜的廚師湯姆會合的地方。

夏蒙憩所是一家歷史悠久的餐館，有低矮的懸吊天花板，遮擋陽光的厚重灰色窗簾，櫃檯後方的牆上也有隨意掛上的家庭照片。如今，這家餐廳幾乎是由寶拉（Paula）獨自經營。她的父母——露易絲（Louise）和沙菲克·夏蒙（Chafik Chamoun）——當年從原本的黎巴嫩裔老闆手中買下了這家餐館。夏蒙憩所自1947年開張，至今仍持續營業。寶拉戴著厚重的眼鏡，烏黑的捲髮朝四面八方亂翹。她的亮粉紅色指甲油剛好和她襯衫上的粉紅花瓣圖案相互映襯。她快步穿過餐廳，趕著去為客人點餐。

她是餐廳裡唯一的服務人員，單槍匹馬的同時忙著招呼我們和另外三桌客人。她的腳步不曾停下，說話也是滔滔不絕，和我們聊著聊著，就順勢問起了另一桌客人。整個過程沒有停頓，就像一場流暢不間斷的獨白。咖啡快要見底時，其中一位客人便起身，順手為自己和隔壁桌的客人重新添滿咖啡。

菜單分為三個類別：南方經典料理、黎巴嫩料理，以及像是義大利麵或千層麵的義大利菜。我從每個類別中各選了一道菜，湯姆對我的食量印象深刻。他的身材和一名熱愛美食的廚師無異，說

6　羅馬天主教教會最大的東儀天主教會之一，其祖先在中東地區遭受迫害，因此遷徙到世界各地。

話時習慣用指尖拈弄自己誇張的八字鬍。我們聊起克拉克斯代爾的歷史，談論食物與正宗的定義等問題；我們聊到當一種文化被緊密縫合進日常生活的紋理中，促使一名藍領階級的白種人勞工走進這裡，點一份夾著麵包的基貝，彷彿在點一份起司漢堡一樣的理所當然，這樣的現象究竟有何含義。「這已經不是黎巴嫩料理了，」湯姆對我說。「這是三角洲料理；更確切地說，這是克拉克斯代爾的料理。」

這裡的基貝有兩種吃法，可以選擇生食或油炸。生食的基貝吃起來像韃靼牛肉，質地紮實、色澤鮮紅，像一塊尚未煎熟的漢堡排，口感濃郁且十分有飽足感。突然間，我意識到：這個基貝是用牛肉做的，不是如傳統上會使用的羊肉；除了羊肉，我從沒見過其他肉類製成的基貝。我向寶拉詢問這件事；她原先正東奔西跑地忙碌著，聽到我的問題後才稍微停下來喘口氣，緩緩回答：「羊肉太貴了，而且很難買到。這裡的牛肉便宜品質又好，深受當地人喜愛。」放眼望去，周圍的客人都在享用這道料理。有些人選擇炸好的基貝，夾進麵包裡吃，如此一來，它幾乎就是個漢堡了。

夏蒙憩所的千層麵是一盤麵食與濃厚紅醬交纏的混亂之作。高麗菜卷則是軟嫩而香氣四溢，帶著一絲甜味，但我不確定這個「甜」究竟是來自額外添加的糖，還是因為牛肉內餡裡有著大量洋蔥主宰，使整體味道變得更加甘甜。至於椰子派，是我吃過最優秀的上乘之作。表面的椰子碎片被烤得焦黑，與底下潔白光滑、質地緊實的蛋白霜形成鮮明對比。

寶拉只陪我們坐了幾分鐘。她說，她父母至今仍會親自來店裡製作基貝，因為沒有人能做得如他們一樣道地。我能感受到她骨子裡的那份焦躁不安，這種感覺只有同行才能真正理解。

　　「我從沒想過自己會一輩子待在克拉克斯代爾，但是，唉，反正我還是留在這裡了。我是為了顧客——他們需要我。」她說她在這裡很快樂。她的語氣中帶著一絲遲疑。隨後，她糾正自己：「是這裡需要我。」

　　我沒有多問，因為我能懂。對我們大多數人來說，這樣的理由就足以讓我們在廚房裡奉獻一生。我還來不及稱讚她的高麗菜卷，她已經轉身去招呼剛進門的客人了。他們交談的語氣像是認識了一輩子——或許，他們真的是如此。

　　我們正要離開時，寶拉隨口提到，在買下夏蒙憩所之前，她父母曾在弗賴爾斯波因特（Friars Point）經營雜貨店，他們最早就是在那裡開始販售黎巴嫩料理。她說，現在那家店由中國人經營，據說他們的炸雞翅還不錯。

　　我請湯姆開車載我過去。那裡是個冷清的街區，除了唯一的一間博物館，就只剩幾家開在破舊建築裡的小店。雜貨店也是這條街上唯一仍在營業的地方。店裡負責接單的中國老闆娘一句英文也不會說。手寫的菜單上羅列著各式各樣的菜色，從雞胗到芙蓉蛋，應有盡有。我們指了指，點了雞翅。等待出餐的同時，我仔細打量店裡的環境。貨架上的物品零零落落，但基本的生活用品還算齊全。一罐罐醃豬腳靜靜地擺放在成堆的泡麵旁邊。這時，一位老奶奶從

後面的房間走出來,在店裡唯一的一張桌子前坐下。她掀開籃子的蓋子,我瞥見裡頭的午餐——一碗濃白的蔥花豬骨湯、一碗白飯,還有一盤高麗菜。我朝她微笑,她板著臉微微點了點頭,然後轉過身去,大快朵頤。

回程的途中,我請湯姆帶我去一家名叫燒烤自助餐(Hibachi Buffet)的中式餐廳。沒錯,就是那種一盤七點九九美元、菜色千篇一律的中餐廳。這主意聽起來不太妙,所以更理所當然要試試看囉。自助餐臺被分成幾個區域:壽司、炸物、中式料理、沙拉,還有靈魂料理。我夾了一整盤滿滿的炸雞、燉菜、皇帝豆、玉米麵包、馬鈴薯泥,最後還拿了一個幸運餅乾。結果,味道竟出乎意料地好,是真的很好吃。我又試吃了撈麵,卻難吃得讓人想翻桌。至於壽司,我連看都不想看。大家都稱呼這家餐廳的老闆為賽門(Simon),來自香港,曾經在亞特蘭大生活過。他說他來這裡才幾年,生意還算興隆。我好奇地問他,做靈魂料理的是華裔廚師嗎?他說不是。他的廚房有三個人:一位華裔男性、一位年輕的墨西哥廚師,還有一位非裔美籍女性。他們分工合作,各自負責不同的料理區。

「他們相處融洽嗎?」我問他。

他猶豫了一下,顯然沒有準備好回答這樣的問題,然後聳聳肩,輕笑了一下。「有時候,」他說。「偶爾吧。」我問他能不能和廚師們聊聊。他說不行,然後示意我讓開,好給下一位顧客結帳。我退到一旁,但又問了他一個問題:「為什麼不多做些道地的粵菜呢?

總比這些千篇一律的中餐好吧？」

「大家沒辦法接受。至少目前還沒辦法。」

我在這裡感到相當自在。這才是美國。也許不是我們習慣看到的「白色籬笆式的理想版本」[7]，卻是隱藏在每個城鎮表面之下、由多元勞動經濟所支撐的那個美國。我敢打賭，這間餐廳的廚房一定充滿故事，有時合作或許不那麼順利，但終究還是因為食物、文化與商業需求而唇齒相依、相輔相成。我很高興找到一頓美味的靈魂料理，但更讓我開心的是，我竟然是在一家中式自助餐廳裡找到的。

那天晚上，我去了芮氏酒吧（Red's Lounge）聽現場音樂。湯姆以前玩過樂團，我們聊起 CBGB 最後的歲月。我們都曾親眼見證它的興衰。我最後一次去那裡，是在他們宣布歇業的前一年。當時臺上的樂團依舊憤怒、樂手們全身打洞穿環；音樂依舊刺耳混亂，跟十年前沒什麼兩樣。說實話，音樂本身還是很不錯的，但那已經不再舉足輕重，至少在那裡不重要。CBGB 所在的柏威理街區，如今成了房地產市場最搶手的黃金地段，已經不是昔日那個流浪漢聚集的破舊街區（Skid Row）[8]。在對街，一只皮包可以賣到六百美元。往北移動幾個街區，衣著光鮮亮麗、膚色晒得黝黑的富家子弟正悠閒

7　住在有前院、圍著白色籬笆的獨棟房屋，過著安穩富足的生活，是美國典型的中產階級夢想象徵。這個形象常見於美國廣告和影視作品，是美國夢的一部分。

8　Skid Row 原是形容城市裡流浪漢和窮人聚集的破敗街區，此處是指 Bowery 已不再是那條曾經充滿流浪漢、廉價旅館和破敗酒館的街道。

地坐在酒廊裡啜飲清酒馬丁尼（saketini）。我在十五歲時第一次踏進 CBGB，那時，它對我意義重大。但當它停業時，這座城市早已不再需要它。

我輕啜一口塑膠杯裡的肯德基老爹波本威士忌（Kentucky Gentleman）。芮德站在吧檯後方，我則站在他身旁。他是個令人望而生畏的男人，有副寬大厚實的肩膀，斑白的鬍子雜亂不堪。他方正的下顎正憤怒地咀嚼著口香糖。我問他對正統藍調音樂的看法，但他根本沒有涉獵。芮氏酒吧是克拉克斯代爾水岸邊的一家小酒吧，音樂人經常來此處現場演奏。這裡燈光昏暗，牆上貼滿了演唱會海報，紅色燈串在黑暗中閃爍著。藍調音樂家盧修斯·史皮勒（Lucious Spiller）獨自坐在房間中央的一張塑膠椅上，彈著一些吉他不應該發出的聲音。芮德的眼睛總是直視著前方，即使在與我對話時也是如此。他嘴裡的口香糖已經嚼了一個小時，高高揚起的眉毛就像懸浮在他圓框太陽眼鏡上的兩隻拳頭。

「你可以花一輩子去解釋發生在你身上的每一件小事，或者你也可以閉上嘴巴，聽聽我這屋子裡的音樂。」芮德說道。

現在是星期三晚上，所以生意比較清淡。盧修斯正在演奏知名男歌手史汀（Sting）的其中一首情感豐沛的歌曲，但他刻意將它編成一種略顯粗鄙的旋律。他不是在演奏藍調，而是在重塑音樂。盧修斯的世界並不是非黑即白，他總是在音樂中來回拉扯、推進、變形。這首歌已經徹底改頭換面。

這讓我想起了克拉克斯代爾的食物。義大利菜、黎巴嫩菜、燒

烤、墨西哥菜、靈魂料理、中式菜色——有些很正統，有些則不然；但它們全都在適應與改變，替這個社區服務。

─────●─────

我試著向芮德講述一段故事。1998年到2002年間，我在曼哈頓市中心開了一家小餐館，靠著微薄的預算經營，最後還是倒閉了。那時候我年輕氣盛，根本不太懂自己在做什麼。九一一事件之後，我受夠了紐約，厭倦了夜夜笙歌，也對下廚感到倦怠。就在我即將永遠拉下餐廳鐵門之際，我替攝影師鮑伯・格魯恩（Bob Gruen）舉辦了一場派對，他曾為上一代的搖滾傳奇們拍攝了許多經典影像。那天晚上，我從廚房的窗簾後方往外窺視，看到了路・瑞德（Lou Reed）、吉姆・賈木許（Jim Jarmusch）和其他幾位名人；但等我結束廚房工作時，外場只剩下零星幾個人了。按照當時的慣例，我鎖上門，和員工們待在一起，直到大家都準備好打道回府。我記得我抓住一位女士的手，試圖在吧檯親吻她，但她說：「我和喬在一起。」幾分鐘後，我又試著親吻另一位女士，她也說：「我和喬在一起。」這個喬到底是誰？怎麼每個女孩似乎都在為他守身如玉？「你不認識喬・史喬默（Joe Strummer）嗎？」她驚訝地問我。

我猛然轉身，盯著癱坐在角落座位裡那個喃喃自語，手裡拿著白蘭地可樂的男人。說句公道話，如果你對喬・史喬默的印象還停留在衝擊合唱團（The Clash）時期，那麼眼前這個坐在我餐廳裡的頹靡男子，會讓你很難聯想到他。又幾杯黃湯下肚後，大家開始站

到桌上跳舞,還有人直接用爐火點菸。他揹著我穿過整間餐廳,一路撞倒椅子和玻璃杯。等到我們終於盡興,天色已經微亮。大家都搭上計程車離開,我則迎著秋日清晨的寒風,獨自走向一家熟食店買早餐。我苦笑了一下,心想,誰會相信我竟然和搖滾傳奇喬·史喬默一起瘋狂了一夜?不過管他的,喬一定記得,而我們肯定還會再次相遇。像這樣的夜晚,怎麼可能說忘就忘?他甚至在離開前給了我一個擁抱,並對我說:「謝啦。」幾個月後,我在新聞上看到他去世的消息——他在英國錄製新專輯時猝逝。過沒幾個月,我的餐廳也關門了,身邊的朋友不是搬去布魯克林,就是去了皇后區。到了 2006 年,CBGB 也迎來了它的最後一場演出。

　　我一邊聆聽盧修斯演奏吉他,一邊任由回憶翻湧而上。芮德對我說的話幾乎是左耳進右耳出。我不知道這一切是如何串聯在一起,也不知道CBGB的最後歲月、芮德酒吧、喬·史喬默、窮猴餐廳、艾格妮絲和托妮之間到底有何關聯。但我明白,對我來說,這些事件密不可分。唯一真正的「非黑即白」只有生與死,而介於兩者之間的一切,不過是生命的隨機拼盤。

―――●―――

　　湯姆有個朋友在附近擁有一座農舍,我們就在那裡過夜。我徹夜未眠,一邊啜飲著威士忌,一邊凝視著天空從漆黑逐漸轉為光彩奪目的粉紅色。我目睹天色層層變幻,天氣晴朗,視線從窗戶望出去,可以一直延伸到地平線的盡頭,直到天地交會之處。我目不轉

睛地盯著天空，捨不得眨眼。要從黑夜到白晝，天地間必須經歷無數變化，但我卻無法確切說出「黎明」到底是在何時降臨。忽然間，你便意識到天已經亮了。這讓我明白，世界並不是簡單地被劃分為晝與夜；在兩者之間，還存在著無法衡量的微妙過渡與層次。就像盧修斯的音樂，他不拘泥於任何單一的曲風，而是將不同的元素融會貫通，創造出只屬於他自己的獨特聲音。

　　我想成為盧修斯。我想像他一樣，思緒跳躍，瞬間切換至下一個想法，如電光石火。我不知道該如何將自己只侷限於一種菜色，也無法確切說出我的料理如何從這種風味轉變為另一種的過程。我或許沒有盧修斯那樣的敏捷與細膩，但我希望有一天能達到那樣的境界。我被克拉克斯代爾這樣的地方吸引，因為在這裡，我彷彿看見了一個縮小版的世界。克拉克斯代爾給了我空間，讓我能夠自由探索、不受束縛。在這樣的地方，傳統並不會阻礙一切。他們只是步調較為緩慢，就像密西西比河彎曲的河道；這裡的一切也在壯闊而緩慢的變遷中，因一種更深層的渴望推動前行。也許不是克拉克斯代爾落後，而是這個世界需要放慢腳步，才能真正跟上克拉克斯代爾的節奏。

高麗菜卷

這道黎巴嫩風味的高麗菜卷食譜來自克拉克斯代爾某服飾店的老闆之一——托妮。高麗菜卷或許貌不驚人,但這道包著調味牛絞肉內餡的料理將使你回味無窮,在得知它簡單的製作過程後,你會對其豐富的層次更加驚嘆。我喜歡搭配金蓮葉泡菜,因為它能替這道菜增添辛香氣息。煮完高麗菜卷後,記得保留美味的湯汁,作為雞肉麵湯的湯底,風味絕佳。

分量:6 人份前菜或 3 人份主菜

- 長米　½ 杯
- 高麗菜　1 顆
- 雞高湯　4 杯(可適量增加)
- 鹽　1½ 小匙
- 牛絞肉　約 340 公克
- 橄欖油　1 大匙＋2 小匙
- 孜然粉　½ 小匙
- 肉桂粉　½ 小匙
- 現磨黑胡椒　½ 小匙

- 新鮮薄荷葉(切碎)　¼ 杯
- 大蒜　4 瓣(2 瓣切末,2 瓣保持完整)
- 檸檬皮屑與檸檬汁　3 顆
- 金蓮葉泡菜　½ 杯(食譜後附)
- 優格起司(Labneh)　1 杯
- 特級初榨橄欖油(淋醬用)適量

1 將長米倒入碗中，加入 2 杯滾燙熱水浸泡 15 分鐘，偶爾攪拌。

2 與此同時，剝下 12 片高麗菜葉子，剩餘部分備用。

3 取一大鍋，倒入雞高湯以大火煮沸，加入 ½ 小匙的鹽。將高麗菜葉浸入湯中，煮 8～10 分鐘至軟化後，從爐上移開，小心撈出、放涼，保留高湯備用。

4 將泡好的長米倒入篩網瀝乾，放入中型碗，加入牛絞肉、2 小匙橄欖油、孜然粉、肉桂粉、½ 小匙鹽、黑胡椒、薄荷、2 瓣切碎的蒜末和一半的檸檬皮屑後拌勻。

5 修剪高麗菜葉，將每片葉子裁成約 15×8 公分的長方形。取一片菜葉，放上 2 大匙④的肉餡，將兩側葉片向內收摺後緊緊捲起，以牙籤固定。重複此步驟，包完所有內餡與高麗菜葉。

6 將捲好的高麗菜卷收口朝下，整齊地排入③的雞高湯鍋中。確保高湯要蓋過菜卷，如湯量不足，可適量補充高湯或水。接著，加入剩下的 2 瓣完整蒜瓣、剩餘的檸檬皮屑和檸檬汁，然後淋上 1 大匙橄欖油，並撒上 ½ 小匙鹽。

7 蓋上鍋蓋煮至微滾後轉小火，燉煮 30～40 分鐘。若要確認內餡熟度，可取出一卷，用手指輕壓──如果有彈性並能回彈，表示肉已熟透。關火後讓高麗菜卷在湯中靜置 10 分鐘，再取出擺盤。

8 搭配適量金蓮葉泡菜，附上一碗淋上特級初榨橄欖油的優格起司，作為蘸醬使用。

❼ 克拉克斯代爾的基貝

搭配 金蓮葉泡菜

分量：約 1 品脫（473 毫升）

- 金蓮葉　40 片
- 魚露　2 大匙
- 紅辣椒碎　1 大匙
- 洋蔥（磨碎）　2 大匙
- 蒜末　2 瓣
- 蔥（切花）　1 根
- 糖　1 小匙
- 熟白芝麻　1 小匙

1. 金蓮葉洗淨，瀝乾後放在紙巾上晾乾。
2. 取一小碗，放入魚露、紅辣椒碎、洋蔥碎、蒜末、蔥花、糖和熟白芝麻後拌勻。
3. 取一小玻璃罐，分層放入金蓮葉，每層之間用小匙均勻塗上醃汁。所有葉片都放入罐中後，將剩餘的醃汁淋在最上層。
4. 用保鮮膜封住罐口，在上方戳幾個小孔。讓罐子在室溫下靜置 24 小時，之後蓋上密封蓋，放入冰箱冷藏。醃製一週後即可食用，冷藏可以保存一個月。

韃靼牛肉釀魔鬼蛋佐魚子醬

和湯姆在夏蒙憩所吃到的基貝,它的絞肉內餡讓我靈機一動,因此想到這道韃靼牛肉釀魔鬼蛋的食譜。這道料理外觀看起來就像普通的魔鬼蛋,但當你一口咬下,卻會驚喜地發現內餡是經過調味的韃靼牛肉,非常適合當作宴會的開胃小點(canapé)。此外,鴨嘴鱘魚子醬的鹹香風味,與生牛肉的濃郁鮮味相得益彰;這款魚子醬來自可永續養殖的鴨嘴鱘,價格相對親民。

分量:24份小點

韃靼牛肉餡
- 布格麥(bulgur wheat) ¼杯
- 無骨紐約客牛排(約8盎司) 1塊
- 冷水 1杯
- 美乃滋 2小匙
- 檸檬皮屑 1½小匙
- 蒜末 1小匙
- 新鮮山葵泥 1小匙
- 第戎芥末醬 1小匙
- 伍斯特醬 1小匙
- 孜然粉 ⅛小匙
- 鹽 1½小匙
- 現磨黑胡椒 ½小匙
- 特級初榨橄欖油 ½小匙

魔鬼蛋
- 雞蛋(大) 12顆
- 美乃滋(使用杜克牌Duke's) ¼杯
- 特級初榨橄欖油 2大匙
- 水 2大匙
- 第戎芥末醬 1小匙
- 蒜末 1瓣
- 檸檬皮屑與檸檬汁 1顆
- 鹽 ½小匙
- 現磨黑胡椒 ¼小匙

- 鴨嘴鱘魚子醬 約28克
- 金蓮葉泡菜(切碎) 3~4片(可省略)

製作韃靼牛肉

1. 取一小碗放入布格麥，加入冷水蓋過表面，浸泡 30 分鐘。
2. 將紐約客牛排放入冷凍庫 15 分鐘，使其稍微硬化，方便剁碎。
3. 剁碎牛肉（越碎越好，呈現類似絞肉的質地），務必使用鋒利的主廚刀操作，以避免肉和脂肪「糊化」；若用食物處理機絞碎，肉質會變得過於細膩，失去應有的口感。將切碎的牛肉放入碗中，冷藏備用。
4. 將浸泡過的布格麥放入鋪有紗布的濾網中瀝乾，擠出多餘水分。
5. 取一大碗，將牛肉碎、布格麥、水、美乃滋、檸檬皮屑、大蒜、山葵、芥末醬、伍斯特醬、孜然粉、鹽、黑胡椒和橄欖油拌勻。用保鮮膜覆蓋，冷藏備用。

製作魔鬼蛋

1. 取一大鍋，以小火加熱至水微溫。輕輕放入雞蛋後，火力調至中大火，煮至水微滾。設定計時器 6 分鐘，待計時器響起時關火，並重新設定計時器 4 分鐘。
2. 另外準備一盆冰水。待計時器響起時，將雞蛋從熱水中取出，放入冰水裡冷卻。
3. 待雞蛋冷卻後撈出，剝殼，瀝乾水分，將每個蛋縱向對半切開。取出蛋黃放入攪拌機，蛋白放在盤子上備用。
4. 於攪拌機內加入蛋黃、美乃滋、橄欖油、水、芥末、蒜末、檸檬皮屑和檸檬汁、鹽和黑胡椒後，攪拌至滑順。將美乃滋混合物倒入擠花袋，裝上小圓形花嘴備用。

5 在每個蛋白上填入 1 大匙牛肉餡,再擠上④的美乃滋(完全覆蓋住牛肉餡)。最後於每顆蛋上點綴少許鴨嘴鱘魚子醬,並依個人喜好加入泡菜(可省略),即可上桌享用。

CHAPTER 8

蒙哥馬利的一家之母

我對食物的所有認識，都來自女性；我對競爭的所有理解，則來自男性。這一切始於我祖母的雙手——那雙觸碰過我童年時期吃過的每一道食物的手。她的手瘦弱布滿皺紋，卻因為長年烹飪所累積的肌肉記憶而強大有力。她用這雙手輕撫過我臉頰的景象依舊歷歷在目。隨著年歲漸長，還有其他女性影響了我，比如克萊曼婷（Clementine）。她讓我懂得鹽的奧妙——有時撒在熟透的番茄上，有時則是夏日午後落在裸露肩膀上的一抹鹹濕輕吻。她讓我明白，晚餐不該只是搭配著冰啤酒狼吞虎嚥，而應該是一場緩慢而充滿驚喜的探索，就像杯中的葡萄酒，隨著溫度上升，釋放出一層又一層不同芬芳的分子香氣。

• • •

所有曾經與我共事過的主廚都是男性，我從他們身上學到了結構、技術、急迫感，以及如何讓人感到尷尬與不自在；但他們從未告訴我該在何時切開一顆表皮下飽含汁水的番茄——是克萊曼婷教會了我這件事。在與克萊曼婷同居之前，我從來沒有真的喜歡過番茄。它們總是聞起來有冰箱味，入口後變成滿嘴的水味和澀味。是她教會我如何催熟那幾顆擺在流理臺的木碗裡、旁邊還有一瓶初摘

新鮮香草的番茄。她教會我像咬蘋果般大口咬下番茄,享受那種放肆的快樂。我遇到她時已經是一名廚師,但她讓我在餐廳廚房學到的一切變得踏實。她讓我知道法國奶油應該放在敞開的窗邊,讓它吸收西 13 街樹木繁盛時飄來的氣息。她讓我明白,站在廚房裡端著一個大碗,吃著裡頭的義大利麵,遠比坐在餐桌前吃來得美味。在我們分手前的那個夏天,我們經常吵架,我記得每次她摔門或不發一語從我身邊走過時,過熟番茄的霉味總跟著撲鼻而來。那一個夏天,克萊曼婷教會我關於愛情的痛苦以及番茄的喜悅,遠超過我此前人生的總和。我可以用一整本書來記錄她教會我的事,但我要講的這個故事與她無關。直到現在,一顆熟透的生番茄對我來說依舊難以下嚥。

———●———

我將在這趟旅程中前往阿拉巴馬州的蒙哥馬利(Montgomery),與莎拉‧雷諾茲(Sarah Reynolds)見面。她是位備受崇敬的製作人及記者,專門撰寫關於貧困生活、移民,以及那些擁有深刻故事的普通人。她正在替南方美食之路聯盟(Southern Foodways Alliance)製作一檔播客節目,主要探討蒙哥馬利的韓國料理,以及韓國移民群體如何在這座南方小城蓬勃發展。多年前,韓國汽車製造商「現代」(Hyundai)在美國設立了第一座工廠,僱用了約八千名員工,這幾乎使蒙哥馬利成為韓國人的第二個家。自那時起,韓國人便陸續遷居至此。在這座擁有約四十萬人口的城市裡,韓國人經營的餐

廳約有十五家；按人均比例計算，這個數量比曼哈頓的還要多。

　　莎拉提議在歷史悠久的靈魂料理餐廳——戴維斯咖啡館（Davis Café）碰面，那裡離市中心只有幾分鐘車程。餐廳外牆被漆成毫無吸引力的軍綠色，只有一塊生鏽的招牌標示著它的位置。我抵達時是下午兩點，莎拉已經坐在桌邊擺弄她的錄音設備。她的言行舉止都相當幹練且俐落，一如她的報導風格；然而，在方形鏡框後的那雙灰藍色眼睛，卻閃爍著一種年輕氣盛的熱情。我們是最後一桌點餐的客人。店家的秋葵、馬鈴薯、肝臟和番薯派都已售罄。我們點了菜單上——頂端還印著「星期三」的字樣——剩下的料理。

　　我透過南方美食之路聯盟認識了許多才華洋溢的人，因此當我得知莎拉正在製作與蒙哥馬利韓國料理相關的報導時，我便自告奮勇協助擔任口譯。也許我讓她誤以為我的韓語很流利，實際上其實並不然。

　　戴維斯的料理味道就像家常菜。這聽起來或許是陳腔濫調，但要在餐廳裡重現家的味道其實並不容易：現炸並趁熱撒上鹽巴的炸雞、裹了濃郁甜美肉汁醬的嫩豬排、燉煮得入口即化的大頭菜葉，還有那口感紮實卻又溫潤的豆沙拉。我可以確定這些料理出自女性之手，因為它們的味道就宣示著坦然的自信——這是用耐心與熟悉感烹煮而成的食物，沒有任何抄捷徑的偷工減料。不過，我還是謹慎地將這樣的想法吞下肚，免得讓莎拉覺得我是那種會用性別來評斷料理的男人。

　　就如同任何優秀的記者，莎拉身上有一種能夠使人放下戒心的

親和力，讓我不由自主想與她交談。我們跳過尷尬的相互試探階段，直接在對話裡找到節奏。也許是因為我們有共同的飲食語言，也可能是因為我在她身上感受到某種同類的共鳴，又或者是因為我本身就是她故事的一部分，而她正巧妙地引導我走進一個安全的空間，讓我能夠自在地回憶起作為韓裔移民子女的童年成長往事。

「韓國人表面上很覷覥，但大部分只是一種偽裝，」我告訴她。「真正的障礙，是他們對任何人都不信任。」

「怎麼說？」她輕聲問道。

「任何記得韓戰後那段貧困時期的人，都不會忘記家家戶戶彼此爭奪那一點資源的景象。韓國人見過太多殘酷的事情，而這些記憶從來沒有被遺忘，只是沒有人願意談論。」

「你父母跟你說過這些事嗎？」

「沒有，但我相信悲傷是可以透過基因傳承的。要抹去這些烙印，需要好幾世代的時間。」

店員正在清理最後幾張桌子。我們本來可以一直聊下去，但餐廳要打烊了。我走上前結帳時，其中一位老闆兼主廚辛西雅・戴維斯（Cynthia Davis）正靠在收銀機旁休息。她的祖父母喬治（George）和喬西（Josie）在1988年開了這家餐廳，距今已逾三十載。她的姪女希拉（Sheila）負責收銀和接聽電話，妹妹肖娜（Shauna）則負責端菜和打包外帶。她們攜手便無可匹敵，銳不可擋。我問辛西雅，食物是不是每天都能賣到一點也不剩；她告訴我，每天所有東西都會銷售一空。我們聊了關於蒙哥馬利的故事，也談到這間餐廳的歷

史。我問她秋葵的烹調方式，因為我沒機會品嘗。她要我明天再光臨一次；我說如果她幫我留一塊紅薯派，我絕對義不容辭。我告訴她，我來這裡是為了研究韓國餐館。這些女士都沒有嘗過韓國料理，我追問原由；辛西雅告訴我，她對那些餐廳提供的食物略微持疑。

「是啊，」我開玩笑道。「看懂韓文菜單確實不容易。」

「不，我是說那些肉。有人說他們什麼動物的肉都賣。」她眨了眨眼，點了點頭。我知道她的言下之意。

「通常會是牛肉或豬肉。」我說。

「真的是這樣嗎？」

「如果我替妳帶一些過來，妳願意吃吃看嗎？」

「如果是你帶來的，那我就試試看。」她語氣篤定，彷彿深信我絕不會回來一樣。食物代表信任，而信任意味著深重的情誼。嘗試陌生事物最困難的部分，並非對未知的恐懼，而是對烹飪料理的人缺乏信任。當我們在光鮮亮麗的雜誌上讀到某位名廚的故事時，會覺得自己彷彿認識這個廚師，這種熟悉感讓我們得以放心品嘗他端上桌的任何料理。陌生人對我的親近程度總是令我感到訝異——有些人會在街上靠近我，只因為他們讀過一篇我的文章，便覺得自己瞭解我。甚至有一次，一位女士請我抱著她剛出生的孩子一起合照。然而，在討論移民餐廳時，我們的焦點往往放在食物上；我們極少去關心幕後的廚師。食物或許美味，但烹飪它的人卻是隱形的，我們從未真正建立這層信任。在蒙哥馬利這樣一個擁有深厚傳統的城鎮，近年來湧入的韓國移民自然而然引發了雙方的懷疑與不信任。韓國文化與蒙哥馬利的舊勢力一直都未能真正攜手並肩。或

許還需要再過一代人，韓國料理才會像克拉克斯代爾的基貝一樣，成為當地人習以為常的食物。這一切，唯有時間能證明。

　　莎拉開車載著我，在蒙哥馬利漂亮的街區繞了幾圈。公園沿途的樹木披覆著西班牙蘚，溫暖的空氣中透露一股潮濕的微光。她帶我瀏覽她年輕時熟悉的城市──史考特和塞爾達・菲茨傑拉德博物館（F. Scott and Zelda Fitzgerald Museum），以及她以前上班的南方貧困法律中心（Southern Poverty Law Center）。市景如詩如畫，整座城充滿歷史與故事。我多麼希望我們的故事能在這裡展開，然而實際上，故事的開頭卻發生在東大道那條寬闊的車道上──廢氣沖天，兩旁是綿延數公里的連鎖商店，不見任何一棵樹木的蹤影。

　　我們拜訪的第一家店是間韓國雜貨店，他們將自家獨門的辛奇和各式飯饌──也就是以醃漬蔬菜為主的小碟配菜──整齊陳列在井然有序的乾淨冷藏櫃中。店內貨架上擺滿五顏六色的米袋、乾麵條、香料，以及至少六種不同的海苔。店裡有一整排專門販售肥皂、浴巾、絲瓜絡和韓國搓澡巾的貨架。店鋪後方是一個被通明的日光燈照亮的簡陋廚房。兩位年長的女士正默默地切著白蘿蔔。我試著和她們搭話，但她們反應冷淡。莎拉站在我後面錄音。我問她們在做什麼，她們告訴我正在做醃蘿蔔。由於我乏善可陳的韓語能力，讓她們更加懷疑我們的來意。年紀較長的那位是朴太太，多年前在首爾嫁給一位美國士兵，在蒙哥馬利生活已超過二十年。她不願透露自己是否是這家店的老闆。我希望她能談談她的家人，於是我率先描述自己在布魯克林長大的生活。

當我以為她對我稍微放下戒心時,她突然注意到對著她的麥克風。她用不流利的英語問莎拉在做什麼。氣氛瞬間從尷尬變得針鋒相對,我根本來不及思考出合適的話來化解這局面。沒過多久,朴太太便暴跳如雷,要求莎拉刪除設備裡的所有錄音。又有兩位不知從哪裡冒出來的女士,對我們一陣責罵。朴太太用銳利的目光瞪著我,眼神充滿遭到背叛的感覺。我內疚無比,畢竟未經允許就開始錄音是我的主意。莎拉雖然困惑地往後退,但仍堅持完成這則報導。我能聽懂這些女士們說的每一句難聽話。我們之間陷入了漫長且心驚膽跳的沉默,莎拉和我認為她們已經稍加冷靜。我們請求她們的原諒,並詢問是否可以重新開始。但韓國人不會那麼輕易原諒別人。我對莎拉說,這點我是有親身經驗的。我們氣餒又錯愕,最後灰頭土臉地離開了這家店。

我腦中閃過童年的記憶。我就是在這種移民文化中長大的,身邊都是強悍的老太太,耳邊總是迴盪著她們壓低聲音的交談。我的父母、叔舅姑姨輩,以及他們所有的朋友,總是對美國的制度充滿不信任。他們習慣把現金藏在床墊裡,只與熟識的人往來,極少讓外人踏進家門。他們告訴我,如果陌生人拍了你的照片,他就會偷走你的一小片靈魂。我在車上向莎拉解釋這一切:那些婦女們對我這類人有個特定的稱呼——「Jemi-gyopo」——意指擁有韓國血統但在美國長大的人。它不算貶義詞,但仍帶有對這類人的複雜偏見;他們認為我們拿韓國靈魂交換了一套美國價值觀,因此應該被視為外國人。我們又去了兩家不錯的韓國餐廳,接下來的行程漸入佳境。

我讓莎拉負責大部分對話,只在必要時協助翻譯。在新羅餐廳(Shilla Restaurant),我們點了韓式烤牛肉(Bulgogi,醃製後的薄片牛肉)、香蔥煎餅以及炒章魚。餐廳空無一人,顯得有些冷清。這裡的食物和我從小習慣的韓國餐館菜餚味道相近;菜單上都是常見的菜色,口味可圈可點,但缺乏突破性的亮點。這家餐廳由金氏姊妹經營,她們同意讓我們明天早上進入廚房,記錄她們為現代汽車辦公室主管們準備便當的過程。這是她們的例行公事,平日要製作約兩百份便當,大約清晨六點就要開始。

---●---

那天晚上,莎拉和我來到一家由韓國人經營的日式餐廳。餐廳內寬敞幽深,設有以簾幕隔開的包廂,吧檯則隱藏在遠處的一個角落。我還小的時候,紐約市隨處可見韓國人經營的日式餐館,如今,這種現象已遍布全美。如果你住在任何一座大城市的周邊,你最喜歡的壽司店很可能就是由假裝是日本人的韓國移民經營的。在美國,飲食文化中的身分挪用並不是什麼新鮮事。瑞士移民開設德式和法式餐館;來自中東各地的穆斯林販售黎巴嫩料理;孟加拉人則以經營印度餐館聞名。儘管如此,我還是覺得這種身分偽裝讓我格外難以釋懷。這一切始於八〇年代,當時壽司在美國流行得如野火燎原,韓國人嗅到了商機。韓國移民中尚有一整代人仍對日本帝國的欺壓和殖民記憶猶新,但是在來到這個新的國家後,卻又只能模仿昔日的壓迫者,才能在異鄉維生。這對這一代韓國移民的心理

會造成什麼影響？

　　莎拉和我仔細研究著菜單：火山卷、毛毛蟲卷、鞭炮卷——這些對壽司卷的詮釋慘不忍睹；它們被裹粉油炸，塗滿甜醬和美乃滋，裝飾得譁眾取寵，像是準備參加畢業舞會盛裝打扮的青少年。我對莎拉說，這絕對不是日本人做的，日本廚師絕不會這樣褻瀆自己的文化。但對大多數美國人來說，當我們想到壽司時，腦海裡浮現的就是這些東西。我難辭其咎，因為我也曾沉迷於這些蘸著是拉差辣椒醬（Sriracha sauce）、撒了日式麵包粉（panko crumbs）、被染成螢光紅的明太子和假蟹肉塞滿的壽司卷。你吃到的，只有甜膩的醬汁和冰冷的醋飯。這簡直是對壽司這門手藝的侮辱。然後我突然想到：這難道是韓國人報復日本人的方式嗎？來到美國，竊取日本最受敬重的料理技藝，往壽司裡面塞滿奶油乳酪，再淋上廉價的照燒醬——同時偽裝成日本人，破壞日本移民幾十年來不斷努力維護的神聖美學——還有什麼比這更好的復仇？

　　莎拉和我邊配著啤酒，邊吃著一鍋豬腳。餐廳牆上掛滿了耀眼的霓虹裝飾，店內播放著韓國流行音樂，所有客人都說韓語。壽司師傅禮貌地拒絕回答我的問題。從各方面來看，我們兩人就像一群身在首爾的美國人，然而，這裡實際上是阿拉巴馬州的蒙哥馬利。對我來說，這才是故事的核心：在美國南方，移民群體披著美國身分的外衣，卻仍緊抓著自身文化不放。餐廳裡的服務生大多是韓裔美籍大學生，他們微笑著聳聳肩，語氣輕鬆地回答我們的問題，但沒有真正深入回應。最後，我們放棄繼續追問，專心享受眼前的美食。我們窩在這份由共同語言構築的安全網中，假裝自己是身處異

國的異鄉人。

　　隔天一大早，莎拉便早起準備錄製金氏姐妹在廚房裡製作便當的過程。等我抵達時，年長的金太太正在切橡子涼粉，打算做成沙拉。角落的一口大鍋裡燉著辛辣味增湯，女士們正在分裝和打包小菜。她們穿著色彩鮮豔的圍裙和柔軟的工作鞋，步調一致地忙進忙出。動作不快，力氣不大，甚至談不上高效率，但她們不懈的堅持彌補了一切的不足。她們對接續的下一項工作毫無遲疑；切菜、清洗、整理，馬不停蹄，手邊的動作未曾停歇。這樣一來，能做的事情就多了。

　　新羅餐廳是蒙哥馬利當地所開設的第三家韓國餐廳，已有超過二十五年的歷史，早在現代汽車工廠於此設點之前就已開業。金氏姊妹每天從早上六點工作到晚上十點，每週只有星期天公休一日。不過，金女士每個月都會抽出一天時間，開車到亞特蘭大採買食材。金女士戴著蕾絲髮網，擦著口紅；正巧她的丈夫就是靠販售美容用品維生。她說，她不會一直做下去，總有一天會退休，和丈夫一起乘坐郵輪環遊世界。我問她這些食譜是從哪裡學來的；她回答，這些是所有韓國女性與生俱來的知識。她不認為自己的料理有什麼過人之處，任誰都能做出這些菜，只是她更講究細節罷了。但我看得出來，她對自己的料理相當自豪。她告訴我，她每週製作五天的便當，而且一個月內絕不重複菜單。她拿出一本菜單日曆給我看，上面記載的內容就像一本韓國料理教學指南。

　　我問她的小孩是否會做這些韓國料理；她說不會，但她並不在

意。他們來美國是為了擁有不同的人生、過更好的日子,好讓孩子們能把握這裡提供的所有機會。金女士讓我想起我母親,她的故事與我母親的經歷幾乎如出一轍。我已經不需要再提問,因為我對這些答案早已心知肚明。

我們離開新羅餐廳,前往柳樹餐廳(Budnamu)吃午餐。這裡的菜單與我們之前試過的韓國餐廳大同小異,但料理水準卻是目前最出類拔萃的。炒章魚、烤排骨、自製辛奇和大醬湯,每一道都令人滿足。我們和老闆聊了一會兒,他對食物的介紹聽起來像是一套背得滾瓜爛熟的臺詞。我偷偷往廚房裡瞥了一眼,看到一名獨自忙碌的女性正一絲不苟地替餐點擺盤。她忙得不可開交,無暇與我們交談,但還是對我們報以燦爛的笑容。

我請他們幫我打包三道菜,好讓我帶去給戴維斯咖啡館的女士們品嘗。韓式烤肉,也就是用洋蔥和辣椒拌炒的醃牛肉薄片,應該會是大家的最愛。大醬湯這道充滿鮮味的韓式味噌湯,裡面有燉煮的蔬菜和豬肉塊,對她們來說可能稍具挑戰性,但還算是在熟悉的範圍內。最後一道是炒章魚,用彈牙且耐嚼的章魚腳和蔬菜、發酵辣椒醬一起大火快炒。如果前兩道菜能順利過關,我再來試探她們的接受度,讓她們挑戰這道風味更強烈的料理。

我們必須得等辛西雅忙完廚房的工作。看到我再度出現,她顯得有些意外。而且,她沒有幫我留紅薯派。她花了幾分鐘才鼓起勇氣,願意嘗試柳樹餐廳的韓式烤肉。她先咬了一小口,大概跟花生

❽ 蒙哥馬利的一家之母

211

粒差不多，接著又吃了一口較為大片的烤肉。「我這輩子只吃過靈魂料理，」她說。「所以這對我來說是很大的挑戰。」接著，她抿了一口味噌湯，她的姊妹們在一旁面帶驚恐表情地緊盯著。她的眉頭立刻皺了起來。「這不適合我。」她說。最後，她打開裝著炒章魚的保麗龍盒，抬頭看著我，一臉不可置信的表情。

「這是什麼？」她問。我告訴她是章魚。「哎喲喂呀，不可能！我才不吃，想都別想！」她說。

我們哄堂大笑，就連店裡的顧客們也覺得這場面很有趣，但還是沒有人敢動那盒章魚。大家紛紛起鬨，挑釁辛西雅嘗一口，但她抵死不從。我瞥見莎拉還在認真錄音，但我不確定這段互動插曲最後會不會被剪入她的報導裡。

這段時間，我一直在觀察莎拉如何採訪別人。她的問題直接又精準，但語氣卻能讓對方放鬆地卸下心防。她總是給受訪者足夠的空間來表達自己，遇到沉默時，也不會急著插話打破空拍。她很有耐心，讓對方依自己的節奏回答。如果對方不想回答某個問題，她會順勢跳到下一題。我決定趁辛西雅心情不錯的時候，自己也試著採訪她。

問：妳對韓國菜有什麼顧慮？
答：我從小到大吃的東西都很簡單。我們不怎麼吃外食，所以除了自己做的菜，幾乎沒吃過別的東西。
問：現在妳知道該點什麼菜之後，會願意去韓國餐廳試試嗎？

答：也許吧，看情況。我沒什麼自己的時間，這家店已經占去我所有的精力。

問：除了妳之外，還有誰能經營這家店？

答：沒有人。就只有我和我的姊妹們。等我們不做了，這家店就沒了。

問：如果這家餐廳關了，妳會難過嗎？

答：不會，親愛的。所有事物都有終點。我一點也不會難過。我的孩子們會過得比我們更好。每天從早忙到晚，真的很辛苦。我不希望我的孩子們過這種日子。

問：那誰來承接這份傳統呢？

答：他們都會在家做菜。這一帶的黑人家庭，家家戶戶都自己煮飯。這個傳統不會消失，它會在每個家庭裡延續下去。

問：可是，對於像我這樣的人呢？如果有一天我想吃這些料理，該怎麼辦？

答：嗯……

問：妳覺得有什麼原因，使女人在廚房裡比男人更出色嗎？

答：嗯，女人會鍥而不捨地拚搏；男人遇到困難時，很容易就撒手不管。你看，如果婚姻出了問題，男人往往會拍拍屁股走人，另組個新家庭，把舊的人生拋諸腦後。可是女人會咬緊牙關，堅持到最後。這也是為什麼這家店是我們姊妹在經營的原因。

問：妳喜歡這份工作嗎？

答：喜歡。我媽媽如果還在，一定會替我感到驕傲。但我不希望我的孩子選擇這條路。

問：妳還能這樣撐多久？

答：我會做到上帝要我停手為止。我不想做別的工作，這就是我的使命。上帝每天賜予我力量，讓我能夠繼續做下去；等到祂說該停了，我才會停下來。

我問辛西雅能不能給我一個擁抱，她從櫃檯後面走了出來。她身材魁梧，抱起來讓人感覺相當踏實真切。接著她用平靜但無庸置疑的語氣對我說：「和你聊天很愉快，但我現在必須去打掃了。」她轉身離開，但就在要進廚房之前，她猛然轉過頭對我說：「還有，別忘了把那盒章魚帶回去。」

───●───

莎拉和我站在戴維斯餐館門前的街上，準備道別。陽光燦爛，光線卻顯得憂鬱黯淡。對一個兩天前才認識的人說我會想念她，對我來說有點彆扭，所以我沒有說出口。她還得趕著去下一場採訪，於是匆匆離去。

我開車離開蒙哥馬利時，順道去了普拉特維爾（Prattville）的鬆餅屋（Waffle House），一位會唱歌的服務生使得這間店聲名大噪，她的名字叫薇勒麗（Valerie）。我點了一碗辣肉醬和一份淋了融化起司且蓋滿炒洋蔥的薯餅[1]。薇勒麗的女兒也在這裡工作，店裡的員工都是女性。薇勒麗站在煎臺前，一邊翻動煎臺上的食物，一邊高唱經典搖滾曲目，還會即興改編歌詞，把鬆餅和雞蛋融入旋律之中。

她的嗓音低沉渾厚，充滿靈魂樂的韻味，整個人散發難以抵擋的活力，讓人很難想像她能在整個排班時段都如此朝氣蓬勃。

我問她是從什麼時候開始唱歌的。她說，那是她某次值大夜班的事；當時有一群喝醉的男人眼看著就要打起來，情急之下她開始唱歌，想要緩和氣氛，結果竟然真的奏效了。從那之後，她就一直唱到現在。

我坐在吧檯旁，身邊是一位坐輪椅的老牛仔；隔壁的沙發座坐著一對年輕夫妻，他們的孩子躺在嬰兒車裡。坐在對面的一名男子與薇勒麗你來我往地鬥著嘴，顯然是這裡的常客。顧客陸續進門，和店裡的人打招呼，櫃檯後方的女人們似乎認識每一個上門的客人。我在那裡待了一個小時，和店裡的每個人都聊了一會。他們問我都在做些什麼，然後祝我好運。薇勒麗的女兒今天提早下班，因為她得去上課。她離開時，大家紛紛向她揮手道別。就在這時，薇勒麗又放聲高歌，我一聽到歌詞，就認出是惠妮・休斯頓（Whitney Houston）的歌。

———・———

我每次造訪新的地方時，總是試著保持開放的心態，但其實我

1　原文「smothered and covered」是鬆餅屋特有的點餐術語，smothered 是指撒上炒洋蔥，covered 是加上起司。

在出發前,腦海裡早已構思好我想講述的故事。我希望這些故事能夠完美無缺,希望最終的結果能完全符合我的預設。但事實鮮少如我所願。在這家鬆餅屋——它甚至是間連鎖餐廳——裡,我反而找到了原先應該在那些韓國餐廳裡找到的東西。每個來這裡的人都是有原因的,不只是為了薇勒麗,也為了這裡的美食、為了社交的溫暖、為了那份親密感。我並不希望自己是在一家開在殼牌(Shell)加油站旁、對面是麥當勞的連鎖餐廳裡才能找到這種歸屬感,但或許這就是美國文化的現狀。我可以這輩子都去米其林星級餐廳用餐,或者,我可以選擇像這樣的地方,將它們納入我對美國飲食文化更深層的理解裡。我希望莎拉也在這裡,這樣我們就可以好好辯論一番。我有太多應該開口問她,卻欲言又止的問題。我所收集的這些遺憾,可以填滿一整個房間。

2014 年,莎拉為全國公共廣播電臺(NPR)製作了一篇報導,講述一位攝影師邀請兩位素昧平生的路人一起擺姿勢合照的計畫。報導內容引人入勝,那些照片既豐富又令人難忘。兩個隨機選擇的陌生人相擁合影,再各自回到自己的生活;兩人之間唯一的聯繫,就是這張被捕捉下來的瞬間。然而,照片裡的許多人看起來彷彿是真的擁有某種聯繫。莎拉說,她能在這些陌生人之間看到真實的親密感,儘管她知道這只是短暫的一種想像,這種情感連結其實並不存在。但我也看見了。所有看過這些照片的人都能一目瞭然。或許,是因為我們渴望看見,我們想要相信,即使只有一瞬間,也能存在親密感。我重聽了很多次這則 NPR 的報導,每一次,它都會使我笑

逐顏開。也許是因為在現實世界中難以尋覓的東西，居然能輕易存在於一張虛構裡。而這就足以支撐我繼續前行。

　　對我來說，找到靈魂料理和韓國料理的共通之處很容易，這幾乎是我的第二天性。我發現它們的步調很相似，都講求樸實與節儉。許多食材也相通：豬腳、高麗菜、番薯、花生。韓國料理著重發酵，靈魂料理則講究低烹慢煮。然而，無論烹飪方式為何，兩者最後喚起的情感卻是殊途同歸。我最喜歡的就是將低烹慢煮的烹飪技巧與發酵食材互相結合。對我來說，這是我能想像出最完美的料理——因為它同時擁有兩種我最深愛的飲食文化的精華，珠聯璧合，相得益彰。

炒章魚

這道炒章魚是韓國餐廳的經典菜色。章魚需要快速翻炒至恰好熟透,使其口感彈牙但仍然鮮嫩。如果炒的時間過久,章魚會變得如蠟般韌硬,難以咀嚼。在開始烹調前,請先完成所有食材的備料。使用大型平底鍋或炒鍋,以高溫加熱至鍋面發燙,如此一來才能炒出最佳風味。

分量:4人份前菜

韓式辣醬
- 醬油　3大匙
- 韓式辣椒醬　2½大匙
- 烤芝麻油　2大匙
- 新鮮檸檬汁　2大匙
- 魚露　2小匙
- 韓式辣椒粉(Gochugaru)或其他辣椒粉　1大匙
- 大蒜(切碎)　5瓣
- 糖　1大匙

- 章魚(洗淨,約900公克)1隻

- 植物油　3大匙
- 烤芝麻油　1大匙
- 大蒜(切碎)　1瓣
- 紅蘿蔔(切薄片)　1根
- 洋蔥(中型切薄片)　½顆
- 墨西哥辣椒(去籽切片)2根
- 紅甜椒(去籽切細條)　1顆
- 花菇(去蒂切薄片)　4朵
- 烤芝麻(裝飾用)　1大匙
- 蔥(切絲,裝飾用)　2根

製作醬料

取一小碗，混合醬油、韓式辣椒醬、烤芝麻油、檸檬汁、魚露、韓式辣椒粉、蒜末、糖後拌勻備用。

料理章魚

1. 用冷水將章魚沖洗乾淨，將章魚腳與頭部分開。章魚腳切成約 5 公分長的段，章魚頭切小塊。用廚房紙巾擦乾水分，備用。
2. 取一大平底鍋或炒鍋，倒入一半的植物油加熱。待油冒煙時，加入章魚翻炒 1 分鐘，從鍋中取出，置於盤中備用。
3. 在鍋中倒入剩下的植物油和芝麻油，加熱至高溫。加入蒜末、紅蘿蔔、洋蔥、墨西哥辣椒、紅甜椒和花菇，翻炒 4～5 分鐘至蔬菜變軟且微微上色但未焦化的程度。加入②的章魚和韓式辣醬，繼續翻炒 2～3 分鐘。若醬汁太濃稠，可以加入 1 大匙的水調整。
4. 將炒好的章魚盛入盤中，撒上芝麻和青蔥絲作為裝飾。趁熱上桌。

鹽烤番薯

番薯是一種根莖類蔬菜，無論在韓國料理還是靈魂料理中都備受喜愛。我熱中於尋找兩種文化之間的交集，透過融合雙邊的技法與風味，創造獨特的料理。對我而言，這道食譜正是兩者的完美結合——用香濃奶油烘烤的番薯，搭配韓國風味的調料。這道菜使用了炒章魚（見P218）的炒醬，並將韓式烤排骨的醃料轉化為調味奶油。韓式烤排奶油（Kalbi Butter）最好提前準備，甚至可以前一天製作，好讓風味充分融合。

分量：4人份的前菜或配菜

- 番薯（洗淨） 4條
- 玉米油 ¼杯
- 海鹽 適量
- 韓式辣醬（見P219） ¼杯
- 烤排風味奶油（軟化） 約6大匙（食譜後附）
- 蔥花（裝飾用） 適量

1 將烤箱預熱至190°C。

2 將番薯放在盤子上，均勻塗抹玉米油，滾上一層海鹽。

3 用鋁箔紙包裹每顆番薯，放在烤架上。烘烤1小時或至番薯變軟。烤好後取出，靜置約5分鐘放涼。

4 拆開鋁箔紙，將番薯移到盤中。用小刀在番薯表面劃一刀，手輕壓番薯兩端，擴大裂口。在番薯上放 1 小匙韓式辣醬、1 大匙韓式烤排風味奶油，撒上蔥花，趁熱上桌；奶油將會慢慢融入番薯，增添風味。

搭配 韓式烤排風味奶油

分量：約 4 杯

- 醬油　¾ 杯
- 細砂糖　¼ 杯
- 紅糖　2 大匙
- 烤芝麻油　2 大匙
- 大蒜（切碎）　6 瓣

- 新鮮薑末　3 大匙
- 蔥末　3 根
- 韓式辣椒粉（Gochugaru）或其他辣椒粉　2 小匙
- 無鹽奶油（軟化）　約 900 克

1 取一中型鍋，加入醬油、細砂糖、紅糖和烤芝麻油，加熱至沸騰，過程中輕輕攪拌使糖完全溶解。煮沸 3 分鐘後，關火放涼至室溫（但切勿過於低溫）。

2 將大蒜、薑、蔥末和韓式辣椒粉放入食物調理機，攪打均勻成糊狀。調理機持續運轉途中，加入軟化的無鹽奶油再次攪拌至完全混合。接著慢慢倒入①的醬汁，持續攪拌至充分融合，形成風味奶油。

3 將製作好的奶油移至有蓋容器，放入冰箱冷藏至少 1 小時，直到徹底冷卻。這款奶油可以提前一天製作，增加濃郁風味。

CHAPTER 9

斯門的學問

$\underset{}{\text{我}}$對白蛤披薩朝思暮想。細小的蒜粒、乾燥奧勒岡、剁碎的新鮮蛤蜊肉,再撒上一大把足以塞滿小孩子拳頭的刨絲佩科里諾羊奶乾酪(pecorino),鋪在焦香酥脆、微微膨起的溫熱麵皮上。最先撲鼻而來的會是鹹鮮的蒸氣;淋上一點橄欖油,讓整個披薩熠熠閃亮。我每次去康乃狄克州,都會暴食跟我體重差不多分量的白蛤披薩。

・・・

今天下雪了。一場密集而無聲的降雪,讓世界彷彿萬籟俱寂。我正驅車前往韋斯特波特(Westport),一個高檔的郊區小鎮,以其安詳恬靜的家庭生活聞名,而非美食。但在附近的費爾菲爾德(Fairfield)有一家法蘭克・佩佩披薩店(Frank Pepe pizzeria),雖然大家都說它不如位於紐哈芬(New Haven)的本店那麼優質,但我相信應該也表現不俗。人們總說續集永遠比不上第一集。雪下得厚重又濕冷,讓高速公路上的車速降到了令人沮喪的時速六十四公里。我的擋風玻璃邊緣都結霜了。我雖然滿腦子都是披薩,心裡卻惦記著摩洛哥。我是為了斯門(smen)而來。

斯門是一種長時間發酵的奶油,實質上來說,它在美國屬於違

禁品[1]，因此無法在一般的美食專賣店買到。我曾尋找過斯門的黑市交易，但徒勞無功；我也曾在摩洛哥餐廳對服務生拋出暗示的眼神，想讓他們知道我願意出高價來換取一嘗其味的機會。我甚至試著在家自製，但關於斯門的資料少之又少。直到最近，有位寫部落格的朋友幫我牽線，介紹我認識一名曾參加某場在韋斯特波特舉辦的私人晚宴的座上賓；那場晚宴的主人，是一位剛移居美國的年輕摩洛哥女性。幾封電子郵件往來後，我認識了阿瑪（Amal）。阿瑪來自馬拉喀什（Marrakesh），來到美國才六個月，目前與哥哥同住，據說她的廚藝非常出色。又經過了幾封郵件聯繫，我終於獲邀前往她家。她向我保證會教我如何製作斯門；她告訴我，這是每個摩洛哥家庭的古老傳統。而我早就深知這一點；我曾與一位摩洛哥籍廚師共事，也是從那時起，我便對斯門念念不忘。

我早期在專業廚房工作的經驗之一，是在紐約市東村一家時髦的法式摩洛哥餐廳。當時，我的老闆是法蘭克‧克里斯波（Frank Crispo）。法蘭克來自費城，是一位務實嚴肅的藍領廚師，性格直來直往。他腦袋裡彷彿存放著一本西式料理百科全書，從法國、義大利、西班牙，甚至部分的德國經典菜系，他都瞭若指掌。他做菜時，既有公牛般的憤怒氣勢，又帶著芭蕾舞者般的細膩優雅。法蘭克教會我如何在廚房的料理線上爭取一席之地。他讓我明白，想要拔得頭籌別無他法，就是比身邊的人更努力。「比任何人提早一小時來，再比任何人晚一小時離開。」這類話，法蘭克幾乎天天掛在嘴邊。

餐廳盛大開幕前，老闆從摩洛哥聘請了一對夫妻檔來教我們製

作摩洛哥料理。他們是來自費茲（Fez）的廚師，兩人雖然外表俊美又時髦，但卻是從早吵到晚。廚房本來就已經夠紛亂喧鬧了，他們的爭吵更是讓整個空間沸反盈天。一開始，她會低聲嘟噥幾句，他便隨即用尖銳的語氣反擊。然後，態勢迅速升級成厲聲的爭執——她舉起手指，每說一句刻薄的言語，手指就猛然一揮；他則會聳著肩，發出帶著鼻音的無奈呻吟。老公叫做班（Ben），但我已經不記得他老婆的名字了。有時，在他們吵得最不可開交的時候，班會突然轉過頭來看我，露出一抹嘲諷的笑容。我們這些在廚房裡的員工一句摩洛哥話都聽不懂，所以根本無從得知他們的爭吵到底有多嚴重。「這就只是滿腔熱情，」班後來會這樣對我說。「我愛她，但她太強勢了。」

當時我還只是個年輕的助理廚師（commis），也就是初級廚師（junior chef），每週日（我唯一的休假日）都要負責招待他們，帶他們觀光、購物，做他們想做的任何事。一天早上，我們走到雙子星大樓，才發現班認為花錢參觀建築物的頂樓觀景臺是有道德瑕疵的。「我買張明信片就好。」他不停重複這句話。於是我們走回餐廳，一路上他妻子都在數落他，足足罵了三十個街區。

班和我在用蹩腳英語勉強湊合著交流之下，漸漸成了朋友。我

1　斯門在美國屬於違禁品，主要是因為其發酵過程和衛生安全問題。由於斯門的發酵過程較長，需要一定的技術和經驗，若操作不當，容易產生有害物質。美國食品法規對於乳製品的生產和銷售有嚴格規定，而斯門的製作過程和儲存方式可能不符合這些標準。

開始期待我們一起度過的星期天。有一次，趁他妻子跑去購物時，我和班一起散步。他喜歡散步。他個子高大，性情溫和，灰白的頭髮讓他看起來多一分睿智。但他總是沉默寡言——我認為，當他妻子在身邊時，他會變得過於膽怯，不敢和我多說話。我帶他去了卡茲熟食店（Katz's Deli）和羅斯父女熟食店（Russ and Daughters），這些地方是他太太不會允許他去的。我們找了附近的遊樂場坐下，拆開手中的粗鹽醃牛肉（corned beef）三明治、塗了蔥花奶油乳酪的香料煙燻鮭魚（pastrami salmon）貝果，還有兩種不同口味的可頌餅乾[2]。班喜歡看著小孩在我們身邊活蹦亂跳地尖叫。他絲毫不介意那些刺耳的鬼哭神號。他們沒有孩子，而我覺得，這件事或許比世上任何事都還要讓他感到悲傷。然後，他告訴我，他教我的那些摩洛哥料理其實是做給遊客吃的，根本稱不上真正的摩洛哥菜；那是餐廳老闆想要的版本。我對此震驚不已。整整一個月的時間我每天埋頭苦幹，捲著布里瓦特[3]和貝斯蒂亞[4]，費心調製不同版本的恰摩拉[5]，甚至小心翼翼保護著那一大桶五加侖的摩洛哥辣醬（harissa），因為幾乎每道菜都會加上這種醬料。我一直以為自己在學習真正的摩洛哥料理。我覺得自己遭到背信忘義地對待。他怎麼能如此輕描淡寫帶過這件事？而且，為什麼要告訴我？他大可選擇守口如瓶，安安穩穩待到合約結束，而不是澆熄一個年輕廚師的熱情。

「你需要真正的香料，摩洛哥綜合香料[6]，」他壓低聲音對我說，彷彿在交換祕密。「還有，你需要斯門。」

那天午餐時，他告訴我這種神祕的奶油，據說它能替任何接觸

到的料理奇蹟般地提升風味。「它可以保存很多年。」他說。他家裡就有一罐已經放了五年的斯門。「這就是摩洛哥的味道。」他說。我不曾耳聞過這樣的東西。他一邊吃著香料煙燻鮭魚，一邊斷斷續續地告訴我製作方法。他每說幾句話就停下來咬一口鮭魚，然後閉上眼睛，任憑思緒遠走高飛；每次停頓，我就得提醒他剛才的斷點。我隨手在一張收據背面記下所有細節。我問他，晚點能不能在廚房裡示範一次。他搖搖頭，彷彿在說：其他人最好還是對這段對話一概不知為妙。然後，他把剩下的半個粗鹽醃牛肉三明治包起來，塞進圍裙口袋裡。從那天下午之後，他幾乎不再跟我多說話。到了月底，他和妻子便返回摩洛哥。我們曾相約保持聯絡，但卻無疾而終。後來，我弄丟了那張收據，而在接下來的數年時間，我始終想不起當天在東村那片充滿孩子尖叫聲的人群中，我們談論的那種奶油的名字。

・

2　rugelach，一種猶太點心，由酸奶油或奶油乳酪麵團製成，可搭配肉製品或在食用肉製品後再吃。

3　braewat，一種可甜可鹹的摩洛哥點心，通常以薄如紙的麵皮包裹餡料，呈三角形或圓柱形。餡料可以是雞、羊、魚蝦，混合起司、檸檬和胡椒，也可能是杏仁或花生醬，然後油炸或烘烤，再撒上香草、香料，有時還會撒上糖粉。

4　bisteeya，摩洛哥的甜鹹派，傳統上以鴿肉、杏仁、香料、香草和雞蛋製成，外層包裹酥脆的菲洛派皮（phyllo）。

5　chermoula，一種北非複合香料。

6　ras el hanout，源自北非，意為「鎮店之寶」，即混合了店家所能提供的招牌香料。這款綜合香料沒有固定配方，每家店或每個家庭都有其獨特作法。

阿瑪的家位於一條死巷盡頭，連接巷口的街道看起來相當不起眼。韋斯特波特是一座寧靜且富裕的家庭小鎮。這裡的房子大多是殖民時期風格的建築，配有雙車位車庫和乾淨整潔的車道。積雪讓每棟房子看起來像一張完美的新英格蘭郊區明信片。阿瑪立刻來應門。她個性活潑健談，熱情洋溢，迫不及待地想向我展示她的食譜。雖然她已經擁有經濟學學位，但仍希望進入美國的大學，尤其是去紐約市讀書。她告訴我，韋斯特波特的生活步調對她來說有點太慢了。她二十六歲，是個謙遜虔誠的女性，不想讓總是掛心她、遠在馬拉喀什的父母失望。她的嗓音溫和輕柔，英語流利得幾乎無可挑剔。我問她如何這麼快就學會英語，「我是看電影學的，」她說。小時候，她會反覆重播好萊塢電影，直到能完整複述每一句臺詞為止。

我請她談談在馬拉喀什的生活。

「大家每天都和家人朋友聚在一起吃飯。漫步在市集間，你會聞到空氣中瀰漫著香料的氣息。放眼望去，映入眼簾的盡是繽紛色彩，讓人聯想到大自然。你會在咖啡館裡喝薄荷茶，一聊就是一整天，直到夕陽西下。吃飯是一種慶祝，是與眾人共享的時刻。而在美國，大家都各自吃自己的飯，感覺好孤單。」她微笑，像是在淡化這句話帶來的負面感受。

我提醒她，韋斯特波特並不代表整個美國。

「在摩洛哥，」她告訴我，「你永遠不會孤單，因為笑聲俯拾皆是。」阿瑪在家中排行老九，是最年幼，同時也是最有冒險精神的那一個孩子。她說這些話的時候，我的目光跨越她望向窗外——

被白雪覆蓋的樹木，空蕩蕩的庭院彷彿杳無人跡。我們一起凝視這片孤寂的景象，然後，她突然沮喪地脫口而出：「我好想念馬拉喀什。」但話音剛落，她便迅速恢復原本活潑的神情，並告訴我對她來說，至少現在，成為美國人才是最重要的。

　　任何學習過程的第一步都是模仿。阿瑪就是這樣學會英語，我也是這樣學會烹飪。有了網路和食譜，我們彷彿可以只靠閱讀和觀察無師自通。但廚房裡仍然存在一些奧祕，比如酸種麵包或可頌，那些是你無法單靠一套步驟就能掌握的功夫。斯門就屬於這一類的食物，無法用語言解釋所有細微的差別。它的製作過程雖然簡單，但關鍵全在手感——它有一種專屬節奏，一種只能透過不斷重複練習才能習得的動作。然而，並不是每個人身邊都有摩洛哥朋友可以請教。

　　以下是我對阿瑪製作斯門過程的描述。這是一種試圖用文字捕捉某種本質上難以言喻之事物的嘗試。

　　阿瑪拿起一個小鍋，隨意倒入大約三杯的自來水，沒有特別斗量。她把鍋子放在發出輕微嘶嘶聲的瓦斯爐上，煮到鍋裡的水微滾。她打開一個裝有乾燥百里香葉的玻璃罐，舀了大約三大匙放進鍋裡。她看了看比例後，又大方地抓了一把丟下去，分量相當可觀。隨著水慢慢沸騰，廚房裡開始瀰漫一股溼潤、充滿草本氣息的大地芬芳。百里香在少量使用時，氣味是輕盈且鮮綠的清香；但這麼大量的百里香，會使氣味變得濃烈且具有單寧酸感，直衝鼻腔。我感覺自己是第一次聞到百里香真正的味道。

十五分鐘後，她把液體過濾到一個淺碗裡，並將煮過的葉子丟棄。她舀了一小口放進嘴裡，嘗嘗味道是否合適。接著，她把碗移到一旁，讓液體冷卻到可以揉進奶油，又不至於讓奶油融化的溫度；但溫度也不能太低，否則奶油會過硬，她覺得這樣的質地對她的雙手來說「不太友善」。

在一個大的陶瓷碗裡，她放入六條無鹽奶油——它們已經靜待了一整個早晨，就為了在此刻被觸碰。她朝碗裡倒入兩杯冷水，然後伸入雙手，開始揉捏奶油和水。她把這個步驟稱為「洗滌」。她讓奶油穿梭於指縫間，動作緩慢而有條不紊。這個過程的目的是清洗奶油，去除製作奶油時殘留的乳質雜質，使其更加純淨。隨著她不斷搓揉，水也逐漸變得渾濁。她的手掌握緊又放鬆，彷彿一支排練已久的古老舞蹈。當水已經濁不見底時，她把水倒入水槽，再加入少許乾淨的水，然後重複這個過程。

阿瑪跟我聊著馬拉喀什的生活，說起她的表親和朋友們。每當有趣的回憶湧上心頭時，她會停下來，靜靜享受那一刻。水再次變得渾濁。她重複這個洗滌過程三次，直到水保持清澈，才將它全部瀝出。接著，她倒入一半已經冷卻至室溫的百里香液。她用掌根壓平奶油，來回推抹，讓百里香液均勻接觸奶油表面，但不讓它完全乳化進去。看著阿瑪的雙手，就像用慢動作看著一位揉製麵團的麵包師傅。她的動作順滑、流暢，帶著令人沉醉的律動。大約十分鐘後，她把百里香液瀝乾。這時，她才加入鹽——看起來約三大匙；在我看來，這個分量似乎太多了。她輕柔但堅定地將鹽推入柔軟的奶油中。我們嘗了一口——太鹹了，但阿瑪說這樣剛剛好。接著，

她把剩餘的百里香液加入奶油中，將奶油壓平，並用保鮮膜封住。她告訴我要讓它在室溫下靜置至少四個小時，最好可以過夜。

　　在等待的同時，阿瑪向我展示她家人的照片。照片有點模糊，裡面的人們穿著鮮豔的服裝，面帶笑容，旁邊永遠擺著食物。翻看這些照片的同時，我們也開始準備即將一起烹調的食材。

　　斯門準備好後，阿瑪瀝出百里香液，選了一個足以容納所有奶油的乾淨玻璃罐。她用右手抓起一小把奶油，擠出裡面最後幾滴殘留的水分，壓進罐子裡。接著，她再度抓起另一小把奶油，仔細填入罐子的角落。這個動作重複了大約十五次，直到奶油完全填滿罐口。最後，她在奶油上鋪了一層小圓形的乾酪布[7]，然後旋緊蓋子，並將罐子外側擦拭乾淨。斯門大功告成。她把罐子放進櫥櫃深處，告訴我三十天後就可以食用，但其實你想放多久都可以。這，就是斯門。

────── ● ──────

　　我還記得自己首度走進那間法式摩洛哥餐廳廚房的那天。法蘭克問我會不會做巧克力慕斯蛋糕。我硬著頭皮說會，因為我不敢讓

---

[7] 一種編織鬆散的紗布狀梳理棉布，主要用於製作乳酪和烹飪。這種布料上的孔洞夠大，可以讓液體（如乳清）快速滲透；但又夠小，可以留住固體。

他失望。當時,哈梅(Jaime)正在我旁邊的料理臺切韭蔥,他是厄瓜多人,也是法蘭克的得力助手,已經在他底下工作五年。他們之間有種無聲的默契,彼此配合得天衣無縫。等到法蘭克一離開廚房,我便趕緊開始準備巧克力慕斯蛋糕的食材、器具與配備(mise en place)[8]:巧克力豆、雞蛋、鮮奶油、糖——我只知道這些。至於該從何著手,我毫無頭緒。於是我問哈梅,他喜歡在巧克力慕斯裡放些什麼。

「你必須先融化巧克力啊,老兄。」

「對啊,當然,我知道啦,我只是想看看你是不是也這麼做。」

幾輪問答過後,哈梅已經確定我根本不知道自己在幹麼。我每做一個步驟,他就翻個白眼,然後示範一個新的技巧給我看。我跟著哈梅的每一個動作,從把蛋白打發成蛋白霜,到把鮮奶油打成輕如雲朵的質地,再到以緩慢的八字形手法攪拌麵糊。他幾乎沒和我說話;根本不需要說話。廚房裡的團隊,不用言語也能溝通。當晚,蛋糕大受好評。法蘭克走進廚房向我道賀:「這個食譜不錯啊。」他故意大聲嚷嚷,讓所有人都能聽見。我一陣尷尬。「記得把食譜給哈梅,」他接著說。「我可不覺得他能做出這麼好的慕斯。」我當場啞口無言。法蘭克朝哈梅眨了眨眼,哈梅輕笑了一聲,手裡還拿著刀。我心虛又識相地溜走。這就是法蘭克的作風,他不會直接告訴你錯到哪裡,他會讓你親手挖好自己的墳墓。

——●——

在阿瑪教我她的家傳食譜之前，她拿出一罐從摩洛哥帶回來的斯門。這罐發酵奶油已經存放大約八個月，散發著一種宛如舊皮革書包的氣味。我問她，斯門是否可以用百里香以外的香料來調味。「不行，」她說。「這就是唯一的作法，這是傳統。」但我的思緒卻飄向其他可能的風味：羅勒、紅胡椒粒、玉米芯……這就是我們之間的差異。她擁有一套傳統，而我沒有。我羨慕她對自身傳統的信念與自信，但我知道，我無法成為她。也許身為美國人，有一部分的意義就在於鬆開那些將我們與傳統互相捆綁的錨，讓自己迷失在未知的身分之海。或許，隨著我們看過的好萊塢電影越來越多，就越來越容易失去與某種古老虔誠的文化之間的連結。或許，正是這種衝突，才能定義我們是誰。

　　阿瑪告訴我，她母親有一罐保存了三十多年的斯門。她不准任何人碰它，甚至也沒有人知道她把它藏在哪裡。當你生病時，她會在你的胸口抹一點斯門，或者輕輕塗在你腫脹的腳踝上。阿瑪談起這罐斯門時，帶著有如孩童般的驚奇。我無法想像有什麼東西能被保存這麼久。我問她，那聞起來，以及嘗起來，究竟是什麼味道。「難以言喻。」她告訴我。

　　阿瑪教我一道她稱為摩洛哥烤雞（djaj mhamer）的菜，首先用薑粉、薑黃、番紅花、新鮮大蒜和切碎的醃漬檸檬替雞腿調味。接

8　這是法式烹飪術語，意思是「各就各位」或「收集」。簡單來說，就是把所有需要的食材和工具都準備好，放在手邊，以便烹飪時可以快速取用。

著把它們一起放入燉鍋中，燉煮約一小時。香料的氣息撲鼻，令人陶醉。她的櫥櫃裡放著她從摩洛哥帶過來的香料罐：小茴香氣味濃郁且帶有油脂感，薑黃只要輕輕一碰就會滲入我的指尖，甚至連黑胡椒都帶有一種額外的刺激，喚醒我的神經。她小心翼翼地打開一條絲巾，向我展示一個裝有番紅花的小瓶子。阿瑪清楚記得瓶中有多少根番紅花絲，每次使用時都會再一根一根地數過一遍。當香料用完時，她只能在當地超市購買替代品；她不得不多加一些，因為味道就是難以媲美。在雞肉燉煮時，她加入一小匙斯門。「這樣就夠了，」她說。它賦予這道菜一種魂牽夢縈的風味，讓她的思鄉之情油然而生。斯門成為香料與醃漬檸檬間的橋梁，使任何單一食材的味道不會過度突兀，反而和諧地水乳交融。雞肉本身倒是其次，我真正想浸淫其中的，是醬汁。

  接下來我們做的菜更加出色：李子乾燉肉（lham bel barekouk）——以黑胡椒、薑粉、薑黃、肉桂和斯門燉煮的薄切牛肩肉，最上層還會鋪上用水、醋和香料泡發的李子乾和杏桃乾，然後撒上香氣四溢的炸杏仁完美收尾。這道料理口感細膩，視覺上五彩繽紛，像一幅水彩畫。這道菜受到的「法式」影響顯而易見，但味道卻又明顯是摩洛哥風味。

  「法國人喜歡甜鹹結合，」阿瑪說。「這種口味我們也很喜歡。」
  這道李子乾燉肉通常會搭配庫斯庫斯[9]一起享用。阿瑪泡了一壺薄荷茶，然後隆重地將茶從高處倒入一只杯身鑲飾著精緻葉紋金邊的小茶杯中。

鄰居的女士們也來了，她們將肩上的雪花拍落。克勞蒂亞（Claudia）是阿瑪的嫂子，來自巴拉圭；蘿拉（Laura）來自紐約市；蘇珊（Susan）則是委內瑞拉人，但她已經在韋斯特波特定居超過十年。我一直很享受與阿瑪共度的寧靜時光，但顯然，這場聚會正逐漸變成一場晚宴。克勞蒂亞調製了桃子瑪格麗特，播放著泰勒絲（Taylor Swift）的歌曲。她們輪流詢問我的來歷。這些女士對阿瑪呵護有加，像照顧自己女兒般守護著她，也對她的料理愛不釋手。

　　我們啜飲雞尾酒時，我詢問她們是否已經讓阿瑪嘗過白蛤披薩。她們的答案是還沒，我失望地搖了搖頭。這些女士們肩負引導阿瑪融入美國文化的重任，卻一直沒有讓她品嘗過我們最偉大的國寶之一。晚餐前還有時間可以吃點心，所以我們向法蘭克·佩佩披薩店點了一份大披薩。克勞蒂亞自告奮勇去取餐。

　　法蘭克·佩佩是紐哈芬歷史最悠久的披薩店。創辦人法蘭克·佩佩來自義大利阿瑪菲海岸（Amalfi Coast）的馬約里（Maiori），十六歲時移民美國，當時他一句英語也不會說。1925 年，他在紐哈芬開了一間烘焙坊，據說，他最早是用剩餘的麵團來製作披薩。結果，他的披薩大受歡迎。到了 1936 年，他買下隔壁的房子，和妻子菲洛梅娜（Filomena）一起正式開了一間披薩店。他們還供應半殼[10]的羅德島（Rhode Island）蛤蜊，當時這種蛤蜊數量充足，且價格低

9　couscous 俗稱北非小米，是西非馬格里布地區柏柏爾人（Berber）的傳統糧食。

廉;在紐哈芬的小巷裡,隨處可見販售現剖蛤蜊的攤車。關於白蛤披薩的起源有許多版本,其中一個來自法蘭克‧佩佩家族的第三代經營者蓋瑞‧比蒙特(Gary Bimonte)。蓋瑞告訴我,他的堂弟安東尼(Anthony)曾經認識一個名叫尼克‧德斯波特(Nick Desport)的賭徒,這位賭徒是披薩店的常客,每次光顧總會點蛤蜊來吃。某天,德斯波特隨口問法蘭克:「你為什麼不把這些蛤蜊放在披薩上?」法蘭克照做了;故事的結局,正如他們所說,歷史就此誕生。這個組合如今看來理所當然,卻在當時經歷過漫長的探索期:蛤蜊與披薩麵團結合的過程,就像兩種文化——以此為例的話,是義大利與新英格蘭——緩慢漸進地交融。我對此著迷。美國料理的演變總是在傳統與創新之間產生張力,而正是這種張力,造就了我們最渴望的美食。我們看見了離鄉背井與落地生根的交會點,也是在這樣的交會之中,那些真正定義我們身分的料理才能夠誕生。

　　克勞蒂亞一從披薩店回來,我們就迫不及待打開盒子,狼吞虎嚥。阿瑪三口就吃掉一片披薩。就像大家說的,這家分店的披薩確實不如紐哈芬本店那麼道地,但它畢竟還是白蛤披薩,這就夠讓我們開心了。爐子上的一個小鍋裡,阿瑪家的斯門正慢慢融化。我舀了一勺淋在披薩上,斯門迅速滲入帶著無煙煤燒痕的酥脆餅皮。披薩上的起司和斯門相得益彰。斯門那股濃烈的發酵味,讓蛤蜊多了一些原本沒有的狂野氣息。阿瑪看著我把她家珍貴的斯門不假思索地往披薩上倒,雖然臉上浮現一絲錯愕,但她最後不得不承認這個組合確實不錯。

「吃起來像摩洛哥風味的披薩。」阿瑪說。

像是拿坡里風味的康乃狄克摩洛哥披薩，我心想。

法蘭克・克里斯波在廚房裡教會了我許多事。他常說：「魚是從魚頭開始發臭的。」或是「永遠要用對待你母親的方式來對待你的顧客。」他有很多這樣的格言。他教會我一個萬無一失的法式奶油盅（pot de crème，一種法式卡士達）食譜，也教會我如何自重，並懂得自立。從許多角度來看，我們這些廚房野小孩踏入這行業是為了尋找一位主廚，卻往往找到一個如父親般的導師——或者說，一位人生導師。踏進法蘭克的廚房那天，我綁著一條長馬尾，塗著睫毛膏，腳踏軍靴；等到我離開時，我已經是一頭短髮，驕傲地穿著廚師服，再也不需要其他綴飾。我拋下了青少年時期對身分的模糊想像，從零開始，把自己交給法蘭克。他用自己的方式栽培我，讓我成為今天的我。就在上週，我要求新來的廚師去替我生出一把香芹取葉器，其他廚師都在竊笑；這一幕使我不禁想起了法蘭克。

阿瑪似乎對自己身分認同的立場相當堅定。「我可以嫁給任何人，但他必須是穆斯林。」她告訴我。她喜歡喬許・哈奈特（Josh Hartnett），那位好萊塢的夢幻男神。

「那妳會嫁給他嗎？」我問她。

「他得先成為穆斯林，」她咯咯笑著，光是想像這個畫面就覺

---

10 半殼（on the half shell）指的是將蛤蜊殼打開一半，連著殼一起端上桌。這種方式通常是生食，可以品嘗到蛤蜊最原始的鮮美滋味。

得有趣。

　　克勞蒂亞與阿瑪的哥哥有一個年幼的兒子，他幾乎不會說摩洛哥語。我問這些女士：「世代每更迭一回，我們會因此失去什麼？」她們似乎一致同意：語言通常是最先流失的，接著是對親戚與祖父母的記憶，然後是傳統，再來是對故鄉的思念，最終是身分認同。那麼，最後還剩下什麼呢？ 是婚禮儀式？還是幾張泛黃的老照片？對我來說，唯一留下的，是我們與食物的連結。飲食傳統是我們能夠緊握的最後一塊拼圖；它們已經超越了食譜的意義，反而更像是我們與那些賦予我們基因的佚名前人之間的聯繫。這就是為什麼傳統料理如此舉足輕重。那些世代相傳的故事、記憶與流傳已久的步驟與動作，替我們建構出自己的文化──失去這些，我們將成為迷途羔羊。

　　我們圍坐在餐桌旁，以摩洛哥傳統的方式享用盛宴，用雙手分享阿瑪精心烹煮的大碗佳餚。這些女士們都曾這樣用餐，她們熟知所有規矩。大家紛紛開口，熱心地向我解釋餐桌上的禮儀。

　　「與人同桌共食時，你吃得會比較少，」阿瑪告訴我。「和朋友一起吃，味道更好。用手抓著吃，味道更棒。」

　　摩洛哥餐桌上有許多規矩。首先，你只能用麵包夾取食物，絕不能直接動手；只能使用右手，左手不得觸碰食物；每個大碗中的食物大致分成不同區塊，你只能吃你面前的部分，絕不能伸手去拿別人的食物，也不能越界到別人的區域；絕對不能觸碰到旁人的手；

如果自己的那份吃完了，別人可以主動夾食物給你，但你不能直接從別人的區域拿走一塊肉；用手進食後，手指會變髒，但千萬不能舔舐手指後又把手伸回碗裡；如果碗裡剩下最後一口食物，必須先讓長輩享用；此外，絕不能讓盤子裡剩餘過多食物，因為這是一種浪費。

我們啜飲薄荷茶，談話聲逐漸變成喧鬧的笑聲，女士們聊著彼此的糗事，笑得合不攏嘴。

現在時間已經是傍晚。我玩得太盡興，於是不再做筆記。滑嫩的牛肉與甜美的李子乾融合得彷彿天生一對，我很訝異自己竟從未嘗過這樣的組合。我默默記下這種搭配，打算回家試試看。我們或許身處韋斯特波特而非馬拉喀什，但圍坐在餐桌前享受美食與談話所帶來的交流感是共通的。只要有人相聚的地方，這樣的場景便會發生。即便這座小鎮過於寂靜，被厚厚的積雪掩蓋，一張溫馨且香氣四溢的餐桌，仍讓我渴望再次回到這一刻。

我問阿瑪有沒有想過開餐廳。她說，那當然是她的夢想。「妳的料理非常獨特，」我告訴她。「我願意為了它長途跋涉。」她臉紅了。「也許有一天吧。」她回答。她說她一週會下廚三次，因為這樣能幫助她記住食物的味道。她做飯從不依賴食譜。斯門的味道仍然鮮明深刻地留在她的手中，她不想忘記；她製作斯門時，全憑肌肉記憶和手感。我問她能憑記憶做出多少道菜，她困惑地看著我。「我從來沒有數過。」她說。

我的餐廳裡有一本活頁夾，收集了我們創作的每一道食譜。有時我會翻閱它，數一數到底有多少道菜。對阿瑪而言，這個行為一

定很可笑吧。

我不禁思考，踏入餐飲業會對她造成什麼影響？會消磨她的身分認同嗎？還是她會像我當年在法蘭克的指導下那樣，在嚴格的訓練中發熱發光？她的餐廳能在這個由標準化流程主導的產業裡生存嗎？她對廚房編制（brigade）一無所知，不熟悉副主廚（sous chef），甚至沒用過旋風烤箱。但她真的需要知道這些嗎？當我們學會了流程、分量控制、標準化之後，我們會因此相對有所失去嗎？我們是否能夠透過雙手來維繫某些古老與現代並存的技藝？這些問題總讓我在夜裡輾轉反側。我來到阿瑪的家，是為了學習如何製作斯門，我很慶幸自己做到了。但我離開時，帶回的不只是學到的技藝，反而有更多的疑問。我也帶走了我們一起製作的那罐斯門，然而我卻無法抑制自己的渴望，想一嘗那罐藏在馬拉喀什的某個房間裡、歷經三十年熟成的斯門。

我現在三天兩頭就會作斯門。我的櫥櫃裡擺滿了一罐罐的斯門，冰箱深處也藏著幾罐。我試過許多不同的變化──迷迭香、牛膝草（hyssop），甚至波本威士忌（那次的結果美味極了）。我明白，把摩洛哥的傳統食譜與酒精結合或許是一種褻瀆，所以我不再稱它為斯門，而是稱其為「洗滌奶油」（washed butter）。這款波本洗滌奶油風味絕佳，適用於各種料理，從生蠔到烤蔬菜，都能兼容並蓄。早晨，抹在烤吐司上；晚上，淋在溫熱的普爾曼麵包[11]上，不論何時都能帶來驚喜。這款奶油會隨時間變得更加柔滑，但最終會如何熟成，只能靜觀其變。而在此之前，我仍然珍藏著阿瑪與我一起製

作的那罐斯門。這罐斯門對我意義非凡，也許，我該像她母親一樣，讓它放個三十年。

11　Pullman bread 或譯為帶蓋吐司條，一種在長條狀的帶蓋烤盤裡烘烤完成的麵包。

番紅花烤蛤蜊

鹹鮮的烤蛤蜊與波本洗滌奶油（bourbon-washed butter）是天作之合。除了使用這次的熟成奶油，蛤蜊也只需要一小撮番紅花，就能向這款奶油的起源地摩洛哥致意。

這款波本洗滌奶油是我從阿瑪那裡學來的傳統斯門的變化版。它是一種讓奶油熟成的方法，得以使奶油發展出微妙的發酵風味，同時帶有波本的煙燻氣息。熟成的過程很簡單，但需要時間：將洗滌奶油存放在密封容器中，然後靜置於櫥櫃或其他陰涼無光照的地方，至少十五天。不過，這只是起點——如果製作得宜，沒有多餘的水分或氣泡導致奶油變質，熟成時間可以延長至一年，甚至更久。我會建議熟成約兩個月，如此一來，風味會帶有明顯的發酵感，又不會過於濃烈。

分量：4人份前菜

- 岩鹽
- 櫻石蛤（洗淨） 12顆
- 波本洗滌奶油 ¼杯（食譜後附）
- 帕瑪森起司（磨碎） 3大匙
- 番紅花絲 12根
- 檸檬角（佐料用）

1. 烤箱預熱至 230°C。在烤盤上鋪上一層岩鹽後放上櫻石蛤。
2. 將蛤蜊放入烤箱，烘烤約 5 分鐘，至上下殼些微打開。從烤箱取出，小心移除上殼並丟棄。
3. 將蛤蜊放回岩鹽上。每顆蛤蜊淋上一些波本洗滌奶油，再撒上 1 小匙帕瑪森起司，最後點綴 1 根番紅花絲。將蛤蜊放回烤箱，加熱約 90 秒，直到奶油與起司融化。趁熱享用，可佐以檸檬角搭配。

― 搭配 波本洗滌奶油 ―

分量：約 907 公克

- 波本威士忌（建議 5 年熟成）1 公升
- 糖　1 大匙
- 無鹽奶油　約 907 公克
- 鹽　4 小匙

1. 取一大型深鍋倒入波本威士忌與糖，以中火加熱至微滾，讓酒液慢慢濃縮至約 2 杯的分量。在此過程中，酒精可能會燃燒，請準備一個可緊密貼合的鍋蓋備用，以防意外。切勿探頭往鍋內查看。如果酒液燃燒起來，立即蓋上鍋蓋以熄滅火焰；火熄滅後，必須馬上掀開鍋蓋，避免鍋內壓力累積，否則再次掀開鍋蓋時，可能導致酒精重燃。如果酒液在一開始就燃燒，請降低火力慢慢燉煮，避免燃燒過於劇烈。整個過程約需 15～20 分鐘。待酒液濃縮完成後倒入大碗，放入冰箱冷卻，至手可以觸碰的溫度。

2 將奶油加入波本酒液後開始揉捏，用力按壓，讓酒液逐漸滲入奶油。這個過程需要持續約 10 分鐘，但請注意不要讓奶油過熱，否則會融化。如果發現奶油在手中變得太軟，可以在碗中加入幾顆冰塊，以保持適當的溫度繼續動作。當奶油達到理想狀態後，用保鮮膜封住碗口，於室溫下靜置 24 小時。

3 次日，瀝除波本液。在奶油中加入鹽後充分揉捏，使其均勻融合。接著，將奶油移到約 2 公升的玻璃罐內，在罐口覆蓋數層乾酪布，旋緊蓋子。讓奶油在室溫下的陰涼處熟成至少 15 天再使用（但建議 20 天，風味最佳）。如果製作得宜，這款奶油可以無限期保存。若散發出濃郁的發酵味，代表成功熟成。不過，奶油仍有可能變質；若聞起來有氨水味，表示失敗，應立即丟棄。開封後，奶油仍可繼續在冰箱中熟成，並可存放數月。

香煎肋眼牛排佐李子乾、杏仁與波本洗滌奶油

遇見阿瑪之前,我從未想過拿李子乾與牛肉搭配,如今卻對這個組合念念不忘。單獨食用時,李子乾的甜味可能會過於濃烈,但當它與醋和香料一同燉煮成醬汁後,會轉化出一種濃厚的大地氣息,讓牛肉的風味變得深邃而獨特。這樣的味道,甚至會讓你忘記自己正在吃牛肉。

分量:2人份主菜

- 肋眼牛排(10盎司) 2塊
- 鹽 適量
- 新鮮現磨黑胡椒 適量
- 芥花油 2大匙
- 洋蔥(切碎) ½杯
- 大蒜(切末) 2瓣
- 芫荽粉 1小匙
- 薑粉 ½小匙
- 肉桂粉 ¼小匙

- 雞高湯 2杯
- 蘋果醋 2小匙
- 去核李子乾 1杯
- 波本洗滌奶油 4小匙(見P243)
- 全杏仁 ¼杯
- 新鮮薄荷(切碎,裝飾用) 2小匙

1 修剪肋眼牛排上多餘的脂肪,並均勻撒上鹽與黑胡椒調味。將牛排靜置在室溫下30分鐘,同時準備醬汁。

2 取一大平底鍋,以大火加熱 1 大匙芥花油。加入洋蔥與大蒜,翻炒約 4 分鐘,不時攪拌,至洋蔥微微焦糖化。加入芫荽粉、薑粉與肉桂粉拌勻後繼續煮 2 分鐘,至聞到香氣。倒入雞高湯與蘋果醋,加熱至微滾。加入李子乾,蓋上鍋蓋,以小火燉煮 20 分鐘。

3 打開②的鍋蓋,繼續燉煮 10 分鐘,至醬汁收濃成輕柔的肉汁醬狀態。關火後,加入波本洗滌奶油,攪拌至完全融化。加入鹽與黑胡椒調味。保持醬汁溫熱備用。

4 在大平底鍋中,加熱剩下的 1 大匙芥花油至高溫,放入①的牛排煎 3 分鐘,或煎面呈現漂亮的焦糖色。翻面後繼續煎 3 分鐘。將杏仁繞著牛排撒入鍋中,翻炒 2 分鐘,至表面均勻上色。從鍋中取出牛排時,同時取出杏仁,一起放在紙巾上瀝去多餘的油分。

5 檢查牛排熟度,此時應該是五分熟,再放回鍋中,轉小火,在每塊牛排放上 2 小匙波本洗滌奶油,任其慢慢融化。將牛排移至餐盤,靜置 2 分鐘。

6 將③的李子乾醬汁淋在牛排上,撒上烘烤過的杏仁,裝飾切碎的薄荷,趁熱上桌。

CHAPTER 10

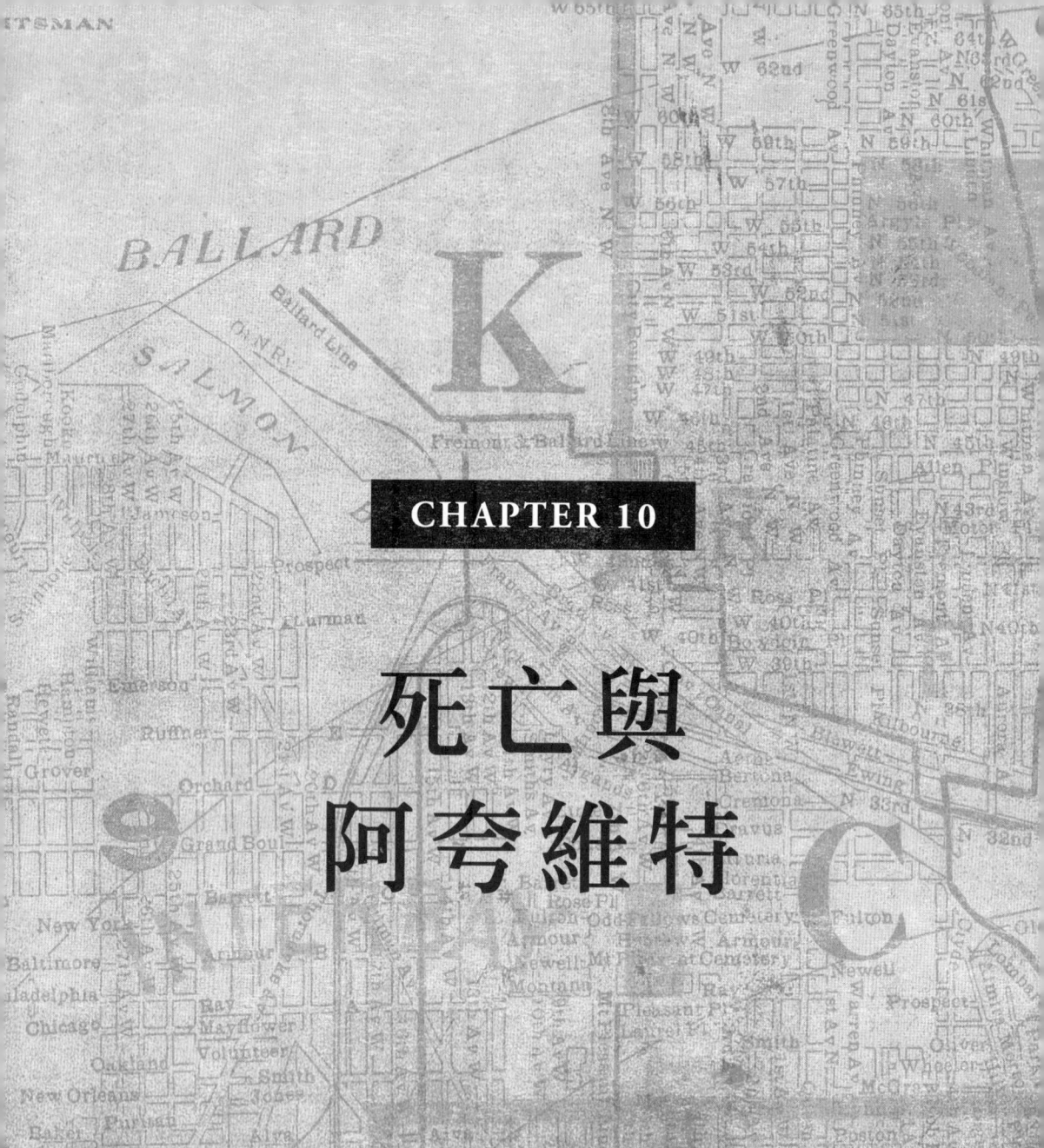

死亡與
阿夸維特

我只去過西雅圖兩次：一次是為了我的新書巡迴，這次則是為了紀錄片《發酵》（*Fermented*）的首映。我第一次踏進這座城市時，對它所知甚少，除了油漬搖滾[1]、星巴克和微軟之外，一無所知。我曾經是西雅圖超音速隊[2]球星尚恩‧坎普（Shawn Kemp）的粉絲。在九〇年代，人們曾對他寄與厚望，認為他能挑戰麥可‧喬丹（Michael Jordan）的王座，但最終無法償得夙願。我聽說過派克市場（Pike Place Market），也聽說過肯利斯餐廳（Canlis）。我還聽說，這座城市終年籠罩在傾盆大雨之中。當時，我正在替我的食譜書《煙燻與醃漬》舉行巡迴宣傳、還有一家新餐廳剛開幕，而我的女兒才剛滿三個月。我只在西雅圖待了一晚，本來以為這趟旅程不過就是狂吃鮭魚、狂灌手工烘焙咖啡。我從未想過這座城市會在我的生命裡留下揮之不去的傷痛——那次旅行因為我父親的離世而蒙上了一層陰影。從此，西雅圖在我腦海中，總是與死亡相連。整整四年後，我才重返這座城市，尋得一種對生命的肯定。

---

1 grunge，又稱作頹廢搖滾、垃圾搖滾，起源於八〇年代中期美國西岸的華盛頓州，尤其是西雅圖一帶。

2 Seattle SuperSonics，前NBA籃球隊，2008年球季完結後遷至奧克拉荷馬，並改名為奧克拉荷馬市雷霆（Oklahoma City Thunder）。

・・・

電影首映的隔天早晨，前一晚的威士忌仍在我的血管裡翻騰。但我還是一大早就起床，準備前往瑞典俱樂部（Swedish Club）享用鬆餅早餐。據說早上九點過後店門口就會大排長龍，所以我得趕在那之前到場。這趟旅程中，我逐漸挖掘出西雅圖豐富的斯堪地那維亞（Scandinavian）移民史——主要就集中在巴拉德（Ballard）這個社區。這裡有大型的北歐博物館（Nordic Museum），還有販售克林格（kringle）——蝴蝶餅形狀的千層酥，以杏仁蛋白糊為內餡，表面附有白色糖霜——的拉森丹麥烘焙坊（Larsen's Danish Bakery）。當地還有一間名為斯堪地那維亞特產（Scandinavian Specialties）的小店，店面雖然不大，卻充滿北歐風情。在這裡，你甚至可以買到用牙膏管包裝的煙燻鱈魚卵與奶油醬。在萊夫・埃里克森小屋（Leif Erikson Lodge），你可以參與包含維京傳統及仲夏節（Midsommarfest）等各種北歐文化慶典，並搭配一盤傳統的瑞典肉丸享受。然而，現在的巴拉德幾乎已經看不出曾是一座由斯堪地那維亞移民在六〇年代建立，並推動其發展的城市。當初，鮭魚灣（Salmon Bay）與普吉特灣（Puget Sound）的豐富漁業資源，吸引了這些移民來到此地；其中，挪威移民開發了比目魚漁業，冰島移民以捕捉鱈魚為主，芬蘭與瑞典移民則普遍使用曳繩釣（trolling）。此外，伐木業與農業也是這些北歐移民駕輕就熟的重要行業。如果美國有哪片土地最符合北歐精神，那一定是西雅圖。

我的計程車停在瑞典俱樂部門口。建築物外牆漆上柔和的瑞典藍，這個色調讓我宿醉的頭痛稍微獲得緩解。這棟建築看起來像是奧運選手村的翻版，雖然有現代感，但一切還是功能至上。地下室傳來陣陣音樂與交談聲。我順著聲音走下樓梯，發現已經有兩百多人圍坐在塑膠折疊桌旁。映入眼簾的懸吊天花板、刺眼的螢光燈、油氈地板，讓這個地下室看起來就像社區活動中心。我排隊等著鬆餅，腦子依舊隱隱作痛，實在很想來杯熱咖啡，但又不想冒險離開隊伍，畢竟隊伍越排越長了。

　　前方舞臺上，有兩位女士坐在折疊椅上演奏手風琴，彈奏著一種具北歐風情的波卡舞曲（polka）。旋律輕快歡樂，但舞池中只有一對年長的夫妻在跳舞。他們按照編排好的舞步，輕輕地滑動前行。那位女士穿著一襲藍色洋裝，裙襬隨著每一次轉身輕盈飄起又落下。她的銀白色頭髮與身上的白色針織上衣彼此映襯，表情隨著音樂的節奏微笑。她的舞姿令我著迷。

　　等我終於來到自助餐臺前，手裡接過的卻不是一般的鬆餅，而是一盤被捲起來並堆疊在盤子上的薄餅。服務人員舀了一大勺越橘果醬鋪在薄餅上，接著又加上一勺鮮奶油，這道早餐才算大功告成。我拿了一杯保麗龍杯裝的黑咖啡，站在寬敞的大廳中央。我環顧四周，尋找剛才那對跳舞的夫妻，發現他們已經坐在舞臺旁的一張桌子前，與朋友談笑風生。我走上前去，詢問是否能加入他們。

　　他們名叫鮑伯（Bob）和莎拉（Sarah）。我告訴他們，我很喜歡他們剛才跳的華爾滋。莎拉糾正我，說他們不只是跳了華爾滋，

還跳了漢伯舞（hambo）、莎底士舞（schottisch）和斯普林格爾舞（springar）。這張桌子的人都是舞蹈社團的成員，他們會定期聚會。他們告訴我，七〇年代時，社交舞風靡了整個西雅圖，而瑞典俱樂部曾是人們相聚、結交新朋友的場所。許多人就是透過這些社交俱樂部相識、相戀，最後步入禮堂。當時，西雅圖還有專屬於丹麥人和挪威人的社團，但如今只剩下這家瑞典俱樂部仍屹立不搖。不過，這裡不限瑞典人——任何人都可以加入，只要他們願意成為斯堪地那維亞文化的一分子。

我問莎拉，成為斯堪地那維亞人代表什麼意思？

「我們不是湯，我們是燉菜。」她語氣堅定地說。「每個斯堪地那維亞國家都有自己的特色，但我們在一起時，形成了一種普遍和諧的身分認同。我們都漂浮在同一個碗裡，但卻不盡相同。」

她丈夫鮑伯身材削瘦、滿臉雀斑，頭頂已是童山濯濯。他低頭撥弄著盤裡的薄餅，沒和任何人說話。「他不太喜歡認識新朋友，」莎拉解釋道。「這是斯堪地那維亞人的特質。」她告訴我，這種疏離源自長久以來的孤立，並非刻意無禮。

「如果現在是七〇年代，你走過來問我們可不可以一起坐，沒有人會理你。」莎拉對我說。

我問她，為什麼沒有人在跳舞。

她說他們才剛開始熱身。她問我是否也想跳舞；我回答，自己對波卡舞一竅不通。

「其實很簡單的。如果你會溜滑板的話，我就能教你基本的碎步。」她說。

她一把將我從椅子上拉起，把我帶進舞池。我比她重了大概三十六公斤，她卻像轉動洋娃娃一樣帶著我旋轉。首先，她示範了碎步，接著帶我跳簡單的華爾滋。我的節奏完全大亂。她要我摒除雜念，專心聽音樂就好。她引導我，讓我的步伐跟上節奏，但由於宿醉的緣故，我無法清楚聽見音樂。我猜自己看起來像塊僵硬的木板，但我玩得很開心。我閉著眼睛，莎拉的雙手牢牢握住我的掌心。我能感覺自己的嘴角慢慢上揚。我朝桌子的方向偷瞄一眼，鮑伯的目光不在我們身上。

　　我已經不記得那些薄餅的味道了。我對它們唯一的印象，是越橘果醬太過甜膩，而且薄餅是冷的。但人們來這裡不是為了食物。在這個溼度適中、陽光明媚的星期天早晨，竟然有三百人擠在地下室裡聽北歐波卡舞曲。當中有很多人並不是瑞典人。我無法確定他們為什麼選擇在這裡聚集，但他們正在分享一種共同的體驗。莎拉無法用言語明確描述什麼是斯堪地那維亞人的身分認同，但她告訴我，這是一種感受，不是一個可以輕易定義的概念。我很慶幸自己有來。即便這頓早餐乏善可陳，至少我和莎拉一起跳了舞。

　　鮑伯讓我想起了我父親。年邁的他沉默寡言，不會為誰展露笑靨。我猜，鮑伯腦海裡肯定藏著無數精采的故事，但他可不打算浪費任何一則在我身上。他牽起莎拉的手，再度回到舞池。當他帶著她旋轉時，她的裙襬如同一朵北歐之花，在冰冷灰暗的房間裡綻放。

———●———

多年前，我的新書巡迴從加州的幾個城市展開，而西雅圖是當時的最後一站。當我總算來到西雅圖時，卻歸心似箭。我抵達的那天，天空飄著細雨，但這場雨不同於我過去所見；不是傾盆大雨，也不是毛毛細雨，而是一種彷彿不會停歇的霧狀雨。整座城市聞起來像潮濕的苔蘚，雨聲聽起來像 Gore-Tex 布料摩擦時的沙沙聲。沒有人撐傘。他們不把這場雨當作單純的天氣變化，而是視為這片土地的風土。

我根本沒準備好在西雅圖面對父親的離世。西雅圖幾乎是我能離家最遙遠的地方——我父母住在紐澤西州純樸的小鎮雷奧尼亞（Leonia），而我卻遠在這座千里之外的城市。當時，我正與一位在地美食作家以及吉娜（Gina）共進午餐。吉娜與她的父親阿曼迪諾（Armandino）一起經營薩魯米手工醃肉店（Salumi Artisan Cured Meats）[3]，這間店是西雅圖當地最出色的義式臘腸專賣店。我的手機響起，螢幕上跳出姊姊的名字，當下我心裡就有底了。在我從餐桌起身、走向門外的短短幾秒內，我的情緒從恐懼轉為焦慮，接著是短暫的釋然，隨後又變成怨懟，最後才無奈接受。當我踏入這場溫柔的細雨裡時，感覺疲憊至極。

「喂？」

我父親熬不過今晚了。這次不一樣，我必須馬上趕回去。我答應姊姊。我讓她在電話那頭放聲大哭，彷彿我的肩膀就在她身邊；等她停止哭泣後，我才掛斷電話。我回到餐廳裡。世上似乎沒有任何委婉的方式，可以對剛認識的兩個人說「我父親快要不行了」，所以我直接脫口而出。他們說如果我必須先離席，他們完全能夠理

解。但我沒有離開。我想把眼前的拼盤吃完。我餓了。我從那邊緣微微皺起、夾雜著鹹潤油脂、口感紮實的香濃肉片中，找到了一絲慰藉。我吃下醃漬橄欖和醃黃瓜，一片片地品味著寇帕義式風乾豬頸肉[4]、古拉泰勒火腿[5]、茴香風乾臘腸[6]，以及莫利薩拉米[7]。我細細咀嚼，不疾不徐地品嘗每一口。

離開時，吉娜給了我一條莫利薩拉米，我回贈她一本自己的書。飛往紐華克（Newark）的航班將會漫長而孤獨，擁擠卻又私密。我心裡盤算著，父親大概會在我飛越明尼蘇達或威斯康辛州上空時離世；或者，他會在班機掠過我們父子從未一起踏足過的某個地方時，向這個世界告別。

他一直都不希望我成為廚師。他來自舊時代的韓國，在那裡，廚師只是廚工，而廚工不過是僕人。對於移民父母來說，當廚子無疑是走錯路，甚至是後退一大步。小時候，父親經常開車帶我去西點軍校，希望有一天能看見我穿上灰黑相間的軍校制服。我的名字來自泰德·甘迺迪（Edward "Ted" Kennedy），父親的夢想是讓我成

3　泛指用鹽醃製的肉品，也可稱之冷盤肉。
4　coppa，選用豬後頸到第四或第五肋骨部位的肉。
5　culatello，一種受歐盟和英國保護，原產地名稱（PDO）的醃製肉品，被譽為殿堂級火腿，由豬腿肉製成，然後塞進豬的膀胱。
6　finocchiona是托斯卡尼的特產，以茴香籽調味。
7　mole salami，融合義大利與墨西哥風味的風乾臘腸。mole是莫利醬，墨西哥飲食的一種傳統醬汁和醃料。salami是發酵型風乾臘腸，不經過任何烹飪加工。

為一名美國外交官。

　　我告訴他自己想當職業廚師的那天，氣氛實在是好得不能再更好了。當時我還在念大學。我曾經休學一年去旅行；雖然已快要讀完最後一學期，但這麼做主要是為了我的父母，而不是為了我自己。我們沒有因為我的職業選擇而大吵，他也沒有因此與我斷絕關係。只是，從那天起，我們之間的對話變少了許多。

———●———

　　飛往紐華克的班機上，我怎麼樣也無法入睡。空服員送來的餐點全都被我吞下肚──有消毒水味的黃芥末火雞三明治、鹹花生、渾濁的咖啡，甚至是那塊吃起來像是燒焦沙子的酸敗蝴蝶餅。吃了這些東西之後，我的口氣彷彿在一夕之間老了好幾歲。抵達醫院前，我嚼完一整包的冬青口香糖（wintergreen gum），試圖掩蓋嘴裡的味道。家人們已經守了一整夜，而我父親仍奇蹟般地緊抓著最後一口氣。

　　醫院不遠處有一家不錯的韓國餐館，它的入口周圍有假瀑布和蟾蜍雕塑。母親叫我帶姪子和姪女去那裡吃午餐。我父親相當虛弱，身體因為止痛藥而腫脹不已。他已經無法說話，但他的眼神流露出渴求解脫的哀求。護士進來調整他的點滴時，心電圖的畫面有一瞬間完全空白；更讓護士嚇出一身冷汗的，是我母親急切地問出不合時宜的問題：「他斷氣了嗎？」

　　我姊姊用韓語對母親怒吼。我忍不住笑了出來。母親多年來一

直照顧爸爸的病情,對他的離世早有心理準備。在那恍惚的一刻,或許對她來說是一種解脫。

　　心電圖恢復正常後,母親堅持要我帶孩子們去吃韓式燒肉,順便幫她帶一份回來。父親看起來氣若游絲,她不想讓孩子們目睹這一幕。但我想留下來。我想聽他向我道歉,為了那些年來對我的忽視,為了他從未讓自己成為我需要的那個父親,說一聲對不起。

　　我靠近病床。他身上唯一沒有改變的,就是他的手。那雙手一直都巨大又厚實。即使現在身體虛弱不堪,他的手依然相當具有男子氣概。我輕輕抬起他無力的手,將自己的手放在下方;不是掌心相貼,而是讓他的手掌靜靜地搭在我的指節上。他已經虛弱到無法緊握我的手指了。我低頭親吻父親的額頭,告訴他可以安心離開了,我們都會好好的。

　　然後,我帶孩子們出去吃午餐。

　　父親沒有做無謂的苦撐。我們的第一輪烤肉還沒上桌,他就過世了。母親沒有打電話通知我們,她希望我們好好享受這頓午餐。

———●———

　　接下來的幾天,我幫忙母親整理父親的遺物。姊姊是家裡唯一哭泣的人,我想,她哭是因為沒有其他人哭。我們翻找著父親的衣櫃和個人物品,姊姊想留一雙他的高爾夫球鞋。我們找到了一些黑白老照片,它們被放進了「要保留」的那堆物品裡;但其他大部分

的東西都是些雜物——舊雜誌、英韓字典，還有一個他從未使用過的算盤。我沒有找到任何一封寫著「我其實一直以你為傲」的信，也沒有發現哪個盒子裡珍藏著我的成績單。他這個人不念舊。他的一生飽受酗酒的摧殘，到了晚年，身邊也剩沒幾個朋友。

不過，我們倒是找到一個裝滿一元硬幣的大箱子，還有一疊他多年來收集的兩元紙鈔，總值大約幾百美元。我在母親把它們拿去銀行之前，悄悄抽走一張兩元紙鈔。現在它一直放在我的錢包裡。我也說不清這麼做的理由，畢竟，我也算不上多愁善感。

———•———

這些瑞典薄餅讓我想起了父親曾經吃過的食物。我問瑞典俱樂部餐桌旁的幾位食客，為什麼他們這麼喜歡這些薄餅？他們告訴我，因為這讓他們想起了童年；小時候，他們也是吃這些長大的。我不覺得這裡有人真的認為這些薄餅有多好吃，但它們能喚起回憶。即使對我這個和西雅圖或瑞典文化毫無關聯的人來說，這些薄餅也讓我感覺自己與父親經歷過的那個世代有所連結。

我父親從來就無法稱得上老饕。對他而言，食物的功能就是求個溫飽。吃飯只是為了解決飢餓，不該過量，更不該把餐桌當成享樂的地方。他從未把食物視為任何超越生存需求的事物。對他來說，大多數時候，吃飯更像是例行公事，而不是一種享受。

不過，他偶爾還是會特別想吃一道菜——部隊鍋。這道菜是一種軍隊燉菜，誕生於韓戰時期，當時物資匱乏，許多家庭只能利用

美軍發放的配給食品,即興組合成一頓飯。父親曾在韓國軍隊服役數年,但他從不談論那段日子,我也被一再叮囑絕對不要過問。

每當母親為他煮部隊鍋時,他總是默不作聲地吃到連最後一滴湯汁都不剩。除了他,家裡沒有人會想吃這道菜。母親做的部隊鍋裡什麼都放,從午餐肉到熱狗,甚至還有美式加工起司。對許多韓國人來說,部隊鍋象徵韓國過去那段貧困的時代,並不是值得歌頌的食物。我們早已不再吃這種克難時期的節儉料理了。有些老派的韓國餐廳仍會提供改良版的部隊鍋,但多數情況下,隨著韓國人社會地位的提升,這道菜基本上已經乏人問津。

我從小就認為全天下只有父親的飲食品味如此差勁,但事實上,無關國籍或貧富,很多我父母的同輩人其實吃得都不好。已經有許多文章探討過美國六〇到七〇年代的食品工業,以及速食文化崛起所衍生的問題。我父親正是那個世代的一分子,對他來說,吃麥當勞是融入美國文化的方式,甚至是一種近乎愛國的行為,就像吃罐頭濃湯、微波電視餐[8],或喝可口可樂一樣。這也是一個相信只要努力就能脫貧致富的移民世代。我父母沒有週休,經常早出晚歸,對他們而言,餐桌上的享受並非優先考量。我問瑞典俱樂部的長者,他們年輕時都吃些什麼食物,而最常見的答案是肉丸、鮭魚和果凍。

8　TV dinner 又稱即時餐,是一種冷凍盒裝食品,加熱後即可食用,不必中斷看電視。

───●───

　　薄餅稍稍緩解了我的宿醉，於是我決定去散步。西雅圖今天難得放晴，街上人滿為患。我對一家名為老巴拉德烈酒公司（Old Ballard Liquor Co.）的店感到好奇，聽說這裡有販售當地釀造的阿夸維特[9]。這家店是一間小型釀酒廠兼咖啡館，座落在華盛頓湖運河（Lake Washington Ship Canal）碼頭的一座倉庫內。這一帶是西雅圖的工業區，附近有商家提供「酒吧單車」（bicycle trolley）的飲酒導覽行程；遊客們會清醒地上車，精疲力盡、酩酊大醉地下車。

　　我抵達釀酒廠時，發現門上掛著一塊告示：「恕不接待酒吧單車客人」。我立刻對這間店產生了好感。店內擺著一張可容納八人的小桌子，吧檯小得像個掃具間。這裡可以讓你對整個釀酒過程一覽無遺，裡頭的設備主要由儲存桶、小型蒸餾器，以及用來裝瓶的簡易幫浦系統組成。在角落的小廚房裡，一位三十多歲、面無表情的女子正在準備醃製肉品。她的名字是樂希（Lexi），是這家店的老闆、釀酒師、廚師，也是導覽員。她忙碌地在裝瓶、片肉和回答店內四名顧客的問題之間來回穿梭。我瞥見書架上擺著一本瑞典名廚馬格努斯・尼爾森（Magnus Nilsson）的《北歐食譜》（*The Nordic Cookbook*）。

　　「我們這裡有一條我稱為『IKEA 原則』的規矩，」樂希在我瀏覽菜單時飛快地解釋。「IKEA 供應什麼食物，我們這裡就不會賣。不是因為我不喜歡 IKEA，而是覺得沒必要老是將北歐料理侷限在只有那五道菜的刻板印象中。我們希望鼓勵大家跳脫既定印象，重新

認識北歐飲食文化。」

接著,她帶我認識「珍」(Jane),那是她為她的二十七加侖(約一〇二公升)浸入式加熱蒸餾器取的名字。「沒有她,我根本沒辦法幹這一行。」樂希說。這臺蒸餾器來自肯塔基州巴洛(Barlow)的某個家族。「我想,這些從來就沒有停止蒸餾私釀酒、也沒在甩禁酒令的世家,對這一行的瞭解肯定勝過任何人。」

我告訴她,我就來自肯塔基州。「我知道。」她說。我這才得知,她看過每一季的《大廚的異想世界》(The Mind of a Chef)。餐飲界始終是個小圈子。在瑞典俱樂部的人群中,我還能隱姓埋名、自在起舞;但在這裡,樂希和我同屬於一個更小的同溫層。

我請她示範如何製作阿夸維特。她指著一個她自己設計的特製香料籃,底部是金屬材質的濾網,剛好可以安裝在蒸餾鍋上方。她在籃子裡裝滿凱莉茴香(caraway seeds,又名葛縷子)、新鮮蒔蘿(dill)或是大黃(rhubarb)。當無色的酒精蒸發時,蒸汽會穿過香料籃,在到達冷凝管的過程中一併吸收香料的油脂與風味。最後流出的酒液清澈透亮,香氣盈人,這就是蒸餾阿夸維特,也是樂希口中的「塔菲」[10]。

9　aquavit,一種加味蒸餾酒,主要產於斯堪地那維亞地區,酒精濃度通常是40%。
10　taffel在瑞典語中意指「餐桌」,即桌子上的阿夸維特,酒體清澈且未經陳釀。這種酒通常帶有清新的香草和香料風味,適合搭配食物一起享用。

「我們可以將塔菲稀釋至八十度後直接裝瓶，或者再加入更多香料和水果，使風味更豐富。到了那個階段，它就不再是塔菲，而是正式的阿夸維特。我們的大部分產品都是這樣製作的。你可以把塔菲想成白狗[11]，而阿夸維特就像威士忌。」

我用小酒杯品嘗了她的五款阿夸維特，風味純淨而芬芳。蒔蘿風味的阿夸維特宛如漫步在春天的綠色牧場。我能感受到酒液在胸腔裡喚醒生機。

我問樂希這裡有哪些招牌菜色，她推薦了她拿手的醃鯡魚拼盤：把五種不同方式醃製的鯡魚擺放在一塊木盤上，簡單而講究。與其說是北歐料理，它看起來反倒更像一盤生魚片。樂希向我介紹每一種作法：經典醃鯡魚佐洋蔥、芫荽奶油醃鯡魚、龍蒿片鹽醃鯡魚、煙燻鯡魚佐檸檬蝦夷蔥奶油，以及草莓醃鯡魚。

「如果你去北歐的餐廳，菜單上寫著醃鯡魚，但口味卻沒超過十種，當地人是不會買單的。」她告訴我。

忙碌的店裡有了點空檔，樂希便坐下來陪我聊了一會兒。她雖然年輕，但思考的深度與沉穩的氣質都相當超齡。她告訴我，她在瑞典生活了六年，最近才回到美國。她在談論食物時，語氣格外認真。我問她，為什麼她的料理和我今天早上吃的瑞典薄餅如此迥異。「我們這裡有許多在北歐出生、成長於二戰後加工食品時代的僑胞，如今大多已年過七、八旬。他們習慣吃冷凍肉丸、即食醬汁，以及那些穩定不變的風味。這當中還夾雜著濃厚的懷舊情感。畢竟，隨著年齡增長，人們往往會花越來越多的時間回顧過去；而這些熟悉

的懷舊食物，對許多人來說，就是承載記憶的重要象徵。」

樂希並不在瑞典出生，但她所撐起的卻是一種來自當代斯堪地那維亞的飲食傳統。她對北歐飲食文化的瞭解既廣博又理性，甚至帶著堅定不移的執著；在某些人眼中，她的態度可能顯得有些傲慢。在巴拉德老一輩的移民文化與當代「新北歐」（New Nordic）飲食風潮之間，存在著一道顯而易見的鴻溝。樂希不屬於那些最早在巴拉德定居的北歐移民後裔，她也不認為自己有責任延續他們的傳統。事實上，她正在顛覆這些傳統。她經營全西雅圖唯一的北歐餐廳，然而我在瑞典俱樂部遇到的那些人，幾乎很少——或根本從來沒有——來此光顧。

樂希和瑞典俱樂部雖然同樣代表北歐料理，但他們端出的食物卻截然不同。世代更迭對飲食文化的影響，遠遠超過國族認同的牽絆。瑞典俱樂部的料理承載的是懷舊情感，樂希的料理則是一種對即將失傳的技藝的熱愛。在某種程度上，兩者都在追本溯源，只是指向的時間點不同。樂希代表的是數百年前的飲食傳統，斯堪地那維亞特產店的顧客則是站在他們童年回憶的立場發聲。我不認為雙方必須分出高下。樂希的料理確實更符合我的口味，但這只是個人喜好。在這個文化變遷如此迅速的時代，我能理解為什麼會有一整個世代的人，選擇退回到那些熟悉且撫慰人心的事物，比如一盤軟爛的薄餅搭配甜膩的果醬。我低頭看向桌面，眼前已經擺滿了十幾

11　White dog 即未陳年威士忌，是一種未經陳釀的原始蒸餾酒，直接從蒸餾器中取出飲用。

個空杯。我最後將一盤醃肉拼盤和一片香甜馥郁的小荳蔻蛋糕一掃而空。

我喜歡樂希在老巴拉德所做的一切。她的料理不按牌理出牌，帶著一種叛逆的精神。願意走上一條與自己的童年飲食記憶背道而馳的路，需要莫大的勇氣。樂希不想做她從小吃慣的移民料理，但她也不想複製 Noma[12] 的風格——由雷內·雷哲皮（René Redzepi）[13] 主導、顛覆全球餐飲界的「新北歐料理」。她的目標是替顧客帶來熟悉的北歐風味，但透過更嚴謹精細的技法，展現出西雅圖乃至整個美國都相當稀有少見的料理水準。她讓北歐料理跳脫「移民奮鬥」的刻板印象；它們不再是為了節儉或生存而生的料理，而是一種對技藝的堅持與不妥協。

諷刺的是，樂希的生意經營得很辛苦。她的小店開在行人稀少的社區，唯一的「鄰居」是那些從派對自行車下來、到處找地方小便的酒醉年輕人。這條道路想必步履維艱，但這是她自己選擇的人生。她告訴我，自己在城外的一座農場長大，家境清寒。我能想像她的父母應該對她以釀造阿夸維特為生的選擇不會太高興。對於那些曾經為了一罐醃魚，必須日復一日辛勤耕耘、放棄生活樂趣的上一代人來說，她的人生選擇或許顯得輕率，但這不代表她的奮鬥不是真實的。在這個房地產交易便利、買棟郊區住宅輕而易舉的時代，仍有人願意選擇這樣一條困難重重的道路，這樣的堅持，本身就是一種崇高的信念。

阿夸維特讓我有點微醺，每當酒酣耳熱之際，我就變得特別感

性。我向樂希討了幾道食譜，然後我們擁抱道別。就在我準備離開時，她對我說：「道德標準在飲食文化中扮演著重要角色。長久以來，斯堪地那維亞文化對美食一直是持保留態度。食物只是用來維生，而非用來享受，更談不上是一種奢侈的樂趣。」

她這麼說的時候，我忍不住眨了好幾下眼睛。她所說的情況聽起來就像我父親那一輩的韓國文化。如果我父親是瑞典人，他想要的，或許就只是一碗乾癟的肉丸搭配一勺甜膩的越橘醬。

———•———

我走過運河上的橋，腦中又想起了父親。或許以後每次來到西雅圖，我都會想起他吧。但這份思念不會再帶著悲傷。我不知道他的這一生中，是否曾經有過一件事讓他感動落淚。他的生活過得不容易，對我們這些孩子也很嚴苛。但在紐澤西的那間醫院裡，我已經原諒了他所做的一切。我希望，在他的人生中，曾經有某件事能讓他像此刻的我一樣快樂。幾杯阿夸維特，幾塊醃鯡魚，對我來說就已足夠。我會永遠記得他是一個堅強而複雜的人，直到生命最後一刻，才真正找到屬於他的平靜。

我忍不住想起籃球員尚恩・坎普。他擁有所有成為 NBA 最佳球

12　Noma 位於哥本哈根，是米其林三星餐廳，曾五度獲得「世界五十大最佳餐廳」冠軍。
13　丹麥名廚，被譽為「廚界莫札特」，是 Noma 餐廳創辦人兼主廚。

員的天賦,也曾有過輝煌的時期,但他就是無法擺脫毒品的誘惑,最終也斷送了他的職業生涯。他原本可以更出色的。每當新聞又傳出他因吸毒被逮捕的消息,我總是義憤填膺。但現在我明白了,這不該由我來評斷。他只是用自己擁有的條件,盡己所能地過完這一生。小時候,我的床頭貼著一張他的海報,畫面中的他正在灌籃,背景是西雅圖的城市天際線。或許他的生涯以遺憾收場,但我仍然相信,在那些短暫而耀眼的時刻,他曾是無可匹敵的存在。

炸波隆那香腸部隊鍋

部隊鍋是我父親最愛的食物。他習慣加午餐肉和熱狗，但我改用炸波隆那香腸（bologna）。我仍然選擇使用美式起司，因為沒有任何東西能真正取代它的味道。這是一道優秀的湯品，而它的創意至今仍然有其價值。它代表的是一種務實的料理方式，我不希望它被遺忘。食物不一定要精緻考究、光鮮亮麗，有時，它就是一場不矯揉造作的味覺體驗。而且，這道湯還是解宿醉的最佳選擇之一。

分量：4人份主菜

醬料
- 味醂　2大匙
- 醬油　1匙
- 韓式辣椒粉或其他辣椒粉　2大匙
- 大蒜（切碎）　1大匙
- 糖　1½ 小匙
- 韓式辣椒醬　1½ 小匙
- 現磨黑胡椒　¼ 小匙

部隊鍋
- 植物油　1大匙
- 波隆那香腸（切片）約225公克
- 洋蔥（大丁）　1杯
- 泡菜（小丁，連帶湯汁）　1杯
- 青蔥（切5公分長段）　2根
- 金針菇　約170公克
- 香菇（去蒂頭，切薄片）約85公克
- 豆腐（切厚片）　約255公克
- 即食泡麵（約110克）　2包
- 雞高湯　4杯
- 雞蛋（大）　4顆
- 美式起司　4片

製作醬料

取一小碗,混合味醂、醬油、韓式辣椒粉、蒜末、糖、韓式辣椒醬和黑胡椒,拌勻後備用。

製作部隊鍋

1 取一中型平底鍋,加入植物油,以中大火加熱。油熱後放入部分波隆那香腸,兩面各煎 2 分鐘至表面微脆。取出煎好的香腸,繼續此步驟至煎完所有香腸。

2 取一中型淺燉鍋開始煮部隊鍋。將洋蔥均勻鋪在鍋底,依序加入泡菜和青蔥,倒入預先調製的醬料。接著放入金針菇、香菇,再鋪上豆腐,將①的波隆那香腸擺在最上層。放上泡麵,最後倒入雞高湯。

3 將鍋子置於爐上以大火加熱,煮至湯滾。轉中小火煮 8～10 分鐘至泡麵接近全熟。將雞蛋打入鍋中,繼續燉煮 2～3 分鐘,或至麵條完全熟透,及雞蛋達到喜歡的熟度。

4 將湯與食材舀入四個碗中,每碗放上一片美式起司,趁熱享用。

醃漬鮭魚

樂希的醃漬鯡魚食譜啟發了這道料理。新鮮鯡魚在太平洋西北地區以外較難取得，因此我改用鮭魚。建議選擇油脂豐富的野生鮭魚，例如帝王鮭（King salmon）或銀鮭（Coho salmon）。這道醃漬鮭魚適合當點心和開胃菜。你可以簡單搭配黑麥麵包與酸奶油享用，也非常適合當作沙拉的配料，或是搭配大量新鮮萵苣，夾入開放式三明治中。若想為派對準備一道精緻的前菜，請參考 P272 的「醃漬鮭魚佐草莓、蒔蘿與辣根奶油醬鬆餅」食譜。

這道醃漬鮭魚需要醃製一週，所以請提前準備，但它絕對值得你付出時間。我喜歡一次製作大分量，若你想做少一點，也可以將食材減半。醃製完成後，可以將鮭魚密封包裹，放入冰箱冷藏保存數週。

分量：8～10 人份前菜

鹽水漬（鹽水醃液）
- 水　4杯
- 海鹽　1杯

- 帶皮鮭魚排（約907公克）
  1片

醃漬液
- 糖、蒸餾白醋　各2杯
- 水　1杯
- 多香果　2大匙
- 月桂葉（揉碎）　4片
- 丁香　1顆

- 小洋蔥（切薄片）　1顆
- 小束新鮮蒔蘿　1束

製作鹽水漬 & 醃製鮭魚

1. 取一中型鍋，混合水與鹽，加熱至沸騰，並攪拌至鹽完全溶解。將鹽水倒入碗中，放入冰箱冷藏至少 1 小時至完全冷卻。

2. 將鮭魚放入不會與食物產生化學反應的容器中，倒入冷卻的鹽水漬，確保蓋過鮭魚，使其完全浸泡其中。蓋上容器，放入冰箱冷藏醃漬 3 天。

3. 從鹽水漬中取出鮭魚，移至另一個容器，倒入新鮮冷水覆蓋鮭魚，放回冰箱浸泡 1 小時，之後再更換一次清水浸泡 1 小時。

同時準備醃漬液

1. 取一中型鍋，混合糖、醋、水、多香果、月桂葉和丁香，加熱至沸騰，攪拌至糖完全溶解。關火後，讓醃漬液靜置 30 分鐘。將醃漬液倒入碗中，放入冰箱冷藏至少 1 小時至完全冷卻。

2. 取出浸泡在清水中的鮭魚，移至另一個不會與食物產生化學反應的容器，倒入冷卻的醃漬液，確保鮭魚完全浸泡其中。蓋上容器，放入冰箱冷藏醃製 3 天。

3. 從醃漬液中取出鮭魚，用紙巾輕拍至表面乾燥。去除魚皮及其下方的灰色脂肪層。

4. 在大張保鮮膜上鋪上一半分量的洋蔥片與蒔蘿，將它們排列成與鮭魚魚排大小相近的矩形。放上鮭魚，再蓋上剩下的洋蔥與蒔蘿。用保鮮膜緊密包裹鮭魚，放入冰箱冷藏至少 1 天。

註：不會與食物產生化學反應的容器是指不鏽鋼、陶瓷、玻璃保鮮盒等。

5 食用前,取出鮭魚,丟棄洋蔥與蒔蘿。將鮭魚斜切成薄片,即可享用。若想長時間存放,請先去除洋蔥與蒔蘿,重新包裹後冷藏保存。

醃漬鮭魚佐草莓、蒔蘿與辣根奶油醬鬆餅

醃漬鮭魚擁有豐富且層次分明的風味,所以我特別喜歡把它當成精緻的前菜。蒔蘿與辣根這兩種經典的斯堪地那維亞風味,能夠和鮭魚濃郁的油脂完美結合。

分量:8～10 人份前菜

辣根奶油醬
- 酸奶油　1 杯
- 冷水　¼ 杯
- 新鮮辣根(磨碎)　2 大匙
- 糖　少許
- 海鹽　少許
- 現磨黑胡椒　少許

鬆餅
- 溫水(約 44°C)　¼ 杯
- 活性乾酵母　2 小匙
- 全脂牛奶　1 杯
- 酸奶油　¾ 杯
- 無鹽奶油(軟化)　1 大匙(另備少許塗抹鍋具用)

- 雞蛋(大)　2 顆
- 中筋麵粉　1 杯
- 全麥麵粉　1 杯
- 鹽　1 小匙
- 檸檬皮屑　1 小匙

- 醃漬鮭魚(切薄片,見 P269)約 340 公克

- 草莓(去蒂切片)　6 顆
- 海鹽　少許
- 蒔蘿　若干

製作辣根奶油醬

取一小碗,將酸奶油、冷水、辣根、糖、海鹽與黑胡椒拌勻。蓋上後放入冰箱冷藏,待使用時取出。

製作鬆餅

1 取一小碗,混合溫水與酵母,靜置 10 分鐘或至表面起泡。

2 取一小鍋,倒入牛奶、酸奶油與軟化的奶油,以小火加熱,輕輕攪拌至奶油融化,融合成滑順的糊狀,注意不要讓液體煮滾。

3 取一中型碗打入雞蛋,一邊輕輕攪拌,一邊緩慢倒入②的牛奶混合液,再拌入①的酵母混合液。

4 取一大碗,混合中筋麵粉、全麥麵粉、鹽與檸檬皮屑。倒入③的溼性食材,混合攪拌至稀軟的麵糊成型。

5 取一中型平底鍋加熱,轉中火,加入 1 大匙奶油。加熱至奶油開始起泡,舀入 ¼ 杯麵糊,輕輕轉動鍋子,使麵糊均勻散開。煎 3 分鐘後翻面,再煎 1 分鐘,至兩面呈金黃色。將煎好的薄鬆餅移至鋪有紙巾的盤子或烤盤上。重複此步驟煎完剩餘的麵糊,並視需要補充奶油。此配方可製作 10～12 片薄鬆餅。

組合料理

在餐盤放一片溫熱的薄鬆餅,鋪上幾片醃漬鮭魚,再擺上草莓薄片。草莓上撒少許海鹽,淋上少量辣根奶油醬,最後用幾枝蒔蘿作點綴。重複此步驟,將剩餘的鬆餅組合完成,立即享用。

CHAPTER 11

拖網捕蝦記

穿越西布魯克（Seabrook）進入克馬（Kemah）時，高速公路驟然爬升越過碼頭，讓我有一瞬間覺得自己彷彿漂浮在半空中。左側是一片延伸至加爾維斯敦灣（Galveston Bay）的清澈水域，湛藍的水面與德州的天空相互輝映，空水澄鮮。我正要前往加爾維斯敦，為我的餐廳採購一批海灣蝦[1]，這是我菜單上不可或缺的食材。蝦子是跨越所有料理疆界的食材。從娜塔莉・杜普里（Nathalie Dupree）在《蝦與玉米泥食譜》（*Shrimp and Grits Cookbook*）中的南方經典，到盛裝在美耐皿餐盤中、包著蝦仁與豬肉的越南煎餅，乃至美國各大牛排館所供應的冰鎮馬丁尼鮮蝦雞尾酒，蝦子在世界各地都深受喜愛。我曾試圖將這項食材排除在我的菜單之外，但市場需求實在太大。美國人每年消耗約五十九萬噸的蝦子。於是，我來到蝦子盛產的地方，想親眼看看這個飽受非議的產業。如果我要用蝦做菜，我就必須找到值得信賴的來源。

・・・

---

[1] 海灣蝦非指單一物種，而是在墨西哥灣及其周邊海域捕撈的三種蝦（褐蝦、白蝦、粉紅蝦）的統稱。

如果你經常吃蝦，那麼你吃的蝦很可能來自東南亞，那裡的蝦子大多養殖在過度擁擠的泥塘裡，由勉強維持生計的困頓勞工負責管理。為了抵禦可能造成這些單一養殖場內大量感染的疾病，這些蝦隻必須生活在化肥和抗生素混合的毒池中。儘管如此，這些蝦的味道可能還不至於太差。亞洲養殖的蝦子大多無法讓人察覺到味道，無論是好是壞。一旦替蝦子撒上紅椒粉和孜然，在鑄鐵鍋裡煎黑[2]，或是將其浸泡在辛辣糖醋醬裡，牠們的原味就變得無關緊要了。我們還很容易忽略一件事，那就是蝦子在被冷凍成五磅重的磚塊運送前，要先浸泡化學藥水浴。蝦是一種廉價商品，幾乎等同於水中的害蟲。

我把車開進克馬的一家越南餐廳。越南漁民已經幾乎定居在整個墨西哥灣沿岸的社區裡，從西布魯克到加爾維斯敦，再到帕拉西奧斯（Palacios），這些社區最早是由成千上萬名越戰後被安置到此地的難民所建立而成。我坐定後點了一道越南煎餅（Bánh xèo），這道菜是美國每家越南餐廳菜單上的熱門料理。它是一種利用薑黃和在來米粉製成的煎餅，將其對折後包裹蝦仁、豬肉和豆芽，搭配甜口的蘸醬享用，口感輕盈酥脆。這家餐廳明亮通風，顧客大多是白人藍領階級，態度彬彬有禮。桌上擺放著熟悉的塑膠筷子盒，只要拉動蓋子上的旋轉鈕，盒子便會打開。一旁的塑膠托盤上擺著是拉差辣椒醬和醬油。我的服務生同時忙著點單，和研讀一本非常大本的教科書。

煎餅端上桌時，我看得出來蝦子不是來自墨西哥灣。我詢問服

務生,但她說她也沒有頭緒。我肚子餓了,所以還是把盤裡的食物吃完,但我不禁邊吃邊想:對一家越南餐廳來說,使用來自越南的冷凍養殖蝦,是否比選擇使用海灣蝦更道地?接著我又開始思考附近餐廳使用本地蝦的機率;若是廉價的進口貨誘惑太大,他們是否會無法抗拒。服務生告訴我,她是一名大學生,正在準備考試;這間餐廳是她叔叔開的,掌廚的是她嬸嬸。我向她說明此行目的是想採訪越南裔的捕蝦人,並請她協助詢問叔叔有沒有認識做這一行的人。她立刻不假思索地回答我。

「他們不會跟你談的。」她直截了當地說。「主要是因為他們不想被打擾。」

「和這裡過去發生的種族問題有關嗎?」我問道。

長期以來,越南漁民和德州當地漁民間的關係一直充滿爭議;小衝突激化成鬥毆,甚至發生謀殺事件。越戰後,數千名難民被安置在德州墨西哥灣沿岸,而當時許多人做了他們最擅長的事情:捕魚。那時的相關法規尚不嚴謹,越南人為了謀生,打破了許多海灣不成文的規定。他們鑽法律漏洞、無視捕撈限制,將德州的漁業從傳統產業變成競爭激烈的市場。許多德州人原本就對美國越戰退伍軍人遭受妖魔化的不平等待遇感到相當憤怒,這樣的情緒又與前者交織在一起。儘管這些越南人與美國站在同一陣線,但在德州,越

---

2 一種用香料和高溫烹煮食物的技巧,常用於海鮮料理,食物的表面會形成一層黑色的焦香外殼,裡面卻保持鮮嫩。

南漁民和白人漁民之間的緊張關係持續升溫，就像無風的夏夜般悶熱難耐。來自東南亞的廉價養殖蝦湧入美國市場，把蝦價下拉至歷史低點，使得紛爭變本加厲。許多德州的老漁民被迫退出市場，很多人指責越南人破壞的是一種生活模式；在墨西哥灣沿岸，這樣的生活不僅僅是一種職業，更是一種傳統。但也有另一派人認為，無論有沒有越南人，捕蝦業本就已是日薄西山。即便如此，緊張的局勢還是演變成暴力事件。越南人的捕蝦船被燒毀，槍聲四起，數不清的抗議集會，甚至三Ｋ黨也在某個時期介入其中。隨之而來的，是一整代人的不信任和怨懟。

這已經是三十多年前的事，據說這股仇恨已經消退。然而，當地產業持續受到限制捕撈、過度捕撈、船隻漏油，和日益嚴格的環保法規制約，與此同時，進口蝦的數量仍在持續上升。如今，越南捕蝦人的處境也好不到哪裡去；他們和其他在這個受到各方壓迫、難以生存的產業中掙扎的人一樣辛苦。我聽說，之所以現在彼此不再有什麼衝突，是因為大家早已同病相憐。

「那是很久以前的事了，」女服務生說。「我年紀太小，不會記得那些事。」

她嬸嬸從廚房出來，我尷尬地感謝她準備的美味餐點。她的英語不太流利，而我的女服務生急著回去溫習作業，沒有主動來翻譯。就在我收拾好筆記本準備離開時，年輕的女服務生突然轉向我說：「戰爭期間，所有人都在攻擊越南，把那裡燒成一片焦土，所以他們別無選擇，只能離開。他們來這裡是為了工作，不是為了鬥爭。」

聖萊昂（San Leon）是一座位於克馬南方不遠的寧靜海岸小鎮。它座落在一片半島上，形狀如同一把生蠔刀的刀尖，直刺加爾維斯敦灣。這裡有移動式住宅園區，也有架高而建的簡樸房屋，是一座遠離喧囂的世外桃源。半島海灣其中一側，有幾家餐廳和以航海為主題的酒吧，例如吉爾胡利餐廳（Gilhooley's），就是個很適合消磨午後時光、喝龍舌蘭酒和吮食墨西哥灣生蠔的好去處。半島的另一側則是商業漁船停泊的地方。我沿著水邊行駛，尋找可以交談的對象。我在一家生蠔加工廠附近，看到幾個墨西哥工人正在進行最後作業。海鷗的尖叫聲將其他聲音淹沒，牠們時而在上空盤旋，時而惡狠狠地俯衝而下。當我走近時，這些人站了起來。我問他們在哪裡可以找到越南捕蝦人。他們告訴我，如果我想和他們碰面，就必須在黎明前一小時到第 22 街那裡等待。我把這件事記在筆記本上。一直到我回到車裡，這些人才坐回原位。

我沿著海岸再往南行駛三十分鐘，來到加爾維斯敦。我和來自凱蒂海鮮市場（Katie's Seafood Market）的肯尼（Kenny）約好在 19 號碼頭碰面。凱蒂海鮮市場雖然不具有多大的門面，但它實際上卻是墨西哥灣地區規模最大的魚類供應商之一；它是一家堅持家族經營的企業，因為巴迪・貢頓（Buddy Guindon）而聲名大噪。巴迪是位極具魅力的人物，也是個有話直說的墨西哥灣擁護者。「肯尼」則是在幕後工作的兄弟，他待人周到，總是樂於花時間與人交流。他的頭髮看起來像是好幾個星期沒有梳理，雙手因整天操作堆高機

而被染黑。

　　肯尼告訴我，墨西哥灣真正能賺錢的是笛鯛和在更遠海域的大型遠洋魚[3]，捕蝦業早已回天乏術。我們在他的店裡四處遊走，看著展示在成堆碎冰上的各種蝦子。有來自海灣的白蝦、來自深海的褐蝦、餌蝦（bait shrimp），以及來自路易斯安那州的皇家紅蝦（Royal Red）。我嘗了一口海灣蝦；牠們個頭小，肉質潔白細緻，相較於體型更大的種類，我更喜歡前者。然而，大部分的海灣蝦都會直接送往釣具店，作為釣大魚的餌料，實在令人惋惜。這些小傢伙獨樹一幟，和我在越南煎餅裡吃到的那種如海綿般軟爛、毫無風味的蝦仁完全不同。肯尼說，捕蝦人無法單靠販售這些蝦子給批發商來維持生計。在這個被廉價進口貨淹沒的產業中，市場對這些美味的海灣蝦根本沒有供給需求。他感嘆地說，也許有一天，海灣會完全禁止商業捕撈。

　　人很容易感到氣餒。在我的經驗裡，漁業裡的人總是帶著一種讓人感到沮喪的氛圍。他們的世界彷彿總是處於末日邊緣，而這種狀態從肯尼有記憶以來就一直是如此。肯尼快速地向我訴說了一堆問題，但他的眼中依然閃爍著光芒。那是大海賦予他的神采。他告訴我，他會把我的訂單轉交給他的兄弟，他現在得回去工作了，堆高機三天兩頭就在出狀況。聽見卡車倒車入庫的聲音，他下意識地皺起眉頭。他得趕緊裝載一批準備運往休士頓的馬頭魚（tilefish），那是筆大訂單。我看著他轉身離去，發現他走路時有一點跛腳，但他的眼神卻透露著頑強的韌性。相比之下，我們這些每次無線網路出問題就抓狂的人，恐怕還沒他活得久，也沒他活得透澈。

隔天清晨五點，我再次驅車前往聖萊昂。當我抵達碼頭時，越南捕蝦人正準備出海。夜色依舊如墨，風在黑暗中無形醞釀，我能感覺到它在頭頂上方逐漸增強。碼頭停靠著大約二十艘捕蝦船，散亂地排列在歪斜木樁和腐朽木板搭建成的臨時碼頭邊。唯一的光源來自一棟厚重矮實的水泥磚建築。海風搖曳著捕蝦船，讓它們在水面上起伏擺動。這些船全是單引擎的小型拖網漁船，長度不超過十二公尺；船上配備一根吊臂和一張漁網，船況各異，有幾艘顯得凌亂不堪。只有少數幾艘船打開駕駛艙頂端的工作燈，昏黃的燈光映照著甲板。我看到幾個男人在整理漁網，或站在一旁喝著咖啡，一邊收聽收音機裡的天氣預報。沒有人願意與我交談。我在碼頭來回踱步，試圖讓自己看起來不那麼可疑，顯得值得信賴。我走到碼頭的一端，望著一艘漁船緩慢地穿越翻湧的水面，伴隨著馬達的低鳴與濃煙駛離。後方的旗幟在風中猛烈拍打，發出清脆的聲響。遠方，來自對岸的燈光微弱閃爍，彷彿另一顆星球的光點，遙不可及。我很想跟著出海，但我知道不太可能。正當我準備折返，再次繞行碼頭時，一名男子從船上躍下，點起一根菸。我遞上一根自己的菸給他。他在強風吹拂下難以將菸點燃，我只好湊過去幫忙遮擋火苗。

3　big-game fish是指遠海或離岸釣捕大型魚類的休閒活動。這種釣魚方式需要用到較大的船隻和專業釣具，目標魚種包括旗魚、鮪魚、鯊魚等大魚。

他滿臉都是皺紋與歲月的痕跡，但我無法判斷他的年紀；長年與海共存，似乎讓他顯得比實際年齡更加歷經滄桑。他的臉頰因日晒變得黝黑而鬆垮，雙眼毫無波瀾。我注意到他的棒球帽帽簷下，露出幾縷灰白髮絲。他穿著防風夾克和聚酯纖維長褲，腳掌上是一雙涼鞋——實在稱不上是老練水手的標準打扮。他自稱姓孫（Ton），告訴我他獨自操作整艘船，這樣作業其實相當危險。海鷗彷彿被我們四周的馬達聲喚醒，紛紛降落在船上。

我假裝抱怨天氣。他說他今天不會出海，風實在太大了。他的皮卡車就停在附近，他一邊鑽進車裡，一邊高聲講手機，過了好一會兒才出來。然後他回到碼頭，就在他正準備回到船上時，我抓住他的手臂，問他能不能帶我一起出海，我願意付錢。他搖搖頭，示意我的想法太過荒唐。他的工作燈閃爍不定，於是他回到船上試圖修理。又有兩艘船駛離碼頭了，我能搭上船的機會越來越渺茫。在黎明前的黑暗時刻，蝦群仍靜止不動，此時正是可以出海捕蝦的短暫時機。風從海上帶來一陣低氣壓的空氣，鹹鹹的氣息灌進我的肺裡。孫先生完全不理我，但我仍守在他的船邊，捧著一杯不熱的咖啡，看起來就像一隻迷路的寵物。

突然，他抬頭看了我一眼，然後揮手示意我上船。他只出海一趟，僅此一次，他還叫我別礙事。他發動引擎，我們跟在另一艘正朝著空中噴吐柴油煙霧的船後方出海。孫先生讓我待在船上一處靠近絞車和機艙的小空間裡。天色仍是伸手不見五指，我能聽見水面拍打的聲音，除此之外什麼都看不到。我只能看見這艘船上的動靜。

孫先生身手矯健，完全不像他這個歲數的人——儘管我無法確定他的實際年齡。他一邊在船長椅與船尾之間來回奔波，一邊同時放下側舷支臂。這些船上的機械設備非常簡單，遠不及那些開往墨西哥灣深處的大型商業漁船。我們緩緩駛向離碼頭不遠的一處捕撈點。孫先生操控著每扇重達約一百八十公斤的金屬網門[4]，使其滑向漆黑的水面。接著，他把尼龍捕蝦網從船身側邊放出，緩緩放下金屬網門，使其沒入水中。網子會展開成圓錐狀，在海灣底部拖行，而這些金屬門能讓拖網保持開闊。一條趕蝦鏈（tickler chain）在漁網前方拖行，攪動海床，把藏在泥土中的蝦子趕出來。

　　孫先生緩緩操縱船隻，讓它在水面上前行。他凝視著翻騰的浪濤，彷彿能看見水面下的情況。叼著菸的他，此刻氣定神閒。他告訴我，這艘船是二十多年前以四萬美元買下的；它曾經讓他維持不錯的生計，但如今已經老舊不堪。他的孩子都長大了，現在的他只有在漁獲量不錯的時候才會出海，而這樣的日子並不算多。像今天這樣的天氣，大家都會賠錢。他指著水面上漂浮的軟木浮標喃喃自語，但我聽不太懂。他望向水面，頻頻搖頭。

　　一道微弱的晨光從地平線升起，孫先生把我推到一旁，準備啟動絞盤（winch）。才過了三十分鐘，他就決定收網。漁網從水中浮

4　此處指「網門」（trawl door）或網板（otter board），是拖網捕撈不可或缺的設備，主要作用是展開網口、保持網具穩定、控制捕撈深度等。

現時,海鷗頓時騷動起來。孫先生熟練地將漁網引導到收納箱上方,鬆開底部的滑結,少量的蝦掉進了箱子裡。收穫差強人意,頂多九公斤。孫先生有些失望,但也只是聳聳肩,彷彿早已料到這結果。風勢越來越強,他急著返航。他指向其他漁船,比劃著手勢,意思是他們也只是在浪費時間而已。他重新綁好漁網的繩索,然後將其擱置在一旁。

繩結有許多用途,最直接的功能就是連結兩個物體。我們日常生活中使用的大多數繩結,都可以追溯回航海歷史。在一切機械化之前,水手的存亡仰賴於繩結。綁出好繩結的關鍵,在於打出一個自己可以掌控的結。任何人都能綁出一個緊繃的結,也都能利用摩擦力來製造張力,但真正的技巧,是能夠綁出既牢固又能在緊急時輕鬆解開的結。在這個由鋼鐵與馬達主導的時代,結繩技術正逐漸成為失傳的技藝。在這樣的小漁船上,水手大概只需要掌握幾種基本的繩結,就能應付所有作業。孫先生打的是雙套結(clove hitch),用來將船固定在碼頭樁柱上。這種淺顯易懂的繩結能夠透過自身的環狀結構,將物體牢牢固定。我很確定他並不曉得,這個他一生中不知已經打過多少次的結的英文名稱。

我替孫先生將他的漁獲轉移至一個塑膠桶裡,接著他便把桶子抬上皮卡車的後車廂。這些蝦會直接被送往魚餌店。我拿出錢想要酬謝他,他頭一次對我露出笑容,然後拒絕收下。我把剩下的香菸都給了他,他順口道別,隨即開車離去,輪胎揚起的灰塵落在我的牛仔褲上。天才剛剛破曉,其他船隻陸續返航,但漁獲同樣寥寥無幾。海風逐漸捲起漩渦,棕櫚樹的葉子劇烈拍打著,海鷗在空中發

出抗議的嘎嘎聲。

艾克颶風（Hurricane Ike）至今仍如夢魘般籠罩著這片土地。2008 年，艾克從熱帶氣旋增強為四級颶風，並於 9 月 13 日在加爾維斯敦登陸。狂暴的風勢摧毀了樹木，將一切夷為平地。颶風帶走了數十條人命，造成的損失高達數十億美元。當地人在提到時間時，習慣以「艾克之前」或「艾克之後」來區分。艾克之後，所有事物都得重建，因此這裡的一切看起來幾乎全新，不過仍然可以看到房屋曾經矗立的地方，如今仍是空蕩蕩的土地。而那些遍體鱗傷的捕蝦船，更是風暴留下的痕跡。有些船隻毫髮無傷地撐過了颶風，有些則已經過大大小小的修繕。對這裡的越南移民來說，這些船隻關乎生計，所以他們只要一完成修補作業，就會繼續出海。他們是風暴過後最早回到海上的人。這些捕蝦船滿目瘡痍，卻依然能運作。它們嘎吱作響，咳出掙扎；在晨光的映照下，它們看起來像是勉強漂浮於人間的幽靈船。

漁夫們匆匆跳上車，迅速駛離。我一時興起，想著是否該開車跟上。但即便追上了，我又能做什麼呢？我無法給予他們任何想要的東西。而我渴望從他們那裡獲得的──他們的隱私、他們的信任，就像在油墨般漆黑的海洋中穿梭閃躲的魚群，難以捉摸。

我在聖萊昂找不到任何越南餐廳，於是決定停在一家墨西哥餐館吃早餐。我在菜單上看到炒玉米餅[5]，就點了這道料理。香脆的玉米餅[6]與雞蛋拌炒，佐以墨西哥莎莎醬，並搭配炒豆泥和柔軟溫熱的墨西哥薄餅，真是一頓豐盛的早餐。鄰桌坐著一對正在用餐的夫妻，

他們年幼的孩子在腳邊玩耍。廚房的出餐口上方掛著一張潘丘・維拉（Pancho Villa）[7] 的照片，被裝飾得像一座小小的神龕。廚師遞給我一瓶嬌露辣（Cholula）辣醬，熟悉的味道使我雀躍不已。一群看來像是勞工的人魚貫而入，他們的工作似乎因為這陣狂亂的強風而被迫中斷。廚師同時身兼料理與點餐二職，忙得不可開交。他的父親坐在電視機旁的桌子前收看 CNN。他無助地轉頭，望向他那個正在以最快速度記下所有點餐的兒子。我吃飽後自己收拾了餐盤，順手擦了擦桌面，好讓那群穿著工作靴的男人可以坐下來用餐。

———・———

　　我在車裡睡了很長一段時間，然後被海鷗刺耳的叫聲吵醒。現在是午餐時間，所以我驅車前往水面燒烤（Topwater Grill）餐廳，它位於第 9 街的盡頭，面朝海灣。它的樣子就是典型的碼頭餐館，充滿悠閒歡樂的氛圍，店內裝飾著各種漁具，音響播放著柴克・布朗樂團（Zac Brown Band）的歌曲。這間餐廳座落於一處被前人稱為「愚人節角」（April Fool Point）的碼頭，這裡曾是非洲奴隸船的登陸點之一。餐廳入口旁邊是展示區，販售 T 恤、帽子和啤酒保冷杯。像這樣的餐館通常不是享用美味海鮮的地方，但水面燒烤卻有口皆碑，因此我想親自來一探究竟。餐廳後面有個小型裝卸碼頭，主要供釣魚遊艇使用。餐廳的老闆是瓦利（Wally）船長，聖萊昂的每個人都認識他。你有機會在這裡找到他，但沒人確定他什麼時候會出現。經理告訴我，你只能在他巡視餐廳的時候碰碰運氣。他不太喜

歡在同一個地方久留。

　　我把名字和電話留給接待人員，請她在瓦利船長抵達的時候通知我，便坐下來享用午餐。我先吃了用油和大蒜烤過的墨西哥灣生蠔，接著大快朵頤了一籃清蒸皇家紅蝦，搭配澄清奶油[8]和些許德州皮特辣醬（Texas Pete）。菜單選項相當多元，從牧場風味蝦[9]到布丁香腸球[10]應有盡有。我點的紅鱸佐龐恰特雷恩醬[11]也是美味絕倫。就在我快用完餐時，一位女服務生過來告訴我，有人看到瓦利船長了。我等了許久，看看他會不會來找我。終於，他現身了。他穿著乾淨的短褲和運動風衣，看起來慈眉善目，臉上布滿因海風吹拂而生的皺紋，說話時有濃重的波蘭口音。他問我是不是愛德華，我點頭，他帶著懷疑的目光打量著我。他問我究竟有何貴幹？我告訴他我正在寫書，他才勉強坐下，劈頭就說自己沒有太多時間，因為等一下還要和幾位承包商碰面，討論新的開發案。

5　migas，在西班牙料理中是指炒麵包屑，但此處應指墨西哥式的炒玉米餅。
6　corn tortilla，使用玉米粉烙製的薄餅，質地粗糙，常用於塔可餅、安吉拉卷（enchilada）等墨西哥傳統料理。
7　著名的革命領袖，在墨西哥革命中扮演重要角色。
8　drawn butter，指將奶油加熱融化後，去除乳固體和水分，留下純淨的奶油脂肪。質地較透明，口感更濃郁，常用於海鮮料理，如龍蝦或蝦的蘸醬。
9　Camerones Rancheros，有時也被稱為墨西哥風味蝦，因為這道菜的綠白紅顏色與墨西哥國旗的顏色相同。
10　Boudin Ball，卡津（Cajun）料理的變化版本，源自布丁香腸（Boudin Blanc）。不同於傳統的布丁香腸將內餡填入豬腸衣中，布丁香腸球是將內餡揉成球狀，裹上麵糊後油炸，口感外酥內嫩。
11　Ponchartrain sauce，源自美國路易斯安那州的醬汁，以當地的龐恰特雷恩湖（Lake Pontchartrain）命名。這種醬通常用於海鮮料理，帶有濃郁的奶油風味和微妙的香料氣息。

我們聊了一下食物，我感謝他對於供應來自墨西哥灣新鮮漁獲的堅持與承諾。他指著一面牆向我示意，牆面上掛滿了他這些年來獲得的各個獎項與表揚。他告訴我，原本有更多獎項的，但那些都在艾克颶風來襲時被沖走了。我們談了捕魚和聖萊昂的生活。我問他和越南捕蝦人是否處得來。「可以，」他回答我；他和他們所有人都有合作關係，他們都是他的朋友。

「但對那些老一輩的來說，確實不容易。」他告訴我。「他們的孩子過得很好，成了美國人，但年長的一輩卻難以釋懷。我告訴他們：『這裡就是美國，為什麼還想把它變成越南？』你知道，我自己也有一段故事，可是我來到這裡時，我在心裡對自己說，我要擁抱這個國家。」

我問他有什麼故事。他嘆了口氣，說故事太長了，一言難盡。

「總之，」他說。「我就簡單講講吧。1940 年，蘇聯軍隊進入捷爾諾波爾（Tarnopol）。當時我才五歲。他們給我們二十分鐘收拾行李，主要就是一些衣物和補給物資，然後就把我們帶上雪橇，送往火車站。我們被『運送』了兩三週。在那之前，我們不曾離開過波蘭，卻在一夕之間被迫坐上這輛火車；這趟漫長的旅途中幾乎沒有食物、沒有醫藥，甚至連能好好睡覺的地方都沒有。當我們下了火車，才發現自己已經到了西伯利亞。我父母被迫在森林裡的勞改營工作，我們根本不覺得自己能活下來。幾個月後，他們又把我們送上火車，運往西伯利亞更深處的另一座勞改營。這一次，火車的門是敞開的，我父親決定要帶我們一起跳車。他先跳，然後輪到孩子，最後是我母親。我們踩著雪，走到附近的一個村莊，有位善良

的女士——願上帝保佑她——讓我們暫住了下來。」

「1942年，德軍正猛烈進攻蘇聯。他們開始招募所有波蘭男性替他們上戰場，並承諾只要從軍，家人就能回到波蘭。於是，我的父親加入了。他被帶走後，我們有很長一段時間都沒有再見到他，只聽說他被派去波斯作戰。我們仍然滯留在西伯利亞，滿心期望能回到波蘭。後來，我母親聽說有一群家庭準備前往伊朗。我們匆忙搭上一班開往裏海（Caspian Sea）的火車。直至今日，我仍然無法理解，母親究竟是如何找到力量與意志，在那趟旅途中保護我和哥哥的。我們沒有證件，也身無分文。整趟旅程中，我和哥哥幾乎一直躲在座椅底下。後來我們下了火車，改乘牛車和手推車，走在荒涼的道路上，這時有一輛軍用卡車駛過。他們是波蘭士兵。他們認出我們是波蘭人後，就讓我們上車，載我們前往塔什干（Tashkent）。我們毫無頭緒地從那裡又輾轉來到裏海的一座港口，等待搭船前往伊朗。就這樣，我們終於抵達伊朗，在一處滿是帳篷的營地裡生活了好幾個月。」

我振筆疾書，試圖確保自己有完整記錄他故事中的每一個細節。我不在意這些細節是否完全符合事實，也不去質疑他怎麼能對於五歲時的事情記憶猶新。顯然他已經不是第一次講這個故事，但這並不減損它的精采程度。

「那段歲月裡，我只見過我父親一次，短短兩天的時間，後來隔了七年才再次見到他。我們搬到了德黑蘭，住在一個難民營裡。他們為我們設立了波蘭學校，我們在那裡待了六個月。然後我們坐

上卡車，穿越幾個極為危險的地區，抵達波斯灣。他們送我們上船前往當時還隸屬於英屬印度[12] 的喀拉蚩；現在的喀拉蚩已經是巴基斯坦的一部分。我們在那裡待了四個月，接著又登上另一艘船，前往非洲蒙巴薩（Mombasa）。然後，我們搭乘火車，先到奈洛比，再到烏干達，最後抵達維多利亞湖畔的波蘭移民營。我們在那裡生活了五年多。他們也替我們建了學校，我們在那裡受到很好的待遇。戰爭結束後，我們回到波蘭，得知父親莫名其妙輾轉到了英國，於是我們前去與他團聚。我們在英國待了三年，直到大約 1952 年，我們才決定前往美國開創新生活。我們有一位住在印第安納州的擔保人，於是我們搭乘伊麗莎白女王號（Queen Elizabeth）遠渡重洋，抵達埃利斯島（Ellis Island）。之後，我們乘坐灰狗巴士前往印第安納州的哈蒙德（Hammond），我父親在那裡找到一份焊接的工作。我長大後進入電話公司擔任製圖員。1957 年，我被徵召入伍，派駐華盛頓特區，擔任技術工程師。1959 年退伍後，我回到電話公司工作。當時，固態電晶體收音機（solid-state transistor transistor radio）開始流行，我主管允許我用這些裝置做研究與實驗。我研發了一些專利，並因此獲得晉升。1972 年，我獲邀前往休士頓，為一家石油鑽井公司設計電子系統。我經常來聖萊昂釣魚，逐漸愛上了這個地方。當時我有一艘小型捕蝦船，靠著副業賺了一些錢。1975 年，這座碼頭被掛牌出售，我便把它買了下來。那時我還得經常前往厄瓜多工作，所以並未全心投入這裡的產業。直到 1983 年，我才開始將更多時間投注於此。我買下一支捕蝦船隊，經營了一段時間。後來，我蓋了這家餐廳，一開始只是間小店，專門用來供應我們從海灣捕撈的海

鮮。可是在 2008 年，艾克颶風摧毀了一切。我們重建了這間餐廳，現在由我兒子接手經營，生意非常興隆。」

我一邊瘋狂地做筆記，一邊努力與他保持眼神接觸。我問他脖子上那枚金色錨形墜飾的故事。他告訴我，那是很久以前，他妻子送給他的禮物。

「跟你講一件我太太的趣事吧，」他說。「當年我還在美國陸軍服役時，幾位朋友替我們安排了相親，因為我跟她都是波蘭人。我們第一次約會時話還算投機，結果你猜怎麼著？我們竟然在同一個時期住過同樣的地方。我們的家人彼此認識，而我其實在她剛出生八天時就見過她。我們兩家走過同樣的旅程。我在西伯利亞的時候，她也在那裡；我穿越裏海前往伊朗時，她也在船上；我住在非洲的難民營時，她也在那裡。她比我晚一年來到美國。我們交往時，我給她看一張我從非洲帶回來而且一直珍藏的照片。當時有個男人獵殺了一隻巨大的鱷魚，營地裡所有的孩子都圍著那隻鱷魚拍照。我把照片拿給她看，照片裡竟然有她！你說巧不巧？」

他沉默了片刻，然後說：「這一切會發生一定有它的原因，而其中之一就是讓我遇見了我的妻子。我是受眷顧之人。有好幾次我都差點一命嗚呼，但現在，我有了自己的家庭。我覺得這一切都是

12　1947年印度與巴基斯坦分治之前，喀拉蚩屬於「英屬印度」（British India），當時整個南亞次大陸都是大英帝國的一部分。之後，喀拉蚩成為新成立的巴基斯坦的第一個首都（直到1963年才遷都至伊斯蘭馬巴德）。

有意義的。我今年八十三歲了,毫無疑問,我這一生充滿恩典。」

我的手因為動得太快而抽筋,手指不停抽搐顫抖。我問他,那張獵人和鱷魚的照片放在哪裡。他說,照片在艾克颶風肆虐時遺失了。就像這裡的每個人一樣,他當時幾乎失去了一切。

「哎呀,沒想到我說了這麼多,我本來沒打算講這麼細的。」他對我說。「你大概只想知道關於我餐廳的事吧。」

我放下筆,闔上筆記本,功成身退。我與他握手,祝他身體健康。長時間的滔滔不絕似乎讓他很是疲憊。他起身準備離開餐桌時,手機響了。我看著他在餐廳裡走動,與顧客握手,擦拭沾染汙漬的菜單。透過餐廳的玻璃窗,我看著他走回碼頭,協助一位漁民把船從水裡拖上岸。一隻棕色鵜鶘靜靜地停駐在岩石上,耐心等待人們把漁獲的殘渣丟給牠。

我不確定這些不同文化之間,除了這片讓他們得以維生的海灣之外,還有什麼共同點;我猜想,或許是對生活擁有一種更深層的滿足感吧。以及辣醬——他們好像都很愛辣醬。正如肯尼所說,到了水上,就不適用陸地的規則。那種感覺就像是暫時離開地球。當然,在船上也會遇到各種問題,但那些問題通常是機械故障、惡劣氣候,或是惱人的海鷗。然而,對於我所訪談過的大多數漁夫來說,最棘手的問題,是陸地上的法律已經緩慢但沉重地爬上了水面上的船隻,使原本逃離現實的甜美之旅,如今彷彿癡人說夢。

2017 年,哈維颶風(Hurricane Harvey)重創墨西哥灣沿岸,大部分的沿海城鎮都被毀滅性的致災洪水淹沒。這是自艾克颶風以來

最嚴重的一場風暴,但沿海的居民終將重建家園。無論是拖網捕蝦的漁民、墨西哥廚師,還是瓦利船長,他們都會回到海灣,重拾與水共生的羈絆,再次從這片海域獲取生計。

　　捕蝦人四面楚歌——在美國營運漁船的高昂成本、繁瑣的法規要求,以及來自亞洲低價劣質蝦類的激烈競爭夾擊之下,他們的生計越發艱難。如今,蝦子的價格已經低廉到讓我們忽視牠本身的風味。我們將其視為日常食物,吞下肚時甚至不再多想。然而,如果你真的喜歡吃蝦,一定要試試加爾維斯敦灣的白蝦。這裡的漁船從不出海超過一天,因此蝦子不會經過冷凍程序,而是新鮮捕撈後立即出售。這種蝦肉質細緻,帶有海灣特有的風味,根本無需煎黑或是用厚重的醬汁掩蓋味道。當你品嘗到這種蝦的鮮美時,就會明白鵜鶘守候的道理:最美味的蝦,來自最新鮮、最簡單的料理方式。

越南煎餅佐蝦仁、豬肉與香草

越南煎餅是一種傳統的包餡薄餅，通常搭配生菜和香草一起食用。食用方式是將煎餅包在生菜裡，然後蘸水蘸汁（Nước chấm，又稱甜魚露）。但在這個版本中，我以開放式版本呈現，直接將生菜和香草鋪在煎餅上。這道料理很適合作為輕鬆的開胃菜，搭配一杯清爽的淡啤酒享用。

分量：4人份前菜

麵糊
- 在來米粉　2杯
- 玉米粉　2大匙（另備1小匙）
- 鹽　1小匙
- 薑黃粉　¼小匙
- 蔥（切絲）　½根
- 椰奶　⅓杯
- 水　2杯

內餡
- 魚露　1½小匙
- 糖　½小匙
- 鹽　½小匙
- 現磨黑胡椒　⅛小匙
- 豬肩肉（切薄片）　340公克

- 小蝦（墨西哥灣白蝦）340公克
- 黃洋蔥（切薄片）　½顆
- 植物油　¼杯
- 豆芽（洗淨）　2杯

裝飾
- 葡萄柚（取果肉，保留果汁，見P296水蘸汁食譜）1顆
- 薄荷葉（切碎）　1束
- 芫荽葉　1束
- 泰國羅勒（切碎）　1束
- 蘿蔓生菜（切碎）　1杯
- 水蘸汁（食譜後附）

製作麵糊

取一中型碗，混合在來米粉、玉米粉、鹽、薑黃粉和蔥。加入椰奶與水後拌勻。在室溫下靜置 1 小時，麵糊會稍微變稠。

同時醃製豬肉內餡 & 製作煎餅

1. 取一小碗，混合魚露、糖、鹽和黑胡椒。加入豬肉片攪拌，使其均勻裹上醃料。蓋上蓋子，放入冰箱冷藏。

2. 準備烹調時，取出豬肉瀝乾，並將豬肉、蝦仁和洋蔥各分成四等份。

3. 取一個 25 公分的不沾鍋加熱，轉中大火。加入 2 小匙油，放入一份豬肉、蝦仁和洋蔥，翻炒約 1 分鐘，至豬肉略微上色。用湯勺攪拌麵糊，舀取約 ⅓ 杯倒入鍋中央，轉動鍋子，使麵糊均勻鋪滿鍋底；麵糊倒入時應會發出滋滋聲並冒泡。30 秒後，在煎餅上堆放 ½ 杯豆芽菜，轉中火，然後蓋上鍋蓋。繼續悶煮 2～3 分鐘，至豆芽稍微變軟。

4. 打開鍋蓋。沿著煎餅邊緣倒入 1 小匙油，繼續煎 3 分鐘或至底部酥脆呈金黃色。取出煎餅放到盤上。重複上述步驟處理剩餘的麵糊和餡料，並將每片煎餅盛盤。

5. 將葡萄柚瓣、香草和生菜層層堆疊在煎餅上，菜葉需蓬鬆立體。在香草和煎餅上淋水蘸汁。立即享用，如需額外蘸醬，可另備水蘸汁置於一旁。

搭配 水蘸汁

這是一款非常適合春捲和生菜捲的蘸醬。葡萄柚汁可視狀況添加，但它能讓醬汁風味更鮮活。

分量：約 1½ 杯

- 溫水　⅔ 杯
- 糖　3 大匙
- 新鮮萊姆汁　⅓ 杯
- 魚露　5～6 大匙
- 泰國鳥眼椒（切薄片）　1～2 根
- 大蒜（切碎）　2 瓣
- 預留的葡萄柚汁　適量（見 P294 越南煎餅食譜）

取一小碗，將溫水與糖攪拌至完全溶解。加入萊姆汁、魚露、辣椒和大蒜，繼續拌勻，最後加入預留的葡萄柚汁。

波本蘸汁烤牡蠣

如果可以,請儘量選用碩大肥美的墨西哥灣牡蠣來製作這道料理。這種牡蠣的鹹味不像某些其他品種濃烈,但肉質多汁,適合烹調。醬汁部分與我在 P296 越南煎餅食譜中的基本水蘸汁相同,但我把其中的水替換為波本威士忌,為醬汁增添煙燻味與更多的層次。不過,烹調時不能直接等量兌換水,必須先加熱威士忌讓酒精揮發。

分量:6 人份前菜

- 岩鹽　適量
- 牡蠣(洗淨,建議墨西哥灣牡蠣) 12 顆
- 波本蘸汁　¼ 杯(食譜後附)

1. 烤箱預熱至 260°C 或調至最高溫度。

2. 烤盤上鋪一層岩鹽,將牡蠣塞進鹽中(平面朝上)。放入烤箱並密切注意時間,牡蠣只需 3～5 分鐘即可熟成。待牡蠣殼微微張開,且有少許牡蠣汁在邊緣冒泡時,就表示已經熟了。戴上隔熱手套,取出烤盤,輕輕撬開上殼取出牡蠣,此時殼應該很容易打開(我甚至不需使用開蠔刀,只用削皮刀就能完成)。

3. 將牡蠣盛盤,直接淋上波本蘸汁。立即享用。

搭配 波本蘸汁

分量：約 1 杯

- 波本威士忌（建議使用五年陳釀） 2 杯
- 糖 3 大匙
- 新鮮萊姆汁 ⅓ 杯
- 魚露 5～6 大匙
- 泰國鳥眼椒（切薄片） 1～2 根
- 大蒜（切碎） 2 瓣

1. 取一中型鍋倒入波本威士忌，以小火加熱至微滾，慢慢煮至液體減至約 ½ 杯。波本可能會燃燒起火，因此請準備一個可密合的鍋蓋，切記不要直接俯視鍋內。當波本燃燒時，立刻蓋上鍋蓋，使火熄滅；火熄滅後，立即移開鍋蓋。酒精可能會再度燃燒一、兩次，只需再次蓋上鍋蓋撲滅火焰即可。

2. 當波本減少至所需的量之後，將其倒入耐熱量杯中，加入適量的水，使總液體量達到 ⅔ 杯。

3. 將②的波本水溶液倒入碗中，加入糖、萊姆汁、魚露、辣椒和大蒜後拌勻。這款波本蘸汁可密封冷藏，最多保存 2 週。

CHAPTER 12

不朽的派特森

竟是什麼力量，會讓人在瀑布前萌生往下跳的衝動？是平靜的水面驟然傾瀉而下，猛烈激起的暴力衝撞？還是自由落體時的磅礡釋放，那股早在我們來到這世上之前就已開始奔騰，而且在我們離去之後依舊川流不息的能量？站在紐澤西州派特森市的帕塞伊克河（Passaic River）大瀑布前，這些念頭在我腦海中不斷浮現。現在是清晨時分，除了幾個慢跑者，這裡只有我一個人。凝視瀑布幾分鐘後，我開始產生視錯覺（optical illusion）——雖然我深知流水從未停歇，但我彷彿看見水面靜止不動。我在水流的紋理中，看見了永恆。

• • •

一位遛狗的男人告訴我，就在上週，有人往下一跳，與世長辭。他說，事發在光天化日之下，當時一名男子從韋恩大道橋（Wayne Avenue Bridge）上縱身而下。他還說，這種事早已司空見慣。瀑布上方有一座行人橋，從那裡可以近距離觀看河流；水流的型態千變萬化，從超過十八公尺的高處奔騰而下，沖刷著瓦欽山脈（Watchung Mountains），最後朝下方無情的岩石下墜。這幅景觀壯麗又令人望而生畏。我選擇不走那座橋；沒必要考驗我衝動的天性。我很訝異

這裡竟然如此荒涼。天氣好的時候，從派特森開車到曼哈頓只需要三十分鐘，但這裡的遊客量屈指可數。假如這座瀑布是在布魯克林，一定天天被遊客擠得水泄不通。我在這座瀑布中看到了許多隱藏的矛盾——在一座歷經滄桑城市裡，靜止與流動並行、生命與死亡並存、孤獨與連結並茂。

這座瀑布曾經孕育出一座繁榮的移民與勞工之城，派特森因此成為當時工業改革的重鎮。亞歷山大・漢密爾頓（Alexander Hamilton）[1]是第一位讚揚並看出帕塞伊克河潛力的人，他計畫利用這股原始力量，推動他期望的願景——讓美國的製造業引領全球。正因如此，派特森成為工業家的夢想之地——一片由廉價勞動力與豐富原料驅動、不受監管的工廠集散地。湯瑪斯・愛迪生（Thomas Edison）、塞繆爾・柯爾特（Samuel Colt）[2]、羅傑斯機車與機器工廠（Rogers Locomotive）以及眾多工程師、發明家和企業家齊聚派特森，合力打造一個從槍枝到紡織品等一切需求都能滿足的美國，推動這個國家走向永不停歇的未來。到了1870年，派特森的紡織廠生產了全美超過百分之五十的絲綢，使其贏得「絲綢之城」（Silk City）的稱號。最早進入工廠工作的移民來自歐洲，他們建立了新的社區，例如「都柏林」（Dublin），一個位於帕塞伊克河東岸的愛爾蘭裔美國人聚居地。隨後，渴望工作機會的義大利、波蘭、匈牙利和希臘移民也接踵而至。派特森的興衰，就是美國製造業的發展縮影。罷工示威、逐漸嚴格的勞動法規，以及工會制度都大幅改善了勞工的工作條件，但也同時促使工業巨頭選擇將工廠遷址。最後，這一套以最低工資僱用移民、追求最大產能的生產模式，終究帶領派特森的

工業時代走向毀滅。

　　時至今日，於派特森定居的移民已多來自多明尼加共和國、古巴、海地、印度、巴勒斯坦和秘魯。這座城市仍然有工廠持續招聘員工，但相較過去，如今僅剩零星的職缺。這裡變成昔日龐大工廠的遺跡，居住人口遠大於就業機會。我漫步在派特森市中心歷史悠久的肉品市場內；透過街角市場的櫥窗，我看到擠在籠子裡的數百隻活雞。我走進店內，向櫃檯後方的男子詢問這裡販售的雞隻種類。店員來自古巴，身穿白色無袖背心，脖子上掛著一條金鍊。他指向一張手寫的菜單，上面列著肉雞、肉鴨、珠雞（guinea hen）、火雞，以及「老家禽」（heavy fowl）──也就是老一點的雞。店內禁止拍照。如果我想留下來，就必須買點東西，所以我點了一隻肉雞。櫃檯後方的男子伸手進籠，抓住一隻雞的脖子，將牠過磅，然後送往加工區。我站的位置，視線所及只能看到一個不鏽鋼水槽和幾個手持剁刀的男人，但散落一地的羽毛告訴了我一切。我付了錢，他告訴我十分鐘後就能取貨。等候室的牆壁漆成藍綠色，裡面只有幾張塑膠椅子。當我的現宰雞準備好時，他用屠夫紙把肉包好，放進一個牛皮紙袋遞給我。我不知道該怎麼處理它。我住在飯店，根本不需要生雞肉。我踏出店門，猶豫了一下要不要直接丟掉，但我做不到。這隻雞剛剛為我獻出了生命。

1　美國開國元勛，首任財政部長，主導建立美國金融體系，支持工業化與製造業發展。

2　美國發明家和實業家，以左輪手槍的設計和大規模生產而聞名。他創立了柯爾特專利武器製造公司，並在工業革命中推動可互換零件和流水線生產技術的應用。

如今，派特森的名聲與犯罪和失業密不可分，這座城市的歷史似乎已停滯不前，再無新頁。作家不再為派特森提筆，遊客也不再前來觀光。有幸擁有工作的人薪資微薄，而無所事事的人依然遊手好閒。派特森讓我想起自己成長的移民街區，在那裡，孩子們被迫早熟地將童年的純真打包，深埋在水泥底下。然而，在這些移民社區的人行道縫隙間，仍有一股堅韌的力量絕處逢生。我在今日所見的派特森依然充滿活力，上百種語言喧譁交織，各式香料的氣息肆意瀰漫。饒舌歌手費堤・瓦普（Fetty Wap）自派特森出身，當街上的汽車緩緩駛過市中心時，你可以聽見他的音樂震耳欲聾地從車內傳出。他是這座城市的英雄，一個成功突破重圍的人。他悲愴的旋律宛如一首主題頌歌，在這座彷彿被拼貼而成的城市中迴盪。

　　派特森有形形色色的餐廳，就如這座城市的居民一樣多元。早期的移民，例如希臘人，曾經流行過一種被他們莫名其妙稱之為「德州維也納香腸」[3]的食物，基本上就是辣味起司熱狗。到現在，仍有一些地方持續供應這道美味的經典熱狗，例如「莉比餐館」（Libby's）。而較晚遷入的移民，則開設了屬於他們自己的餐廳。我當然可以替其中任何一家寫故事，但這一次，我是為了體驗秘魯美食而來──這座城市擁有全美密集度最高的秘魯餐廳。六〇年代，開始有秘魯移民來到派特森尋找工廠的工作機會，但當時的人數並不多。到了八〇年代，名為「光明之路」[4]的激進共產主義派系發動了一場持續近二十年的暴力運動，使得秘魯陷入恐慌；許多秘魯人因此喪命，而倖存者則眼睜睜看著經濟瓦解。派特森的秘魯移民人

數也因此急遽攀升。當工廠的工作機會逐漸減少時，秘魯裔美國人便轉而開設商店和餐廳，以滿足日益增長的群體需求，並打造出家鄉的文化縮影。這個小區被稱為「小利馬」（Little Lima）；至今，沒有人確切知道有多少秘魯人居住在此。根據各方不同的估算，人數約落在一萬五到三萬之間；據稱，派特森約有六十家秘魯餐廳。

你可以在這裡待上一個月，每天在不同的餐廳用餐。而我則只有兩天，或許三天的時間；如果我夠積極的話，一天大約可以安排個五頓飯。但我不可能嘗遍所有想吃的食物，於是我擬定了策略：第一步，上網尋找評價最高的餐廳。我找到「德莉婭阿姨」（La Tia Delia），這家在派特森擁有悠久歷史的餐廳，是旅遊網站最多人推薦的店家之一。我直接將它從名單上剔除。我會選擇第二或第三熱門的餐廳，比如葛莉賽達餐館（Griselda's），如此一來，我才能對當地菜色有些基本認知，而且在這些地方遇到觀光客的機率也比較低。我在那裡點了幾道菜，有檸汁醃生魚[5]，以及烤肉串[6]和炒牛柳（lomo saltado）。秘魯烤肉串是醃製後炭烤的牛肉串，而炒牛柳則

3　Texas wiener，wiener源自Vienna sausage（維也納香腸），但在美國常是熱狗（hot dog）的非正式說法，並不專指維也納香腸。

4　Shining Path，秘魯共產黨的一個極端派別，成立於1980年，該組織被秘魯政府、美國及多個國際組織列為恐怖組織。

5　ceviche，秘魯的國民料理之一，新鮮生魚片（如鯛魚、吳郭魚等）以檸檬、柑橘或青檸汁醃製，並加入洋蔥、辣椒、鹽和胡椒等調味料。對秘魯人來說，不僅是日常餐點，也是慶祝活動和社交場合中的常見菜餚。

6　anticucho，源自秘魯的烤肉串，歷史可追溯至西班牙殖民時期。傳統上使用牛心（或其他部位），用大蒜、醋、孜然、胡椒和秘魯辣椒調味後串在竹籤上，以炭火燒烤，搭配馬鈴薯或玉米食用。

是以中式蠔油調味的快炒牛肉料理，常以薯條佐餐。食物好吃，可惜調味略遜一籌。我通常只會淺嘗幾口，不會吃完每道菜，除非料理深得我心；我會將剩下的食物打包並隨身攜帶，以便在品嘗過其他版本後，如果想再試一次，還能回頭比較。此外，我討厭留下剩菜。策略的第二步，是盡可能與當地人交流，他們通常會提供許多推薦。最後，我會預留時間和胃口，以便任意探索。有時候，令人驚豔的餐廳很可能不經意就出現，這種偶然的發現總是令人欣喜。還有一點：我會尋找專門料理單一菜色的餐廳——這通常是料理值得信賴的美食指標。

老D碳烤（D'Carbon）以秘魯烤雞名聞遐邇，他們稱之為「Pollo a la Brasa」，柴火烤爐香氣四溢，在一個街區外就能先聞其味。現在才早上十點半，但店裡已經相當忙碌；我坐下來享用早午餐，而我的「死雞」則陪在一旁。這裡每個人幾乎都是選擇同樣的餐點，所以點餐並不令人困擾。我點了一整隻雞而不是半隻，因為我不想吃到預先切好、肉汁已全都流失的雞肉。雞肉用大蒜、孜然、紅椒粉、奧勒岡葉、黑胡椒和萊姆汁醃製，然後在烤肉叉上緩慢旋轉，直到雞皮變得酥脆。裡面的雞肉保持著蛋白質與肉汁交融的熟食狀態，第一口咬下去，熱氣便瞬間湧出。我一邊吃著熟雞，一邊看著旁邊的生雞，總覺得有點冒犯了它，於是我把袋子移到對面的座位上。烤雞會附上一種叫做秘魯綠醬（aji verde）[7]的醬料，味道鹹辣並有濃郁蒜香，而且呈鮮綠色。要我喝下一整加侖的這種醬汁，我絕對甘之如飴。每隔五分鐘，餐廳的煙霧警報器就會警鈴大

響，發出麻木且千篇一律的尖銳聲響，但似乎沒有人在意，大家都若無其事地繼續用餐。我的烤雞搭配了炸木薯佐萬卡伊納醬（Yucca a la Huancaina）[8]——一種炸至金黃、大小如卡車司機手指般粗壯的木薯塊，淋上香濃的黃起司醬。它實在太好吃了，我差點忍不住嗑掉整隻雞，但我必須留點胃。用餐結束後，我問女服務生是否可以把我的生雞送給她。我解釋了情況，但她拒絕了，而且大發雷霆，她以為我打算用一隻雞的屍體當她的小費。最後，我腋下夾著兩隻雞離開，一隻熟的，一隻仍是生的。

我第一次品嘗秘魯料理，是在洛杉磯的摩奇卡（Mo-Chica），由里卡多・薩拉特（Ricardo Zarate）創辦的前衛餐廳。雖然這家店已歇業多年，但食物至今依然令我齒頰留香。他的自製香腸[9]，是用豬肉和豬血製作；牛尾燉飯（Oxtail Risotto）濃郁且富含膠質，而他的柚子胡椒鮭魚生魚片[10]不僅賞心悅目，口感更是細膩清新。他的料理雖然精緻，卻擁有樸實的靈魂。這讓我對秘魯料理的根源，以

---

7 秘魯常見的辣味綠醬，由黃辣椒（Aji Amarillo）、香菜、大蒜、美乃滋、萊姆汁等食材調製而成。

8 秘魯經典的黃辣起司醬，源自萬卡約（Huancayo）地區，以黃辣椒、克索布蘭可乳酪（Queso Fresco）、蒸發乳（Evaporated milk）、大蒜、洋蔥和蘇打餅乾製成。口感濃郁滑順，帶有微辣與奶香，通常搭配煮馬鈴薯或炸木薯，也可作烤肉、炸物或蔬菜的蘸醬。

9 salchichas，以豬肉、豬血、香料（如孜然、蒜、胡椒）製成，風味濃郁。類似西班牙的血腸（morcilla），帶有秘魯的獨特調味。

10 Salmon Tiradito with Yuzukoshi，源自秘魯的生魚料理，受日本移民影響而誕生。其作法是將生魚切成薄片，並於刺身上淋上辛辣醬汁。與秘魯國菜檸汁醃生魚不同的地方是，tiradito是上桌前才調味，以保持生鮮口感，且通常不含洋蔥。

及里卡多的故事產生了興趣。原來，他成長於秘魯北部的利馬，血統與秘魯的文化一樣多元：母親一脈具有印加與中國血統，父親則擁有西班牙巴斯克（Basque)[11]血統。如果能在實驗室裡用最令人嚮往的烹飪基因打造一個人，那麼里卡多絕對是最佳範本。他於革命期間[12]逃離利馬，當時年僅十九歲。他姊姊的公寓遭到炸毀，朋友也死於槍管下。之後，他搬到倫敦，在知名日裔澳洲籍主廚和久田哲也[13]的廚房裡工作。到了九〇年代中期，他搬到洛杉磯，發現這座城市充滿移民文化，而且時值一場餐飲的文藝復興。摩奇卡餐廳讓里卡多聲名大噪，而他也讓秘魯料理在這座崛起中的美食之都裡，登上城市舞臺。

　　里卡多創辦摩奇卡餐廳時，已經是一位得心應手的主廚，而他的秘魯料理就像藝術家筆下的畫作。他精通法式與義式料理，在利馬時對亞洲風味也有所涉獵，但真正讓他打磨技藝至爐火純青的地方，是倫敦。他的料理對大多數美國人而言猶如一場文化啟蒙，但對他來說，這只是單純童年的味道。「我把童年時在利馬最愛的料理，加入自己的風格來詮釋，」他告訴我。我想嘗嘗那些還未經里卡多改造的料理，也就是他童年時的原味佳餚；我想剝去藝術家的修飾，看看秘魯料理最初的起點。我能感覺到，里卡多擁有豐富的原始素材，並從中汲取所有的創造力，而我渴望一窺其祕辛。我垂涎三尺，望眼欲穿。我本來可以去秘魯的，但我選擇了派特森。我總是對「正宗」這個概念感到矛盾。我來到派特森，是為了品嘗某種版本的道地秘魯料理，但這究竟代表什麼？就各方面來說，移民

料理其實並不「正宗」，而是被時間凍結、停留在移民潮離鄉背井的那一刻；它所反映的，是當時的烹飪光景。它是懷舊的味道，讓移民社群與自己的母國故土保持聯繫的方式。同時，在秘魯，美食與國家認同一直在循序漸進地演變。里卡多逃離利馬時，像加斯東・阿庫里歐（Gastón Acurio）[14]這樣的主廚，還尚未開始創作屬於他們個人風格的料理。里卡多那一代的秘魯人，將當時的秘魯料理帶到派特森等地；我相信，在利馬，仍然有一些餐廳維持舊時傳統的烹飪方式，但這座城市的發展已經使當地的餐飲面貌脫胎換骨。現在的利馬富裕繁榮，擁有許多米其林星級餐廳。里卡多年輕時的利馬，如今卻活生生地在派特森重現，可謂歷史的奇妙轉折。那麼，這樣的料理該如何分門別類？它「正宗」嗎？還是應該加上一個連字號，稱之為「秘魯裔－美籍」料理？

我向里卡多請教，他點點頭、娓娓道來，但隨著他大手一揮，語速變得越來越快。

「人們問我什麼是秘魯料理，我總是難以解釋。我告訴他們，『秘魯料理就像一鍋煮了五百年的湯。』」最早的食材是印加和西班

---

11 歐洲的古老民族，主要居住在西班牙與法國交界的巴斯克地區（Basque Country），以海鮮料理、燉菜（如Marmitako）、小吃（Pintxos）和蘋果酒（Cidra）聞名。

12 是指1980至2000年間，秘魯共產主義武裝組織「光明之路」發動的內戰。這場衝突導致數萬人死亡，造成嚴重社會動盪，許多秘魯人因此逃離家園。

13 和久田哲也以結合法式烹飪技術與日式風格而聞名，被譽為澳洲頂級廚師之一。

14 秘魯著名主廚，致力於將傳統秘魯料理與創新元素結合，成功將秘魯美食推向國際舞臺。他的烹飪理念不僅改變了秘魯料理，也影響全球對拉丁美洲飲食的認識。

牙。接著我們把非洲和摩洛哥放進鍋裡，然後是義大利，再加上一點德國和法國的元素。接著加入大量的中華風味。最後一種食材是日本料理。而這鍋湯至今仍在燉煮。」

我喜歡這個比喻，精闢完美。希望有一天，我們也能用這麼開放的態度來描述美國料理。

———•———

就在老 D 碳烤街上不遠處，有一家名為歡樂秘魯餐館（El Rompe y Raja）的小店，格外引人注目。我在這裡遇到了愛德華多（Eduardo），他既是廚師，也是收銀員。我告訴他，我也叫「愛德華多」。他的檸汁醃生魚新鮮而樸實，隨餐搭配一片冰鎮的烤甜薯薄片；他要我輪流品嘗吳郭魚和甜薯。我從未吃過味道如此平衡的檸汁醃生魚，萊姆汁的酸度被甜薯的甜味恰到好處地彼此中和。愛德華多的父親曾在利馬經營一家餐館，他們在愛德華多十幾歲時離開了秘魯。愛德華多在紐約市的義大利餐廳工作了十年，才開始經營這家店。我問他，這座城市已經有這麼多秘魯餐廳，他為什麼還要再開一家？

「因為我他媽的瘋了。我知道這樣很想不開。」

「你可以開在帕拉馬斯（Paramus）或克里夫頓（Clifton）啊。」

「我考慮過，但我也喜歡這裡。這裡是我的家，我不想去別的地方。」

我問他餐廳的名字——「El Rompe y Raja」是什麼意思？

「那是音樂。你知道的，有時候去夜店，音樂超嗨的，然後你玩得特別開心？那種狀態就叫做『rompe y raja』。這是俚語。」這裡的菜單和派特森其他秘魯餐廳大同小異，但食物卻別有洞天，更具野心。它散發一種自信，就像愛德華多一樣。我從背包裡拿出我早已準備好的小瓶威士忌，等待稍後品嘗。我們共杯同享，然後他倒了一杯紫玉米汁[15]給我，喝起來比甜度最高的酷愛飲料[16]還甜。他回到廚房，為我做了一盤燉牛肚[17]——一道切塊牛肚搭配綠醬湯心馬鈴薯的料理。牛肚入口即化。我又喝了一些紫玉米汁和威士忌。這是我到目前為止吃過最好吃的食物。

「你是中國人嗎？」他問我。我說不是。「我第一次看到你的時候，以為你是秘魯的中國人。」

———●———

十九世紀，來自廣東的中國勞工抵達秘魯，開始在糖廠和沿海的鳥糞礦場工作，那些潮溼的海鳥糞便洞穴是珍貴的肥料來源。他

---

15 chicha morada，紫玉米經過煮煉後，加入果汁（如鳳梨、蘋果）、香料（如肉桂、丁香）和糖調製而成。

16 Kool-Aid，一種粉末狀的飲料混合物，需要與水、糖混合，製成不同水果口味的飲料，以其高甜度和平價在美國廣受歡迎。

17 cau cau，源自秘魯的傳統燉菜，主要材料為牛肚（也可使用海鮮或雞肉），搭配湯心馬鈴薯和薑黃、洋蔥、孜然等香料。它也受到了非洲料理影響，是秘魯飲食文化中融合了多元元素的代表菜品之一。

們是約聘勞工,或者稱為「苦力」,基本上就是合法的奴隸;幾乎所有的勞工都是男性,人數高達數十萬。當他們的契約期滿後,許多人與秘魯婦女結婚,並採用了妻子的姓氏。他們開設稱為「chifas」(秘魯中餐)[18] 的餐廳,指的是用秘魯食材烹調的中華料理。利馬的卡彭街(Calle Capón)——即利馬的唐人街,也被稱為利馬中國城(Barrio Chino de Lima)——因此成為西半球最早的華埠之一。

在派特森的移民潮中,有少數秘魯華人跟著一起來到這裡,開設了供應 chifa 的粵菜餐廳。但是,由於美國華人的歷史最初始於早期因淘金熱而從廣州來到加州的移民,秘魯華裔的 chifa 料理便一直受這些美國華人的飲食文化掩蓋。1882 年,《排華法案》(Chinese Exclusion Act)通過,美國對中國移民的大門應聲關閉。1902 年,中國移民被永久禁止進入美國,禁令一路維持到 1940 年代。從烹飪的角度而言,這一切有趣之處在於大多數美國人對中華料理的瞭解,都來自於廣州——美國人稱之為「廣東」——這個小地區。即使時至今日,美國人對中華料理的印象仍嚴重侷限於一種被誤解的粵菜。當 chifa 料理進入美國時,掌廚者只能使用美國現有的食材,而許多秘魯食材並不涵蓋於此範圍內。因此,chifa 料理的廚師被迫使用美式中餐的材料,導致最後 chifa 餐廳與眾多同樣提供粵菜的美國中餐館幾乎半斤八兩。乍看之下,這兩類餐廳好像如出一轍,但兩者間仍存在細微的差異。如果這一切聽起來很複雜,沒錯,事實就是這麼一言難盡。

提到 chifa,愛德華多要我去一家名叫「吃得開心餐廳」(Eat in

Happy Restaurant）的地方。我記下這個店名，因為這是我聽過最棒的餐廳名稱。他告訴我，那裡的 chifa 真的「很讚」。

我把我那隻死雞和其他剩菜放在旁邊的椅子上，它們開始散發出一股微溫的異味。這家餐廳的牆壁漆成深色，牆面幾乎沒有裝飾，讓人感覺冷清；店裡桌子擺放的方式，看得出是為了將容客量最大化。菜單上除了名為「特色菜餚」的一小區塊外，其他內容和一般美國中餐館的菜單幾乎一模一樣。我點了咕咾雲吞，也就是糖醋肉加雲吞；豉油雞，則是用蠔油炒的雞肉。左宗棠雞，嗯⋯⋯你懂的。唯一看起來與眾不同的菜，是這家餐廳的秘魯炒牛柳，也是秘魯的國民美食，在派特森每家餐廳的菜單上都能看到。它是由厚切牛肉條和洋蔥、新鮮番茄、蔥一起快炒，然後拌入炸薯條，再以清淡的糖醋蠔油醬調味。肉色漆黑但肉質鮮美，薯條因為吸滿醬汁而變溼軟，但這樣反而更好吃。我已經很飽了，但還是忍不住一口接一口；味道鹹中帶酸甜，有種粗暴的美味，比我在葛莉賽達餐館吃到的版本更好。

這種版本的中式料理能夠持續存在至今，引發了一個悖論。它看起來與許多美國中餐館的料理一模一樣。如果 chifa 本質上是中國與秘魯的融合，那麼它在美國還能被視為 chifa 嗎？我點了一道名為炒飯（Chaufa）的菜，和我吃過無數次的炒飯毫無區別。我望向吃

18　據說 chifa 一詞源自粵語「食飯」，意為「吃飯」。這個詞隨著華人移民的增多，逐漸成為秘魯人對中餐館的稱呼。

得開心餐廳的窗外，發現就在一個街區之外，還有一家美式中餐館，而我敢肯定那裡也供應著相同的炒飯——但或許又不完全相同。根據萊布尼茲[19]的「不可分者同一性原理」（law on the identity of indiscernibles）[20]，假如它們真的完全相同，照理說我不會將它們視為不同的兩道菜。然而，我確實察覺到了差異[21]。這兩道炒飯或許使用相同的食材，但它們抵達派特森的路徑不同，因此在本體論上是獨立的。它們的起源同樣來自廣州，但在抵達美國之前，各自在不同的文化中發展演變。如同康德[22]所說，即使兩個事物完全相同，若它們同時存在於不同的地方，那麼在數量上（numerically different）[23]仍是不同的。因此，我能夠嘗出它們的差異之處。在華盛頓特區的中國奇爾卡諾（China Chilcano），荷西·安德烈（José Andrés）做的秘魯炒牛柳比我現在在吃得開心餐廳吃到的要好得多——嗯，也許不是「更好」，但確實更複雜、更有創意，也更精煉。它不算「正宗」，但我現在吃的這道，以及利馬當地供應的版本，兩者也都不能算數。這正是我對「正宗」這種分類方式感到憤怒的地方。它暗示著料理有對與錯之分，暗示著傳統是亙古不變的，暗示著文化無法發展。這家位於紐澤西州派特森、牆面油漆斑駁的餐館，與荷西位於華盛頓特區賓夕法尼亞區（Penn Quarter）的華麗餐廳南轅北轍，然而，它們之間卻存在著某種聯繫。我很高興能在這間工人階級的餐館裡，享用這道平民版的秘魯炒牛柳。如果荷西正在將這道料理推向它的巔峰，那麼這裡，就是它的起點。我把盤子裡的食物吃得片甲不留，同時感覺味精帶來的顫抖漸漸滲入我的血液。我對味精愛恨交織——我喜歡它對味蕾的影響，卻不太喜歡它對神經系統的

作用。

　　我吃得太飽，眼皮開始顫動。今天再也沒有更多的胃容量了。我攔了一輛計程車，因為走路身體會感覺疼痛。我手裡提的幾袋食物，開始散發出一種難以形容、令人作嘔的氣味。我沒有特定的目的地，於是請司機載我繞過幾個街區。我昏昏欲睡。就在此時，我注意到一家麵包店的遮陽棚，上面寫著「不朽傳奇」（Los Immortales），字型融合了德式哥德體以及墨西哥幫派風格。我請司機停車。我差點問他要不要我的雞，但現在我已經對它產生感情了。

　　不朽傳奇是一家烘焙坊，同時也販售肉類和雜貨。貨架上堆滿了印加可樂（Inca Kola），一種用檸檬馬鞭草製成的秘魯汽水。這間店以前是撞球館，現在還保留著當時的一個小型吧檯，一名年輕男子在裡頭販賣啤酒、咖啡，還有樂透彩券。櫃檯後方擺放著一盤

19　哥特弗利德・威廉・萊布尼茲（Gottfried Wilhelm Leibniz），德意志科學家與哲學家，被譽為「十七世紀的亞里斯多德」。

20　這項原則主張，如果兩個事物在所有性質上完全相同，則它們其實是同個東西；換句話說，若無法區分兩個對象，那麼它們就是同一個存在。

21　在這段文字，作者先指出美國的chifa看似與許多美國中餐館的菜餚完全相同，然而，他仍察覺到兩者的不同，這就違背了「不可分者同一性原理」的核心理論──如果它們真的相同，他就不會察覺差異。

22　Immanuel Kant，德國哲學家，啟蒙運動的代表之一。他的理論影響了形上學、倫理學、認識論等領域，最著名的學說包括「先驗哲學」與「道德律」。

23　在哲學中，「數量上不同」（numerically different）意指即使兩個事物在所有性質上完全相同，只要它們存在於不同的時間或空間，就是兩個獨立的個體，而非同一個東西。作者在此用康德的觀點來說明，美國的chifa和秘魯的chifa並非單純的「複製品」，而是在不同的歷史發展與環境下演變而來，因此本質上仍然不同。

⑫ 不朽的派特森

盤剛出爐的恰塔麵包（pan chuta）、夾心餅（alfajores），以及一整排帶有些許法式風格的糕點。一小群男人正喝著啤酒，高聲交談。這裡的每一寸牆壁上都掛滿了秘魯過去的足球隊照片。這家店就像是一座小型博物館，收藏著復古照片、獎盃，以及用塑膠套保護的球衣。我仔細看著一張標題為「利馬聯盟」（Alianza Lima）的黑白照片。球員們穿著條紋球衣，神情嚴肅；照片因歲月而霧化，呈現泛白的銀色調。他們，就是「不朽傳奇」。我向其中一位男子詢問這些紀念品的來歷。他告訴我，許多退役的職業足球員都定居在派特森。每當他們回到秘魯，就會帶一張照片或一件球衣回來捐給這間烘焙坊，於是就全被掛在牆上。

　　足球（soccer，或稱 football）是在十九世紀末由英國水手傳入秘魯的。據說，「查拉卡射門」（Chalacan strike）就是在這些早期比賽中誕生；如今，人們普遍稱之為「倒掛金鉤」（bicycle kick）。這是一種娛樂觀賞性十足的特技動作，球員在空中倒立時，將球從頭頂踢入球門。這是當今足球運動中最華麗，也最具挑戰性的動作之一。秘魯人對他們的國家隊——最初成立於 1927 年——感到非常自豪。儘管秘魯隊從未奪得世界盃冠軍，但球迷始終忠誠不渝。里卡多向我感嘆，他這輩子還沒見過秘魯隊成功晉級世界盃。「如果有一天他們真的做到了，」他懷著一種飢渴難耐的狂熱語氣說道，「我一定會立刻放下一切，趕去現場！」

　　烘焙坊裡的一名男子對我說，在溫暖宜人的夜晚，我可以去附近的潘寧頓公園（Pennington Park）看他們踢球。「維克多‧烏塔多（Victor Hurtado）、弗雷迪‧拉維洛（Freddie Ravelo）、胡里奧‧

阿利亞加（Julio Aliaga）……」他一口氣說出一串名字，我一個都不認識。

「他們現在老了，但仍然能踢出令人驚嘆的曲球。那畫面真是美極了。」

潘寧頓公園位於帕賽伊克河（Passaic River）沿岸，距離大瀑布下游約一點六公里。這裡算不上什麼公園，卻擁有一片寬闊的足球場。當我抵達時天色漸暗，但孩子們仍在場上奔跑，隨機組隊踢著球。停車場裡擠滿了車輛和人群，氣氛歡樂熱鬧。我坐在看臺上，帶著我一整天累積下來的剩菜，靜靜觀看比賽。兩名男子正在球場上來回傳接球，範圍幾乎覆蓋了整個球場的長度。球的軌跡看起來不合常理，它彷彿懸浮在空中，然後突然改變方向。我猜想，他們或許就是那群退役球員，但我選擇不去詢問。看著他們踢球，本身就是一種享受，我不想打擾他們。在我左側，派特森順著一座陡峭的山坡延展而上；夕陽落下時，房屋在餘暉下顯得平坦而透亮。我的右側則是靜謐且混濁的帕賽伊克河。再過不久，天色就會暗得伸手不見五指。我被警告過，天黑前要離開派特森。「這裡不安全」，他們這麼告訴我。

我發現裝著生雞的袋子底部有一個洞。雞不見了。它一定是在我提著其他袋子的時候掉了出去，而我沒有注意到。我沿原路折返回不朽傳奇烘焙坊，但仍不見它的蹤影。天已經黑了，街道在霓虹和紅綠燈的映照下閃閃發光。我不知道自己為什麼要找那隻雞。反正我本來就不打算將它留下，但它也陪伴了我一整天。我原本想親

⑫ 不朽的派特森

自決定它的去向，但有時候，這種事是世界替你決定的。街上擠滿了人，餐廳裡高朋滿座。夜幕降臨後，這座城市顯得比白天更加朝氣蓬勃。我把剩下的袋子全都扔了，感到一陣解脫。當我再也吃不下的時候，才終於可以漫無目的四處閒逛，享受自由。明天我仍會回到派特森，並且再去個五家餐廳用餐。我相信，其中有些餐點會讓我覺得和今天吃的沒什麼兩樣。但儘管如此，我還是翹首盼望著。夜裡，我沿著城市走回去，腦中想著美國偉大的詩人威廉・卡洛斯・威廉斯（William Carlos Williams），以及他那首史詩般的長詩《派特森》；這部詩作從 1946 年到 1958 年，共分成五卷出版。我打算今晚讀上一段。威廉斯是位實驗性詩人，不僅改變了美國詩歌的發展軌跡，也改變了我們看待日常物品的方式，比如一輛紅色手推車[24]。他的姓名聽起來很有趣，因為名字和姓氏幾乎相同。2016 年，吉姆・賈木許（Jim Jarmusch）執導了一部名為《派特森》（*Paterson*）的電影，全片都在這裡取景。電影中，主角的名字是派特森，他住在紐澤西州的派特森；飾演主角的演員名叫亞當・崔佛（Adam Driver），他在電影裡是一名公車司機。遠處，我彷彿聽見瀑布的轟鳴聲，但那其實只是一輛卡車緩慢穿越車陣的聲音。2017 年 2 月 21 日，那名從橋上往下跳的人，至今仍身分不明。

我還記得第一次聽說 chifa 菜系時，腦海中浮現的畫面。我想像著，如果中華料理與秘魯食材彼此碰撞，會激盪出什麼樣的火花？我期待著層次豐富的新風味、絢麗的色彩與多變的口感——但這些並沒有發生。中國與秘魯的文化交融，是屬於它們歷史的一部分，不是我能夠隨意改造的東西。但如果我們能拋開歷史的束縛，讓想

像力自由探索這些連結呢?如果不再拘泥於傳統的純正性呢?在派特森,我找到了思考這個問題的勇氣。我原本可以憑空想像一道虛構的 chifa 料理,不必踏上前往派特森的旅程;但如果這麼做,我等於是對這些人不抱同等尊重。這一切的核心始終是人——那些將中秘料理合而為一的秘魯人與華人,他們奠定了這門料理的根基,讓後世的廚師得以藉此基礎往前創新;以及那些遷徙至派特森的人,他們在異地發展出一條與利馬平行卻又獨具特色的秘魯飲食文化分支。如今,當我想到 chifa,我腦海中浮現的不只是料理。我想到利馬,想到里卡多和荷西,想到那些在派特森為我烹調、為我開啟嶄新視野的人們——那是一個我從未想像過的世界。

---

24 此處指威廉斯的著名詩作《紅色手推車》(*The Red Wheelbarrow*)。這首詩是美國現代詩歌的重要作品,以極簡風格呈現日常物品的詩意與重要性。

秘魯烤雞

真正的秘魯烤雞需要使用木炭慢火烤製。如果你有炭烤爐，就應該用它來烤雞，而不是像這道食譜一樣直接使用烤箱。不過，讓這道菜與眾不同的關鍵在於醃料。雞肉必須醃製一整夜，才能使肉質鮮嫩多汁，外皮鹹香且焦糖化——這正是雞皮應有的風味。由於韓式辣醬與秘魯辣椒的風味相近，我便在醃料中使用了韓式辣醬，畢竟在美國，要取得秘魯辣椒有一定難度。

分量：2～3 人份主菜

醃料
- 醬油　1/4 杯
- 韓式辣醬　2 大匙
- 橄欖油　2 大匙
- 萊姆汁　3 顆
- 大蒜　5 瓣
- 新鮮薑末　2 小匙
- 孜然粉　2 小匙
- 辣味煙燻紅椒粉　1½ 小匙
- 乾燥奧勒岡葉　1 小匙
- 乾燥迷迭香、鹽　各 1 小匙
- 現磨黑胡椒　1/2 小匙

- 全雞（建議有機雞，約 1 公斤）1 隻
- 秘魯綠醬（食譜後附）

製作醃料 & 醃製雞肉

1　在食物調理機中，放入醬油、韓式辣醬、橄欖油、萊姆汁、大蒜、薑末、孜然粉、辣味煙燻紅椒粉、奧勒岡葉、迷迭香、鹽和黑胡椒，攪打至醃料滑順即可。

2 將雞肉放入法國砂鍋。剝開雞胸與雞腿部位的皮,將醃料均勻塗抹在雞皮下與表層,確保完整覆蓋。蓋上鍋蓋,放冰箱冷藏醃製一夜。

製作烤雞

1 次日,從冰箱取出雞肉,靜置於室溫約 30 分鐘。將烤箱預熱至 230°C。將雞肉放入烤盤,烘烤 15 分鐘後,將烤箱溫度降至 175°C,繼續烤 45 分鐘,或至雞皮呈現深色焦糖化。

2 確認雞肉是否熟透時,可以用刀插入雞腿骨與脊骨交接處,若流出的肉汁呈透明狀,表示雞肉已熟透。烤好後,雞肉靜置 10 分鐘,再切塊享用。

3 烤好的雞肉可搭配秘魯綠醬作為佐料一起享用。

搭配 秘魯綠醬

分量:½ 杯

- 香菜(去根) 1 把
- 墨西哥辣椒(去籽切碎) 3 根
- 大蒜 3 瓣
- 鹽 ½ 小匙
- 橄欖油 ¼ 杯
- 美乃滋 ¼ 杯

在食物調理機中,放入香菜、墨西哥辣椒、大蒜、鹽、橄欖油和美乃滋,攪打至滑順(注意不要過度攪拌,以免醬汁分離)。倒入玻璃或塑膠容器中,冷藏保存,使用時再取出。

秘魯風味綠炒飯佐雞肉、香菜與秘魯綠醬

你可以把這道菜想像成具有南美風味的中式炒飯。我不會說這道炒飯與秘魯有什麼直接關聯，但它卻與紐澤西州派特森有著密不可分的關係。這道食譜融合了我在那裡發現的各式風味元素，例如大蕉（plantain）、秘魯綠醬和秘魯烤雞。酪梨讓炒飯染上微妙的綠色調，而我用花椰菜取代了傳統炒飯中的紅蘿蔔，進一步強調這道料理的「綠意」。這道炒飯可以使用秘魯烤雞（見P320）的剩肉或其他烤雞來製作。

分量：2人分主菜

- 短米　1杯
- 水　1⅓杯
- 鹽　¼小匙
- 植物油　2大匙
- 大蕉（去皮切塊）1根
- 洋蔥（切細丁）½杯
- 紅甜椒（切細丁）½
- 花椰菜（花蕾切碎）½杯
- 豌豆　½杯
- 烤芝麻油　1½大匙
- 大蒜（磨泥）1小匙
- 新鮮薑（磨泥）1小匙
- 醬油　3大匙
- 秘魯烤雞的雞肉絲　2杯（見P320）
- 魚露　1大匙
- 成熟酪梨（去核去皮切塊）2顆
- 香菜（切碎）2大匙
- 蔥（切碎）2大匙

1 取一中型鍋，加入米、水和鹽，煮至沸騰後，將火調至最小，蓋上鍋蓋，繼續燜煮 20～25 分鐘，至水分完全被吸收。米飯應口感柔軟蓬鬆，若仍偏硬，可再加入 2 大匙水後繼續煮一會兒。

2 關火後，讓米飯靜置 10 分鐘。將米飯平鋪於烤盤上，放冰箱冷藏 1 小時或至完全冷卻。

3 取一中華炒鍋或大平底鍋，加入 1 大匙植物油，以大火加熱至高溫，放入大蕉翻炒，至表面金黃且酥脆。取出大蕉，放在鋪有紙巾的盤子上瀝油，備用。

4 將剩下的 1 大匙植物油倒入鍋中加熱，放入洋蔥翻炒 1 分鐘，接著加入紅甜椒和花椰菜，繼續翻炒 2 分鐘。再加入豌豆煮 1 分鐘，然後將所有炒好的蔬菜盛出，放在盤中備用。

5 在鍋中倒入芝麻油加熱至高溫，放入②冷卻的米飯，翻炒 3 分鐘。接著加入大蒜和薑末，翻炒 1 分鐘，再倒入一半的醬油，拌炒至米飯均勻上色。加入雞肉、剩下的醬油和魚露，翻炒 2 分鐘。

6 倒入④的蔬菜拌炒，再加入酪梨塊翻炒 1 分鐘。最後加入香菜和蔥，拌炒均勻後即可上桌。

註：如果沒有剩下的雞肉，市售的烤雞也是不錯的替代選擇。

CHAPTER 13

奈及利亞奮鬥精神

我生活在美國南方的邊陲地帶內，正處多種文化影響的交會之地。中西部的價值觀自北方強壓入境，阿帕拉契山脈的影響從東邊而來，而南方的內戰前（antebellum South）文化遺緒依舊不斷潛移默化。在這片藍草之州（Bluegrass State)[1]，我可以在哈倫（Harlan）找到鹽發酵麵包[2]，在歐文斯伯勒（Owensboro）西區吃到羊肉燒烤，或在溫徹斯特（Winchester）看到甜高粱田。我可以告訴你哪裡能找到世代相傳的煙燻與醃製鄉村火腿。我被這片土地多元交織的飲食傳統裏擁，如被褥般帶來慰藉。與此同時，我也能在列星頓找到一家極為出色的日式餐廳，在路易斯維爾各地發現樸實但美味的墨西哥小餐館，或者在科文頓（Covington）品嘗波斯料理。世上沒有一張格紋桌巾大到能夠容納所有來自這片土地的佳餚。

• • •

肯塔基州向來是一腳跨足南方，另一腳朝外延伸。密西西比河

---

1 肯塔基州的別稱，因該州生長著獨特的藍草而得名。
2 salt-risen bread，阿帕拉契山區的傳統白麵包，口感緻密，不使用酵母，而是依靠自然存在的野生細菌進行發酵。

廣闊奔騰，它的主要支流俄亥俄河，在路易斯維爾孕育出一座繁榮的商業城市、一個內陸港口。路易斯維爾從早期的皮草、獸皮和鹽，到奴隸成為主要交易市場的黑暗時期，一直是多元文化進入的門戶；它從不畏懼外來者，不論是法國人或猶太人，再到近期的波斯人和索馬利人。歷經三百年之久，路易斯維爾仍在探索自己的身分。

　　從機場回來的路上，我向主廚圖德・韋伊（Tunde Wey）解釋著這一切。一直以來圖德持續在全美各地舉辦晚宴，探討美國的種族和身分認同問題。他的餐會大多在大城市舉行，我想帶他來路易斯維爾，雖然是座規模小許多的城市，但感覺更親切，政治氛圍也更溫和。圖德從不掩飾自己的立場，也從不使用委婉的詞彙，他直率、坦誠且尖銳。一想到他將在我的顧客、朋友和鄰居面前主持一場關於種族議題的討論，我感到有些緊張。這也正是我邀請他來這裡的原因。這是我第一次做這樣的事情。我一直認為餐廳不該是個涉及政治的地方；我始終相信，廚師的角色應該保持超然，不流於意識形態。我的餐桌向來是、也將永遠是歡迎所有人的地方。但這陣子，那些發生在我們國家裡令人悲傷的事件，一直不斷啃噬著我的靈魂；年輕黑人被槍殺、青少年大規模入獄、LGBTQ 群體被非人化，還有各種排外與仇恨。我開始覺得，我們作為廚師，已經沒有保持中立的本錢。於是，我向圖德尋求指引。

　　在他抵達這裡之前，他告訴我，他想獨自探索路易斯維爾，認識這座城市。

　　「我幫你租了車，這週你可以自由行動。」我告訴他。

「我不開車，老兄，」他澄清道。「我不能冒著被執法人員攔下的風險。」

―――― ● ――――

我第一次讀到圖德・韋伊的內容，是他與南方美食之路聯盟主任約翰・T・艾奇（John T. Edge）共同撰寫的那篇文章。圖德用食物來表達他的抗議。他在那篇文章裡，絲毫不留情面地批評白人挪用他認為本質上屬於非裔美國人的飲食傳統。雖然我不完全同意他的論點，但他的豪情壯志吸引了我。我們開始頻繁通電話。我會撥打他的手機，而他總能講出一些說中我心聲的言論；我向他敞開心扉，訴說我千頭萬緒的困擾，他總能用最恰當的方式給予慰藉。他也會發表一些誇張的煽動性言論，讓我臉紅。有時他會責備我，而我卻覺得理所當然。這就像一場網路交友詐騙：我被他的話語迷得暈頭轉向。圖德既沉穩內斂，又博學多聞，但他說起話來犀利且毫不留情，言語間總是暗示著要瓦解這個體系——一個我深深依賴的體系。我受到他的誘惑；然而不管何時，我都無法確定他究竟是巧言令色，還是真能使我觸類旁通、茅塞頓開。

有一次通話時，他告訴我，他的烹飪靈感來自費拉（Fela）。費拉是一位奈及利亞音樂家，創造出融合目眩神迷的打擊樂、即興演奏與辛辣歌詞的音樂風格，稱為非洲律動（Afrobeat）。費拉的音樂彷彿將詹姆斯・布朗（James Brown）、巴布・馬利（Bob Marley）、穆罕默德・阿里（Muhammad Ali）、切・格瓦拉（Che Guevara）以

及典藏廳爵士樂團（Preservation Hall Jazz Band）兼容並蓄、合而為一，匯聚成一股狂熱的能量核心。費拉的音樂是一種抗議之聲，時值奈及利亞後殖民時期，激進的政府與舉步維艱的人民每日衝突不斷，他的創作能量遂於街頭迸發。我因為圖德而買了費拉的專輯，並且按照他的方式聆聽。

《如屎般昂貴》（Expensive Shit）是一首長達十三分鐘的歌曲，講述了費拉在家中遭到突襲搜查時，吞下自己藏匿的大麻，結果警方不得不在他的糞便翻找——不只是字面上的意思，還真的是這麼回事。歌曲以引人入勝的打擊樂與鍵盤和弦開場，預示即將到來的災難。銅管樂在曲長來到兩分鐘時加入，緊湊得如同一條丁字褲[3]。整整六分鐘，你聽不到任何人聲；而當費拉的歌聲終於響起，卻是一聲帶著痛苦與釋放的呻吟。歌詞在英語、約魯巴語（Yoruba）和皮欽英語（Pidgin English）之間來回切換，一群年輕女性的合聲跟隨著費拉的領唱。這音樂如此令人筋疲力盡、緊繃而炫目，你會渴望片刻的喘息空間，讓情緒稍微舒緩，但它不曾打算放過你。我甚至能感覺到費拉的嗓音如同指甲般，掐住我的喉嚨。「費拉用音樂作為武器來抗議奈及利亞政府。」圖德告訴我。「但同時，他的音樂扣人心弦，還能讓人隨之起舞。我也想用我的料理做到同樣的事。就是純粹的奈及利亞料理，沒有任何過度修飾，但它的存在意義遠不只是為了填飽肚子。」

費拉脾氣火爆、性情多變，且極度大男人主義，他曾臭名昭彰地在一場婚禮中迎娶二十七位妻子。圖德或許是費拉的信徒，但他

很不一樣。他吸收周圍的能量，走路時大搖大擺，帶著一種既稚氣又自信的氣勢。他穿著印有政治標語的Ｔ恤，留著具潮流感的雷鬼髮型。他說話時，語調富有詩人的韻律與沉穩；他能吸引你過來，用簡單卻意義深遠的話語令你神魂顛倒。他能讓你前一刻怒火中燒，下一秒又毫無防備。激進的言論誰都會說，但圖德不僅能說，還能令你深信不疑。他的笑聲能讓整個空間充滿活力，就算隔著電話也能感受到那股熱情。

───── ● ─────

每天早晨，我都會開車去接圖德；帶他前往早餐店或市場的路上，我們總是會聊上幾句。今天早上，我在早餐時告訴他，我希望能有更多非裔美國人覺得自己受到歡迎，願意來我的餐廳用餐。這不是出於商業利益或政治動機，只是我多年來經營高級餐廳時注意到的一些現象。我曾經舉辦與靈魂料理主廚合作的客座晚宴，但仍然無法吸引大多數非裔美國人前來。我問圖德，這是因為我做了什麼，還是沒做什麼的緣故？

「這與群體息息相關，」圖德對我說。「你的餐廳所呈現的世界裡，『創新』只是現狀的副產品。你的餐廳無法吸引非裔美國人

3　此處的「丁字褲」（G-string）有雙關之意，意指音樂中的 G 弦（G-string），亦指貼身內衣，暗示音樂的緊繃感與刺激性。

的原因,是因為他們想要的是熟悉的東西;可能是食物,也可能是社群氛圍。但你的餐廳華而不實,這兩樣都無法提供。」

我被嘴裡的可頌嗆到。

――――●――――

我和圖德來到一個我不曾耳聞的非洲市場,它竟然就在路易斯維爾。我們買了穀物、棕櫚油,以及一些我從未使用過的香料。我們還買了一整箱約九公斤、帶皮的冷凍山羊肉;圖德看到帶皮羊肉,顯得非常開心。對我來說,走進市場卻對裡頭的食材如此陌生,是相當少有的經歷。我唯一確信自己知道如何烹調的食材,只有我們帶走的那一大箱約九公斤的大蕉。接著,我帶圖德去我最愛的炸雞店——印迪炸雞(Indi's),它是一家本地的小型連鎖店,某個千里達家族在大約二十年前創立。我們點了炸雞、薯角、奶油焗烤花椰菜、寬葉羽衣甘藍以及水煮四季豆。我問圖德,他是否能從這些靈魂料理中,看出與他西非家鄉飲食文化的連結。

「我們不太吃油炸食物,這是最大的不同。但我也看到了相似之處。北卡羅來納的紅米飯基本上就是西非的加羅夫飯[4]。從寬葉羽衣甘藍、南方人料理秋葵的方式,以及許多燉菜的料理中,我都能看出端倪。」

午餐過後,圖德的腸胃稍有不適,不得不去小睡一會。他告訴我,油炸食物就是罪魁禍首,因為他不習慣吃這麼多炸的。

我們在路易斯維爾西區一家自助餐廳舉辦圖德的晚宴，這裡是以非裔美國居民為主的社區，今晚座無虛席，賓客自四面八方而來，場內氣氛熱烈，所有人都引頸期盼。圖德準備了加羅夫飯、羊肉咖哩燉菜、富富（fufu，以樹薯粉製成的蒸麵團）、山藥濃湯（yam pottage）和大蕉。晚餐結束後，我們沒有談論食物，而是由圖德領銜討論非裔美國人在美國以及在路易斯維爾的處境與經歷。在某個時刻，他對場內的白人提問：「你們個人願意放棄什麼，讓我有機會獲得成功？」整個空間瞬間鴉雀無聲。他讓這一片靜默停留，像殘留在我們指尖的咖哩氣味。

　　圖德的發言實在令人緊張不安。我知道他遲早會說些話來挑動現場氣氛，他也焦急地等待著有人回應。我理解他想要達成的目標，但同時，這並不是今天早上為我泡茶、開玩笑說自己對廚藝沒信心的那個圖德。他有慷慨、脆弱和風趣的一面。我坐在最後一排，和圖德的朋友喬許（Josh）低聲交談。他來自奈及利亞，曾和圖德一起在底特律上大學；喬許現在住在路易斯維爾，在福特公司擔任工程師。他打橄欖球，留著極短的平頭。他一邊心不在焉地聽圖德說話，一邊分神在交友軟體 Tinder 上端詳女生的照片。我們聊到今晚的食物，喬許半開玩笑地對我說：「你知道嗎？其實我的廚藝比圖德還

4　jollof rice，源自西非的經典米飯料理，以番茄、洋蔥和辣椒等食材與米飯同煮而成。

要好。」

我愣了一下,問他怎麼可能。

「在奈及利亞,大多數男人都會做飯,這是我們的傳統。別誤會我的意思,圖德很厲害,但我的廚藝更好。」

「那你為什麼不跟他一樣當廚師?」

「因為我想賺錢,過好日子。圖德是個哲學家。開餐廳的人不一定就是最會做菜的人。在你的文化裡,也許廚藝最好的人會去開餐廳,但對我們來說,每個人都有自己的選擇,決定要過什麼樣的生活。」

喬許告訴我,如果我想吃真正道地的奈及利亞料理,就該去休士頓;在那裡,我會找到商業與傳統手藝並存的地方。他拿出手機,給我看 Tinder 上一位年輕貌美的女孩;她想和他見面。

―――●―――

隔天,圖德前往肯塔基州東部舉辦另一場晚宴,這次是和阿帕拉契美食高峰會(Appalachian Food Summit)的共同創辦人蘿拉・史密斯(Lora Smith)合作。蘿拉是「慈善資本基金」(PhilCap Fund)的主任,他們是專門扶植阿帕拉契當地企業的組織。同時,她也身兼大麻籽種植者、社運人士、農場主人和母親的身分。她在肯塔基州埃及鎮的大轉彎農場(Big Switch Farm)工作與生活。這天,她開了兩個半小時的車來我的餐廳接圖德。圖德踏進她的車裡,彷彿坐上四輪馬車的國王。

我認識蘿拉已有好幾年了。她為人低調，即使她的言談內容足以讓全場屏氣凝神、洗耳恭聽，站在人群面前的她仍會臉紅。她的聲音輕快活潑，而且她很愛笑，笑聲總是低沉渾厚，彷彿突然急速過彎的溪流。她的抗議方式不像圖德那樣在公開場合發聲，而是在幕後默默耕耘。她孜孜不倦地為自己的土地、作物和人民努力。她在我們日常生活中的現實選擇裡，看到了反抗的力量。

　　「吃玉米麵包也可以是一種抗議行動。」她說。「你可以追溯它的來源，並且試圖改變自己消費的方式。」她談論著該如何保護阿帕拉契地區的資源，她的使命是說服人們投資這片土地。她把浪漫視為一種募資的手段。「我希望人們愛上阿帕拉契，因為這是讓人們願意投資的唯一方法。而這就是我能保護並維護這片土地的方式。」

　　大轉彎農場坐落在一片肥沃的土地上，丘陵微幅起落，綠草隨著風向變化微微彎腰。這裡是個你可能好幾天都見不著自己認識的鄰居的地方。這裡的晚餐，若非趁著工作空檔迅速解決補充能量，就是一場漫長的慶祝與聚會，沒有折衷的中間地帶。

　　圖德與蘿拉的晚宴規模不大，參加者包括藝術家、社區領袖和行動主義人士。他們前來不只是為了食物，而是為了對話。後來，圖德在《牛津美國人》（*Oxford American*）雜誌上撰文，描述與蘿拉的這段經歷。那篇文章讀起來就像一封情書。他將肯塔基州東部描繪成一片田園詩般的土地，有農田、夢想和善良的人們。雖然他對美國有許多猛烈的批評，但圖德是一個對善意有所回應的人；而肯塔基對他而言是友善的，至少他接觸到的那一小部分是如此。再

⑬ 奈及利亞奮鬥精神

333

下一次見到蘿拉時，我們聊了很久，談論著圖德孩子氣的缺點、他愛睡午覺的習慣、他的機智與才華。我笑著對她說，真希望能住進圖德筆下描繪的那個溫柔敦厚的東肯塔基。

———•———

休士頓既不屬於德州，也不屬於美國南方，經常被稱為南方的大熔爐。當我告訴休士頓人，這座城市讓我想起路易斯維爾時，他們總會回以詭異的眼神。也許這有點牽強，但在我看來，休士頓是一個多重身分交織、商業多元、社群國際化的城市。就像路易斯維爾，休士頓與美國南方的連結，脆弱得如同被風吹散的蒲公英種子。

休士頓擁有全美最多的奈及利亞裔人口，約有十五萬人。許多非洲餐廳散落在比松奈街（Bissonnet Street）沿線，隱身於華麗的汽車經銷商後方，或蜷縮在錯綜複雜的高速公路系統下。我在休士頓的朋友大多從未踏足這片區域；在當地人的說法中，這裡算是治安不佳的街區。讓我驚訝的是，黃昏時，性工作者會毫不避諱地遊走於街角，向車內的男性兜攬生意。

我的第一站是一家名叫非洲匯（Afrikiko）的餐廳。它的外觀樸素，隱藏在一座看起來幾乎要荒廢的商場裡。餐廳內部大約只能容納十五個人，但除了我之外，只有兩個男人正一邊喝著海尼根啤酒一邊閒聊。我問他們是否有推薦的餐點，結果他們乾脆邀請我同桌而坐。安東尼（Anthony）和派崔克（Patrick）都來自拉哥斯（Lagos），他們告訴我，奈及利亞人天性熱情好客。我覺得這樣概

括有點以偏概全,這種籠統的話我通常當作耳邊風,他們卻堅稱這是千真萬確。我告訴他們,我有個頗具爭議的朋友——圖德。派崔克要我打電話給圖德,並笑著說:「我保證讓他馬上笑出聲來。」我開啟擴音,撥了電話。圖德接起後,派崔克立刻用約魯巴語和皮欽英語開始滔滔不絕,但我完全聽不懂。幾秒鐘內,他們已經開始鬥嘴,而我可以清楚聽見圖德在電話那頭放聲大笑。派崔克在取笑圖德的名字。我不太懂笑點在哪,但似乎與質疑圖德的身分有關——他真的算是奈及利亞人嗎?他們互相揶揄對方來自奈及利亞的哪個地區、哪個部族、什麼家族背景。雖然這一切純粹是玩笑,但當派崔克掛上電話後,他轉向我,語氣突然認真起來,並說:「你的朋友,他需要瞭解身為奈及利亞人的真諦。」

我覺得這句話從一個剛剛才用母語和對方談笑風生的人口中說出來,實在很奇怪。派崔克已年過六十,但即使是他的笑聲,都仍然透露一種未能擺脫年少陰影的感覺。他告訴我,如果我真的想瞭解奈及利亞,就得請他和他朋友喝一輪啤酒。他語氣像是在開玩笑,但當我真的點了酒時,他也沒有拒絕。

安東尼熱心地替我解釋菜單。我們逐項瀏覽,他向我一一介紹每道料理。他推薦我點羊肉胡椒湯,那是一道風味辛辣的湯品,裡頭有燉得軟嫩的山羊肉,湯底則是由蘇格蘭燈籠椒(scotch bonnet)和番茄熬煮而成。我還點了一道花生湯,但它跟品名完全判若兩人;這道湯既不濃稠,也不乳滑。雖然散發出濃郁的烤花生香氣,但口感卻輕盈水潤,湯的表面上還浮著點點紅油泡沫。這道料理在奈及利亞北部地區相當受歡迎,第一口嘗起來是樸實熟悉的味道,接著

⑬ 奈及利亞奮鬥精神

辛辣的衝擊如電光石火，需要多喝幾口才能習慣這樣的味覺組合，然而一旦味蕾適應後，滋味便令人上癮。

埃古斯（Egusi）是用研磨過的瓜子熬煮的湯品，味道濃烈並富含藥草氣息，辛辣且帶有細膩的顆粒感，搭配燉煮過的綠色葉菜，讓我聯想到寬葉羽衣甘藍，喝起來感覺健康養生。這裡的每道菜都會附上一團包著保鮮膜保溫、和我拳頭差不多大小的富富。富富是一種蒸麵團，作為主食，幾乎可以搭配任何料理食用。它由樹薯粉與大蕉粉製成，口感柔軟有嚼勁，同時蓬鬆有彈性，跟我小時候在唐人街吃過的中式蒸包子的麵團有幾分神似。它能緩和每一次入口的辛辣刺激，像是搭配讓人欲罷不能的番茄燉牛肉和加羅夫飯就是非常可口的例子。

歐菲莉亞（Ophelia）是這裡的主廚。她年輕、身材豐滿，頭上繫著一條色彩鮮豔的頭巾。她走出廚房和我們打招呼，但不願告訴我她的烹飪祕訣。派崔克半開玩笑地警告她要小心，說我可能是個間諜；他的笑聲宏亮震天，打擾了餐廳裡的每個人，包括她那個正盯著電視看足球賽的丈夫。我說我不是記者，但她顯然不取信於我，擔心我會寫出她燉菜裡的祕密食材。我們拍了一張合照，但她堅持自己的食譜不會外傳。派崔克笑著說，我應該用啤酒賄賂她。我又點了一輪酒，派崔克的大笑聲在這間小小的餐館中迴盪。

———•———

第二天，我起了個大早，準備與圖德的嫂子羅妮碰面。她答應

在我停留休士頓的期間,教我做幾道奈及利亞菜餚。羅妮住在卡蒂（Katy），離市區有一段車程。對我來說,這類邀請總是彌足珍貴。就像蘿拉在肯塔基為圖德敞開家門,如今在休士頓,我意識到自己正開車前往一位素未謀面之人的家,就為了一起做飯。見證人們的善意,總讓我感到謙卑。羅妮相當忙碌,但她在門口迎接我時,卻像是與我相識多年的老友。她平日在家工作,有個年幼的女兒,還兼營一間搬家公司。在我們的烹飪課上,她的手機每隔幾分鐘就會響起,不時打斷我們的對話。

　　羅妮告訴我,煮奈及利亞料理需要很長時間,所以我們得立刻開始。她拿出幾塊帶皮的牛肉和一些切塊的雞肉,然後在一個大鍋裡倒入少許油,把它們煎至上色。她左手握住洋蔥,右手持刀,刀鋒朝向自己,以鋸切的方式來回推拉切開洋蔥,邊切邊說:「我們在奈及利亞就是這樣切的,不需要砧板。」接著,她加入從拉哥斯帶回來的康寶牛肉高湯塊,這能夠讓她懷念家鄉的味道。然後,她撒入咖哩粉、乾燥百里香和洋蔥粉。她蓋上鍋蓋,讓肉在大火下烹煮,不加一滴水,僅靠肉汁就能讓鍋內保持溼潤。她在食物調理機裡加入少許水,將紅甜椒、番茄和一顆蘇格蘭燈籠椒一塊打成泥。接著,她加入生洋蔥繼續攪打,直到混合物變成帶顆粒感的醬汁。她將醬汁倒入另一個鍋中,用小火燉煮三十分鐘。同時,在第一個鍋裡,肉汁已經收乾,肉也開始呈現褐色。她將肉塊取出,加入油,將牛皮炸至香脆。最後,她將肉塊、炸牛皮和燉煮中的番茄醬汁倒到同一個鍋中,調整味道,然後繼續燉煮三十至四十五分鐘,直到肉質軟嫩。

我問她能不能放點音樂,她播放了費拉的歌曲。在休士頓郊區這間安靜宜人的房子裡,這些鋒芒銳利的抗議歌曲似乎變得溫和了些。我詢問她與奈及利亞有關的故事。「奈及利亞幅員遼闊,擁有多種族群認同,約魯巴人(Yoruba)、豪薩人(Hausa)、伊博人(Igbo)、瓦拉巴人(Valaba)等等。但整體來說,奈及利亞是一個充滿活力的地方。你會認識所有的鄰居,如果你家有女傭,她也會成為家裡的一分子。我們的服飾色彩鮮豔,風格張揚,就如同我們的民族性,與此相得益彰。」

接著,我問起了圖德。

她微笑著點點頭。「他父母希望他成為藥劑師。他一直以來都是班上最聰明的孩子,總是充滿好奇心,從小就是如此。我們自幼在基督教環境中長大,但圖德在高中時決定要篤信佛教。他會把自己關在浴室裡,吟誦好幾個小時。」她大笑。「圖德是我認識的人當中最誠實的一個,他永遠不會說謊。他的全名是阿金圖德(Akintunde),意思是『歸來的戰士』。這個名字很適合他,不過大學時,他的女朋友叫他威利(Willie)。」

她拿出一些她稱作埃維杜(ewedu,黃麻葉)的綠葉蔬菜,丟入用鱈魚乾和另一顆康寶高湯塊熬煮出的湯汁燉煮。鱈魚乾是一種鹹味濃厚、氣味極為強烈的魚乾,水煮後會變軟。這些葉菜燉煮後變得如秋葵般黏滑,雖帶有纖維感,口感卻令人愉悅。羅妮確認肉塊已燉至軟嫩,便將煮好的埃維杜舀到盤中,再將肉擺在綠葉中央。她還準備了一顆富富,只見她在鍋裡迅速攪拌,短短幾秒內就完成,彷彿演示一場奇蹟。我們坐在廚房的料理臺前一起用餐。我詢問她

對圖德的工作有何看法，隨後話題便轉向種族議題。「圖德就像謎團般令人費解，但我知道他在做自己內心深信不疑的事。他總是把事情複雜化，但我尊重他；對我來說，事情很簡單。我希望我的孩子知道，身為黑人並不是一種劣勢。我不想假裝偏見不存在，但我更想專注於正面的事物。我的孩子的確是非裔美國人，但這個詞太過籠統了。我希望他們明白，他們是奈及利亞裔美國人。」她的女兒坐在沙發上，正用 iPad 看著卡通，表面上無視我們，卻又悄悄地聽著。而在背景裡，費拉的音樂在屋內迴盪，充滿能量，也悄然滲入她的耳朵。羅妮和我坐著聊了許久，手機響起時，她也沒有多看一眼。她向我講述了許多她在奈及利亞和休士頓生活的故事，多到難以一一記住。這場對話讓我同時感到振奮又沉重。能如此坦率地談論種族議題，確實令人耳目一新，但同時也令人惴惴不安。我從未認真與美國白人坐下來開誠布公地談論「身為白人意味著什麼」。或許，這也是一場必要的對話。也許，每當我們圍坐在一起，聊著蘿拉的炸雞或圖德的加羅夫飯時，我們其實也在談論種族。或許，這才是約翰‧艾奇留給我們的真正遺產——透過食物的視角，讓我們正視美國的種族歷史。

　　我會想念與羅妮的對話，因為我不常有機會如此坦率地與人交談。我們就像飛機上的乘客，彼此明白我們終將各奔東西，而這種短暫的相遇也帶來了一種安全感。我擁抱了她和她的女兒，轉身準備離開時，羅妮問我是否去過新城蘇亞烤肉館（Sabo Suya Spot）。

　　「沒有，」我回答她。「這家店在我的名單上，但我沒有時間了，

我正要趕往機場。」

「你一定要去。」她說。「去找阿達穆（Adamu），他的料理遠近馳名。他做的加羅夫飯是最棒的。」

———— • ————

我抵達新城蘇亞烤肉館時，店門口已經開始排起人龍。空氣中瀰漫著香料與烤花生的濃郁香氣。阿達穆正在廚房忙碌，櫃檯則由一名女子負責點餐。我點了三種不同的蘇亞烤肉串（suya）：牛肉、羊肉和腎臟；烤肉串裝在保麗龍外帶盒裡，搭配生洋蔥和番茄。我還點了一份搭配公羊肉（ram）的加羅夫飯——在奈及利亞的方言中，「公羊肉」指的其實是山羊肉。我與阿達穆短暫聊了幾句，他向我保證，稍後會打電話詳細解釋這道料理的一切。

他的蘇亞烤肉串帶著強烈辛香，辣勁逐漸滲透胸腔，餘韻會在體內停留數小時。加羅夫飯讓人一口接一口，每一粒米飯的入味程度，彷彿像是全都單獨用番茄與香料細煮而成。腎臟被厚切成塊，散發微苦的血腥香氣。山羊肉則因為蘇格蘭燈籠椒而充滿果香，每咬一口，我的鼻腔就微微發熱，鬢角漸漸滲出細小的汗珠。吃了幾口後，我才驚覺自己一直沒換氣。我停下來深吸一口氣，結果卡宴辣椒粉直衝鼻腔，惹得我打了個響亮的噴嚏。隔壁桌的一群男子大笑起來：「這種事我們都經歷過！」

牛肉串選用的是俗稱鯉魚管的外側後腿眼肉，並加以薄切。阿達穆將其醃漬在一種他稱為「花生糕」（peanut cake）的醬料中，並

加入咖哩粉、卡宴辣椒粉、薑、丁香、鹽，以及美極（Maggi）雞湯塊──一種廣泛應用於奈及利亞料理的調味方塊，從我的觀察來看，主要成分應該是味精。阿達穆會先將烤肉串醃製兩小時，再放上烤架。他強調自己的花生糕才是真正的貨色，不像許多競爭對手用的是假花生醬。他會先將生花生研磨成糊狀，然後擠出油脂，另作他用；剩下的花生糊經過油炸變得酥脆後，會再次研磨成細顆粒的粉末。這就是阿達穆所有醃料的基底，賦予烤肉串濃郁的花生香氣，以及溫和順口的滋味。

　　阿達穆從小就學會製作這種醬料。他的父親擁有一家製油公司，生產各種油品，從花生油到芝麻油等應有盡有。祖父和叔叔曾是奈及利亞北部巴德酋長國（Bade Emirate）的國王，代表他本身也是個王子。他在家中四個孩子中排行老么，也因此與母親如影隨形。當母親進廚房準備晚餐時，他便跟在她身後，把玩種子，看著她挑選滿滿一籃的苦葉菜來做晚飯。他就是這樣耳濡目染，從母親那裡學會烹飪。「後來我開始喜歡上做菜。現在，我的手藝比她還要好。」阿達穆受過農業工程師的培訓，1997 年搬到奧斯汀，從事與應用材料相關的工作。幾年後，他在奈及利亞跨足汽車買賣業，原以為可以一邊在美國工作，一邊輕鬆經營這門生意。然而，不出幾年，他便一無所有。他灰心喪志，對於未來徬徨失措，進退維谷。他厭惡自己只能日復一日的埋頭苦幹，身邊沒有半個朋友。美國的生活，比他想像中要艱難得多。

　　「當你過了那段無憂無慮的童年時光，要交朋友就變得更難了。

我當時處於一個沒有朋友也沒有錢的人生階段。」家人鼓勵他去做自己一直想做的事。於是，2010 年，他開了非洲匯烤肉店。儘管一開始生意慘淡，而且每串烤肉串只賣一點二五美元，根本無法致富，他仍然堅持下來，每週營業七天，並且與顧客熟識到能直接稱呼他們的名字。靠著口耳相傳，他的料理漸漸打響了知名度。如今，每天晚上店門口都大排長龍。他驕傲地說，他的食物被送到倫敦的一位奈及利亞足球員手中，也送到了多倫多和杜拜。他的夢想是在紐約開店，把奈及利亞美食介紹給更多人。我又多點了一些烤肉串，準備帶回家。前往機場的路上，我的眼睛被辣得淚水直流，舌頭也腫脹發麻，整個人昏昏沉沉。到了機場，我把烤肉串托運進行李箱，然後一路狂奔到登機門，卻發現班機延誤了兩個小時。我坐進一張塑膠皮革座椅，打開電子郵件，心跳逐漸平復。這時，我看到一封來自「奈及利亞公主」的電子郵件。通常我不會打開這種詐騙郵件，但這次我卻忍不住點了進去。

　　親愛的，
　　我知道這封信對你來說很突然，但請容許我坦白心意——我希望我們之間的關係不僅僅只是朋友。我是阿馬迪亞·阿巴查（Amadia Abacha），已故奈及利亞國家元首桑尼·阿巴查（Sani Abacha）的女兒。我目前身陷困境，急需你的善意與幫助。我正遭到軟禁，而我的家人正在拉哥斯受審。政府已經凍結了我們家族的所有資產，並拍賣了我們的財產。
　　為了拯救家族免於滅門之災，我設法透過一名祕密快遞員，將

六百萬美元轉移到了一個安全的帳戶中。如果你願意幫助我，我將向你透露該帳戶的名稱和聯繫方式。

我之所以選擇你，是因為我相信你是一位富有理解力與同情心的人。我深信，只要你願意伸出援手，我們便能攜手開啟新生活，擁有足以過上幸福人生的財富。

請記住，愛沒有種族的隔閡，沒有教育背景的限制，也沒有宗教、語言、國籍或距離的障礙。唯一重要的，只有愛。正是這份堅定不移的愛，能讓我們共築新的生活，最終找到一個能容納我們彼此的美麗家園。我在這裡等著你的回信，我的摯愛。

―――●―――

睡意像一張溫暖的毯子覆蓋了我。當我到家時，我打開行李，發現烤肉串不見了，裡面還夾著一張來自運輸安全管理局（TSA）的檢查通知單，說他們檢查了我的行李。我的憤怒迅速轉化為悲傷。我本來想讓妻子也嘗嘗那些烤肉串的滋味，還打算分享給我的廚師們。我行李中的衣服散發著油脂、花生和咖哩的味道。在路易斯維爾熟悉的家中，這是唯一的提醒——我在休士頓吃過的那些食物是真實的，不是一場夢。

我透過和圖德的友誼，才接觸到奈及利亞料理的世界。但令人訝異的是，這個世界是如此觸手可及。我意識到，自己距離這個蓬勃發展的文化只有幾步之遙，它就存在於休士頓西南部的角落，從

休士頓市中心搭計程車過去簡直易如反掌。那裡的人們熱情友好，樂於向你解釋每一道菜。這些料理彷彿近在咫尺，卻又是一種遙不可及的美食。儘管如此，我發現自己永遠無法全盤理解奈及利亞料理真正的複雜性，就像我可能永遠無法理解像圖德這樣的人的動機。我在休士頓吃到一些雖然美味卻讓我感到困惑的東西，其中一項就是肉餡餅，它是英國殖民時期遺留下來的產物；它非常美味，簡直像是倫敦的麵包店做的。我不禁思忖，奈及利亞的食物究竟蘊含了多少層歷史。我必須得學習大量關於奈及利亞的知識，才能以不同於單純注意香料和烹飪技術的方式來理解這些食物。我閱讀奈及利亞的詩歌，聆聽奈及利亞的言詞，背誦他們的名字，並研究他們的宗教、歷史和音樂。我得知，奈及利亞有數百種語言和方言，其中許多並沒有書面文字。我還去瞭解費拉這個人。

研究奈及利亞的食物讓我與自己家附近的食物產生連結。的確，你不一定需要閱讀當地的詩歌才能享受一種地域性料理，但這確實能讓你對這些食物有更深的理解和尊重——就像對肯塔基東部周邊的食物一樣。當我想起蘿拉，和她在肯塔基州埃及的那座農場時，我會想到詩人溫德爾・貝瑞（Wendell Berry），我耳邊會響起小提琴手麥可・克里夫蘭（Michael Cleveland）和比爾・門羅的音樂。我想起圍繞著他們餐桌的故事和笑聲。如果不把蘿拉的食物置於她的文化背景中討論，那將會言不盡意，無法完整描述；而這也是我踏上這段旅程的原因。每一個從學習其他文化中獲得的洞察，都使我更貼近自己所身處的文化。這個計畫、這整個發現和冒險的過程，都

是在尋找我自己的美國，以及我在其中的歸屬。對於像我這樣穿梭於多種文化的人來說，答案不總是那麼顯而易見。有時候，它代表著我在肯塔基東部的藍草丘陵漫遊；其他時候，我不得不前往像休士頓的奈及利亞咖啡館這樣陌生的地方。這兩者最終都會殊途同歸，讓我抵達同一個目的地。

腰果咖哩醬黑胡椒牛肉串

要重現餐廳裡吃過的菜餚總是充滿挑戰性，尤其是像阿達穆做的這道牛肉串，它的調味已經達到完美的程度。我不敢說自己掌握了他花了一輩子打磨的技巧，但我對他的花生粉非常著迷，為了讓這道食譜也同等完美，我花了好幾週不斷嘗試。最後，我最喜歡的是腰果粉的味道；我是用從阿達穆那裡學來的技術製作的。腰果粉是這道菜的關鍵，所以要把它磨得越細越好。一旦你掌握了這道食譜中的香料味，你就可以大膽一些，嘗試用羊肉代替牛肉，這樣風味會更濃郁。如果你有炭火燒烤架，可以用它來烤這些牛肉串，但用烤箱也很適合。為了達到最佳效果，記得先將竹籤浸水。

分量：4人份前菜

- 無鹽生腰果　½杯
- 去骨牛小排　450公克
- 鹽　1大匙
- 白胡椒　1大匙
- 蒜粉　1大匙
- 洋蔥粉　1大匙
- 辣味煙燻紅椒粉　1½小匙
- 卡宴辣椒粉　少於1小匙
- 植物油　2大匙（另備淋灑用）

裝飾
- 切片洋蔥
- 檸檬角

1. 烤箱預熱至 205°C，竹籤浸泡在溫水中至少 20 分鐘。

2. 用食物調理機將腰果打成細顆粒，放在小烤盤或烤派盤上，放入烤箱烤 3～5 分鐘至乾燥，注意不要過焦。取出後再用食物調理機打碎或剁碎，使粉末更細緻。再次放入烤箱烤 2 分鐘。重複此過程，直到腰果粉末夠細緻、芳香且觸感乾燥（同粗玉米粉）。放置一旁備用。

3. 牛肉切薄條，放入大砂鍋或烤盤中。取一小碗，混合鹽、白胡椒、蒜粉、洋蔥粉、辣味煙燻紅椒粉和卡宴辣椒粉。戴上乳膠手套，將香料均勻揉入牛肉。讓牛肉在室溫下醃製 20 分鐘。

4. 預熱烤箱至 205°C，或備好炭火。

5. 取一小碗，將②的腰果粉與植物油混合成糊，均勻塗抹於牛肉上，靜置 10 分鐘。

6. 將牛肉條折疊成 S 形，以竹籤串起，儘量讓香料保留在肉上。將肉串放置於烤盤上，並淋上少許植物油，放入④的烤箱烘烤 10 分鐘，中途翻面一次。當牛肉熟透，且腰果糊烤至金黃且散發香氣時，即可取出。若使用烤架，請於烤網上刷油再放上肉串，中途翻面一次，每面烤 3 分鐘。注意，肉串容易烤焦，切勿烤過頭。

7. 烤好的肉串趁熱盛盤，放上洋蔥片與檸檬角。

香辣番茄燉雞佐薑黃與腰果

在休士頓，幾乎每間奈及利亞餐廳都有這道香料番茄燉菜的變化版。我吃過的每一道都有些微的不同，但味道都很熟悉。儘管如此，這道菜仍是我不曾嘗過的獨特滋味。它相當辛辣，所以要小心——如果你想要不那麼辣的版本，可以減少哈瓦那辣椒的用量。這道菜如果能靜置過夜，味道會更佳，所以如果可以的話，提前一天做好，等準備食用時再加熱。建議搭配蒸白飯一起享用，如果你想嘗試不同的吃法，可以準備一盒奈及利亞傳統的蒸麵包——富富，這種用木薯粉製作的蒸麵包在網路上很容易買到，按照包裝上的說明操作即可。富富幾分鐘就能完成，雖然它的味道比較中性，但口感非常適合用來吸附濃郁的醬汁。

分量：4人份前菜

- 帶骨帶皮雞腿　4隻
- 鹽　2小匙
- 現磨黑胡椒　1小匙
- 芥花油　4大匙
- 白洋蔥（切片）　1杯
- 芹菜（切片）　1杯
- 番茄糊　3大匙
- 大蒜（切末）　2瓣
- 生薑粉　2大匙
- 無鹽生腰果（磨粉）　¼杯（見P347）
- 薑黃粉　2小匙
- 雞高湯　1½杯
- 椰漿　½杯
- 李子番茄（粗切）　3顆
- 小型哈瓦那辣椒（整顆）　3顆
- 新鮮百里香　5枝

1 用鹽和黑胡椒粉幫雞腿肉調味。

2 取一荷蘭鍋中倒入 2 大匙芥花油，以中大火加熱。雞腿肉皮朝下放入鍋中，每面約 3 分鐘，煎至兩面金黃。取出雞腿，置於盤中備用。

3 於同一鍋中倒入剩餘的 2 大匙芥花油，放入洋蔥和芹菜，拌炒 2 分鐘。再加入番茄糊、蒜末、薑粉、腰果粉和薑黃粉，繼續拌炒 2 分鐘，至香料散發香氣。

4 倒入雞高湯和椰漿，攪拌均勻。將②的雞腿放回鍋中，加入番茄塊、哈瓦那辣椒和百里香，蓋上鍋蓋，以小火燉煮 30 分鐘，或至雞肉軟嫩。

5 取出雞腿，置於鋪有鋁箔紙的烤盤上保溫。鍋中湯汁以大火熬煮至濃縮約一半。

6 將雞腿分裝於四個盤中，淋上醬汁，搭配白飯或富富享用。

CHAPTER 14

德國芥末

元旦這一天，我的妻子總會煮上一大鍋高麗菜和黑眼豆，討個好彩頭。我則會做韓式炒年糕，理由相同，只是來自不同的文化傳統。我們還會吃我岳母做的德國酸菜搭配炸肉排（schnitzel），因為我就是渴望這道菜。我們總是為了要做多少菜而爭論不休，而這也成了我們家的傳統。到了晚上，我獨自前往附近的酒吧；這家酒吧每年都會舉辦向唐斯・范・贊特（Townes Van Zandt）致敬的演出──他是在元旦這一天去世的。為了緬懷他，一群音樂人會聚在一起演唱他的歌曲。我最喜歡的一首叫〈德國芥末〉（German Mustard），與其說是歌，不如說是在一段吉他的即興演奏中夾雜一些無厘頭歌詞。我獨自坐在酒吧後方的一張桌子旁，慢慢啜飲著冰啤酒。每每想到有人會在元旦去世，我總是忍不住哽咽；在充滿希望的新年伊始離世，實在太諷刺了。我祖母也是在新年第一天離開人世的。每逢元旦，我總會抽出幾分鐘和她說說話，告訴她我的生活近況。最後，唐斯的歌曲突然冒出一句：「你的牛仔褲裡的德國芥末⋯⋯」

・・・

為什麼德國料理總是負評不斷？我很困惑，為什麼在美國，它從未獲得與義大利、法國、西班牙，甚至是北歐料理同樣的關注。德國料理是歐洲最偉大的美食之一。十九世紀時，超過六百萬名的德國人移民到美國，並帶來許多至今仍舊深植於美國文化體系中的影響，例如幼兒園、艾米許（Amish）家具和聖誕老人。我們的啤酒文化也要歸功於德國啤酒大亨——藍帶啤酒（Pabst）、施麗茲啤酒（Schlitz）和美樂啤酒（Miller），他們都來自密爾瓦基。德國移民還將蝴蝶餅、德國香腸、法蘭克福香腸和漢堡帶到了美國，更不用說他們歷史悠久的德國酸菜、芥末，以及將肉排敲薄後油炸的傳統。這些都是我喜愛的美食。

　　我和妻子每次旅行，總會特別留意旅途中道地的德國餐廳。我們也確實找到一些不錯的選擇，例如密西根州安納保（Ann Arbor）的屠夫餐館（Metzger's）、愛荷華州德斯莫恩（Des Moines）的黑森之家（Hessen Haus）、印第安納州賈斯珀（Jasper）的木匠餐館（Schnitzelbank）、芝加哥的拉舍特小館（Laschet's Inn），還有洛杉磯的德國香腸廚房（Wurstküche）。可惜的是，我們嘗試過的大部分德國餐廳，都只是對傳統德國料理的拙劣模仿；原本精緻的菜色被簡化成難以咀嚼的油炸肉塊，搭配從超市買來的現成德國酸菜，由穿著皮短褲、態度冷漠的服務生端上桌。我們有過太多次失望的用餐經驗，心裡清楚曉得桌上的醋燜牛肉（sauerbraten）根本沒有醃入味，果餡卷（strudel）的麵皮也不是手工擀製的。我這一生都在想像，真正的德國美食巔峰究竟會是什麼樣貌，而我可以肯定地說，

它絕不會出現在那些掛滿仿舊啤酒杯和德國國旗、塵埃瀰漫的啤酒館裡。從早期德國移民在美國城鎮定居至今已經過了太久，以致於時下的德國餐廳裡，這些料理的風味幾乎已經消失殆盡。相較之下，柬埔寨料理和波斯料理與家鄉的連結更緊密，因此受到世代同化的影響不多，味道自然也更加道地。

為什麼沒有一位主廚挺身而出，在當今這個對美食樂此不疲的世界裡，肩負起振興德國料理的使命？現在似乎是德國美食復興的最佳時機。在詢問了主廚、評論家、美食作家和美食愛好者後，我歸納出五個針對德國食物的常見誤解，不分先後順序：

誤解 1：德國料理油膩、粗獷、不精緻，讓人沒胃口

我轉頭看著正在喝咖啡的妻子黛安，問她要不要跟我去一趟威斯康辛州。「去幹麼？」她問道。「吃德國菜。」她露出疲憊的表情，那是陪我跑過無數趟美食之旅後才會有的反應。雖然這些旅行在外人看來像是一場吃喝玩樂的美食盛宴，但實際上，行程通常會馬不停蹄、吃到撐腸拄腹，還得開車到處找那些根本無法靠 GPS 定位的餐廳。好不容易坐下來吃飯，我可能又會長時間埋頭在筆記本裡，記錄各種風味和食材，把她晾在一旁。吃完飯，我還會溜進廚房跟主廚聊天，順便來上一杯威士忌。結果呢，不是消化不良，就是隔天早上後悔得要命，發誓下次再也不敢吃這麼多。

我告訴她，這次旅行一定會很有趣，而且我想聽聽她對這些食物的看法。她的家人主要來自黑森林和亞爾薩斯，她的血統可以追溯到杜霍茲（Dürholtz）家族。然而，經過七個世代更迭，她早已不

認為自己是德國人；她不會說德語，她的家人也不會。他們不會利用假期特地去德國旅行，對於任何來自舊世界的儀式或傳統也毫不堅持。但食物中的某些元素，卻依然深植於他們的意識之中。

每年秋天，黛安的母親都會用自家後院種植的高麗菜製作德國酸菜。到了冬天，當我妻子咬下一口媽媽醃製的新鮮德國酸菜時，她的眼神總會閃閃發亮。那也是我吃過最可口的德國酸菜。即使其他一切都已事過境遷，黛安仍透過食物與她的故土產生聯繫。我們在聖誕節會吃史多倫[1]，復活節則會準備烤羊肉、蘆筍，搭配馬鈴薯丸子[2]。「味道簡直跟奶奶以前做的一模一樣。」黛安打趣道。

前往威斯康辛州的一路上氣候溫暖宜人，我們四歲的女兒坐在安全座椅上唱著歌。我已經在地圖上標了十幾個待探訪的地點。黛安喜歡開車，她駕駛在寬闊的高速公路上，像一隻鳥兒悠然滑翔過陽光灑落的玉米田。我在十五年前與她相遇的那一天，就對她一見鍾情。她擁有日耳曼雕像般冷峻剛毅的輪廓，但在那份傲骨之下，卻蘊藏真誠無私的愛，純粹到讓我有些不知所措。

我拿著布偶逗女兒開心；她的鼻子像我，小巧而微翹。對我們來說，養孩子是個挑戰。我們都忙於工作，也經常出差，但即便如此，我們沒有人想停下腳步。其實，我兩年前就答應黛安要帶她去巴黎度假了。威斯康辛州當然無法相提並論，但至少我們能一起共度時光。而且這幾天，女兒能同時有我倆相伴左右。

我們的第一站來到非契堡（Fitchburg）當地一家名為巴伐利亞香腸（Bavaria Sausage）的德國食品行。店門口掛著一個簡樸的招牌，

上面寫著：「傳統德國香腸製作商」。一進門，貨架上擺滿各式德國貨，有德國進口的包裝食品、各式芥末醬、起司、冷凍果餡卷、煙燻魚肉，以及琳瑯滿目的香腸和肉餡製品，從地板堆滿到天花板。店內乾淨整潔，所有商品標示清楚，一目瞭然。黛安興奮尖叫。看到一家標籤分類清晰明瞭的商店，總是能讓她異常雀躍。肉品分區陳列，夏令香腸[3]和煙燻肉品擺在入口處的冷藏展示櫃內；預先包裝好的德式香腸則陳列在另一區，放在玻璃熟食櫃後方。再往前是火腿和培根；沿著一塵不染的玻璃櫃檯往下，我看到一整區的薩拉米臘腸[4]，包括匈牙利臘腸（Hungarian salami）、義式臘腸（pepperoni）以及一款名為「吉普賽臘腸」[5]的產品。接下來是一區肉凍[6]和質地細膩的調味絞肉（forcemeat），包括小牛肉捲（veal loaf）和德式絞肉塊[7]，以及一整區種類豐富的德式鮮香腸（brats）、德式香腸和維也納香腸。展示櫃的最後面則擺放著肉乾和煙燻肝臟。櫃內的所有

1　stollen，德國傳統聖誕甜麵包，內含果乾、堅果、杏仁膏，表面撒糖粉，口感紮實且帶有奶油與香料風味。

2　potato dumplings，德國傳統配菜，常搭配燉肉、烤肉與濃郁醬汁享用。

3　summer sausages，美國的稱呼，指的是在未開封前可常溫保存的香腸。這類低水分的發酵或煙燻香腸在歐洲早有悠久歷史。

4　salami，名稱源自義大利文動詞 salare，意為「加鹽」。薩拉米臘腸經過發酵和風乾處理，無需加熱即可食用。

5　gypsy salami，源自東歐的風乾香腸，將豬肉與鹽和香料混合、灌入腸衣後，需經長時間的煙燻（約7天）和風乾（至少28天）而成。

6　headcheeses，以豬、牛或羊等動物頭部肉製成的冷盤。煮熟後與肉湯凝固成凍狀，類似鹹味的果凍。在歐洲各地有不同名稱和變體。

7　Fleischkäse 直譯是「肉起司」，以牛肉、豬肉和培根細絞後混合，放入麵包模具中烘烤製成。「起司」是指其外形類似起司塊。在德國，也被稱為 Leberkäse。

肉品全都是店家自製。

我從熟食櫃這頭開始,每樣都蜻蜓點水地淺嘗。此時已近中午,店裡生意逐漸熱絡。櫃檯的店員小姐催促我快點決定,好讓她接待下一位客人。進店的客人有當地居民,也有人專程開車來這裡採購德國貨。我聽到幾位老太太用德語聊天。黛安在調味料區,拚命將德國芥末往購物籃裡塞,量多到我們大概一年也吃不完。我女兒則在一旁吃著德國人稱為「甘貝熊」(Gummibärchen)的小熊軟糖。

所有的香腸都表現優異,但獵人香腸(Landjäger)讓我的味蕾為之一振。這些用牛肉、豬肉和豬油製成的小肉條,在拌入紅酒和香料,並經過煙燻與再進一步的發酵後,酸味變得更加突出。傳統上,獵人香腸是獵人們的隨身零食,因為不需要冷藏,所以適合長途旅行。我最喜歡德國食物的一點,就是那種透過精妙發酵工藝產生的強烈酸味,而不是來自酸性添加物。這種酸感中還融合了食物的鮮味,是種難以形容的滋味,只能說它是「美味的味道」。它讓人忍不住垂涎三尺。我把獵人香腸遞給黛安咬了一口,她體內沉睡數代的基因彷彿瞬間甦醒;她往我手臂捶了一拳——意思是她愛死這個味道了。就連我們的女兒都說,這裡的小熊軟糖比我們平常買的還要好吃。

這就是香腸製作工藝的極致展現。我敢說,任何認為德國料理不精緻的人,只要品嘗過德國各式熟成肉製品,都能察覺其中脂肪、酸味、鹽分與香料的細微差異;比例上的微小調整,就能創造截然不同的口感與風味。如果某些餐廳的德國料理毫無雅緻,那是廚師的問題,不是這門料理本身的錯。我在巴伐利亞香腸店找到的原料

堪稱完美，精準得就像一輛細膩調校過的專業賽車。我心滿意足地走出商店，手裡拿著一個剛出爐的蝴蝶餅、一條煙燻香腸，還有一勺芥末醬。

誤解 2：德國料理需要一位大使，為大眾搭建故事橋梁

我們向密爾瓦基市區內第二古老的德國餐廳——卡爾·拉奇餐廳（Karl Ratzsch）訂了一個時間較早的位子。它創立於 1904 年，但近來食物品質有所下滑；據說，這家餐廳如今主要依靠一群年邁但忠誠的顧客維持營運，他們大多是出於懷舊之情來此用餐。像許多傳統的德國老餐館一樣，卡爾·拉奇餐廳似乎注定走上倒閉一途。然而就在最近，密爾瓦基最成功的年輕主廚之一湯瑪斯·霍克（Thomas Hauck）買下了這家餐廳，還改造了菜單，為這間歷史悠久的餐廳注入新的活力。霍克主廚在密爾瓦基當地長大，這家餐廳對他而言有許多美好的回憶，看著它逐漸衰敗，使他感到痛心。他捨棄了如巴伐利亞皮褲般陳舊的菜色，重新打造一份傳統與現代兼容並蓄的菜單。

這家餐廳令人為之驚嘆，但這種感覺更像是走進博物館或歷史宅邸時的訝異之情。經打蠟後的深色橡木沉鬱厚重，閃耀著如保齡球球道般的光澤；壁爐上方褪色的鄉村風景壁畫柔化了木材剛硬的線條。餐廳中央聳立著一座雕刻精美的大落地鐘，彷彿直接從霍夫曼（E. T. A. Hoffmann)[8] 的童話故事裡搬出來，主宰著整個空間。我妻子非常喜歡這裡。她的品味總是擺盪於質樸與莊嚴之間；對她來說，理想的家居風格應該像一口做工精良的棺材。

餐廳裡空蕩蕩的,只有前排幾張桌子有坐人,以及另一邊為一位八十多歲老先生舉辦的生日派對。服務生們穿著優雅的格紋扣領襯衫,顯得整齊得體。接待員是一位成熟的女性,穿梭於餐廳之間,舉手投足均散發女管家的威儀。她不是老闆,但已經在這裡工作很久了;她不願透露確切的年紀,只是意味深長地說,她見過太多世面了。她告訴我,自己已經很少在這裡見到年輕人了。「他們只想要時髦的東西,」她帶著一絲厭惡說道。「他們已經背棄了德國的傳統料理。」

這裡的菜單也不完全是傳統德國料理,至少我點的那些不是。霍克主廚正在做一件了不起的事情——在傳統與創新之間搭建橋梁,填補兩者之間的鴻溝。我們從一個熱騰騰的蝴蝶餅開始,或許聽起來有點陳腔濫調,但這是我吃過最好吃的蝴蝶餅。羽毛般輕薄的外皮在最輕微的觸碰下就會裂開,露出氣孔細密的酵母麵團,散發著烘烤過的乾草與奶油糖香氣。這個蝴蝶餅跟我家孩子的頭一樣大,上面刷了一層無水奶油,還撒了不透明的白色碎鹽。我的指尖泛著油光,沾滿了鹽與奶油,讓我認真考慮要不要咬自己一口。餐廳所搭配的醬料不是嗆辣的芥末,而是某種懸浮著棕色醃漬芥末籽的酸奶油醬。這樣的組合似乎有點背離傳統,雖然令人出乎意料,卻美味無比。

接下來是酸菜,與我以往吃過的酸菜截然不同。店家採用半發酵方式製作,口感爽脆新鮮,味道輕盈,以香芹籽點綴,與炸豬肉排(pork schnitzel)可謂天作之合。這道酸菜帶有淡淡的杜松子香氣和細緻的花香,神奇地讓豬肉嘗起來更加清爽。這樣重塑酸菜的本

質實在精采絕倫,重新定義了酸菜的可能性。我決定再來一份。

這就是我一直在尋找的德國料理:聰明、尊重傳統,創新而但不矯揉造作。香草豬油與炸豬皮搭配黑麥麵包,酥脆的炸豬皮被切成一口大小,既優雅又無負擔,同時散發濃厚的德國風味,引以為傲地敲響德國美食的鼓聲。我興奮不已,彷彿發現了一種世界尚未見過的全新料理。霍克主廚的菜單上有一道培根與獵人香腸口味的酸菜油炸餡餅。大頭菜辣根沙拉味道鮮明、精準而巧妙,讓辣根擺脫了只能搭配生蠔和血腥瑪麗的刻板印象。一杯帶有水仙花香氣的清爽麗絲玲白酒(Riesling)為這頓晚餐畫下完美句點。我環顧四周,餐廳依然門可羅雀。那些錯過這個美食寶藏的密爾瓦基食客,都到哪裡去了?

店裡的招牌菜是酥脆豬小腿(Knistern Schweinefleisch Schaft),一道龐然大物般的慢燉豬小腿,外皮金黃酥脆,端上桌時仍帶著誘人的脆響。這道菜分量驚人,我們根本吃不了多少。這是菜單上絕對不能刪去的料理,因為所有的熟客都會點,足以讓五個人共享。然而,這卻是我今晚最不喜歡的一道菜。

隔了三週,在我們享用完那頓美妙的餐點之後,也是在主廚湯瑪斯・霍克重新打造菜單還未滿週年之際,我得知卡爾・拉奇餐廳在營業一百一十多年後,永久歇業了。我聯繫了霍克主廚,想和

8　德國文學家,一生創作諸多作品。柴可夫斯基的《胡桃鉗》即改自他的《胡桃鉗與老鼠王》。

他談談這件事。「我想,人們不喜歡改變吧。」他告訴我。他沒有什麼心情交談,我能理解。任何一家餐廳的結束都令人惋惜,而這家店的歇業更是格外讓人遺憾。我的腦海中浮現許多或許能挽救卡爾・拉奇的想法。或許它的料理應該被放在更現代的用餐環境;或許如此創新的德國料理需要全新的裝潢;或許它需要強大的公關團隊;或許它需要個性鮮明的主廚來帶領品牌;或許……它需要巴伐利亞皮褲。

我不止一次聽說,德國料理需要一位推廣大使。在我最喜愛的一家德國餐廳,入口處掛著一塊標語:「無人看管的兒童將被出售」;這是一個玩笑,但又不完全是。德國人以許多優秀的特質聞名,但「親切和藹」並不在其中。而且,這種幽默感無法妥善傳達給廣大的美國受眾。我聽過人們說,德國料理需要一位像茱莉亞・柴爾德那樣的人來扭轉它冷淡的形象,並將其推廣給大眾。霍克是一位聰明且才華橫溢的主廚;他溫文儒雅,說話輕聲細語,謙遜有禮。但在這個由媒體名人主導的世界,像霍克這樣的主廚,有辦法突破重圍,宣告德國料理的新時代來臨嗎?

一道料理的價值,是否只能靠著背後大聲疾呼的個人魅力來傳播?我不禁思考,如果沒有茱莉亞・柴爾德這樣富有魅力的推廣者,我們對法國料理的熱愛程度是否會因此大打折扣。但我也知道,我們應該歸功於那一代的法國餐廳,它們將傳統料理轉變為美國人能夠理解並喜愛的樣貌,從米其林三星餐廳伯納丁(Le Bernardin)精緻無瑕的餐盤,到動物園餐廳(Le Zoo)、拉卡茹餐廳(L'Acajou),以及黑咖啡餐館(Café Noir)這類街坊小館所帶來的溫馨氛圍。我

認為霍克主廚已經證明，要創造一種煥然一新的德國料理，也不需要過度偏離其核心定義。

「德國人不愛自吹自擂，」我妻子向我解釋。她說這句話的方式，暗示著我就是那種人。她說的每句話都意有所指。「我們勤奮且老實，自誇對我們來說有失體統。」我聳聳肩，在智慧型手機上看著自己的 YouTube 影片。

密爾瓦基郊區的凱格爾小酒館（Kegel's Inn）外牆上畫著一幅壁畫，一個火冒三丈的小天使一手拿著權杖，一手舉著啤酒杯。現在是大齋期（Lent）的星期五下午，而我從未在其他餐廳見識過這樣的喧鬧程度。週五每個人都來這裡吃炸魚，這裡的客人似乎彼此熟識；某個角落傳來手風琴的聲音，但我看不到樂手的身影。這家餐廳自 1924 年開業至今，外觀就像典型的德式啤酒館。深色的木質裝潢、彼得·格里斯（Peter Gries）描繪田園狩獵場景的壁畫，以及鑲鉛玻璃窗，這些元素合而為一，讓我感覺彷彿置身教堂──儘管教堂絕不可能如此喧譁嘈吵。這裡的食物不錯，但稱不上驚豔。湖鱸魚簡單地裹粉油炸，搭配涼拌高麗菜絲、塔塔醬和新鮮檸檬角，旁邊附上一份馬鈴薯煎餅和蘋果醬。儘管如此，這裡的氣氛舒服，有一種經過世代累積的親切與溫馨，讓人感到安心。

德語「Gemütlichkeit」的意思是友善、愉悅、溫暖，以及熱情好客的氛圍；這正是你在啤酒館裡能感受到的，一種社群歸屬感。英語中沒有一個詞彙能夠完全捕捉它的含義。據說這是德國獨有的特質，但其實我們都能有所共鳴。如果你曾在酒吧裡，與滿屋

的陌生人喝著酒,卻莫名感到與在場的每個人產生了連結,那就是 Gemütlichkeit。

　　小酒館的服務迅速且周到、食物尚可,牆面樸素簡約;這裡沒有人刻意對我們釋出特別的善意,但我卻不想離開。我想沉浸在一種我在餐廳裡難得感受到的氛圍——我們每個人都在共同營造 Gemütlichkeit。我們是參與者,而不是被動的旁觀者,單純等待餐廳帶給我們歡樂;在這裡,是我們為餐廳注入活力。我不能夠再把糟糕的用餐體驗歸咎於餐廳,是否能盡興而歸,全取決於我自己。這種體悟,既令人耳目一新,又讓人感到自由。

　　德國料理總有一天會在美國捲土重來。我相信,終有那麼一天,要找到一道製作精良的炸肉排和醋燜牛肉搭配德國麵疙瘩(spaetzle),將不再是件難事。實現這個壯舉的人未必是名廚,甚至不一定是德國人,但他或她必須擁抱 Gemütlichkeit 的精神。要是有這樣的餐廳,即便千里迢迢,我都在所不辭。

誤解 3:兩次世界大戰造成的負面觀感,使德國料理一蹶不振

　　我在密爾瓦基郡歷史學會(Milwaukee County Historical Society)大樓內四處瀏覽。樓上是一座書籍檔案館,史蒂夫(Steve)是這些書籍的管理員;他的訪客不多。我詢問他有關德國料理的事,他便坐下來與我交談。史蒂夫是一位溫和敦厚且帶有學者氣質的中年男子,身穿一件樸素的藍襯衫,胸前口袋插著兩枝一模一樣的筆。我從他肩膀上方望去,看到密爾瓦基,這座由一代又一代德國移民所建立起的城市,在這片崎嶇寒冷的土地上開創了燦

爛的繁榮。史蒂夫拿出一些舊書與我一起翻閱，尋找關於一個世紀前德國移民生活的記載。這些書發出脆裂的聲響，彷彿是長久未經觸碰的化石，終於再度被人翻開。

我記得卡爾‧拉奇餐廳的女服務生曾告訴我，在第一次世界大戰期間，餐廳的菜單經過調整，以迎合當時的反德情緒。菜單上的描述使他們更像是一家奧地利餐廳，連匈牙利燉牛肉（Hungarian goulash）也出現在菜單上。酸菜則被改稱為「自由高麗菜」（Liberty Cabbage）。多年後，甚至連帕瑪森起司雞（chicken Parmesan）也成了菜單上的一部分。我向史蒂夫提起這件事，他證實自己也聽過類似的說法。

「那些移民不一定會刻意隱藏自己的德國身分，但是也不會張揚，」史蒂夫向我解釋。「在那個時代，身為德國人並不容易。」

1914 年，美國對第一次世界大戰的官方立場相對中立，許多居住在密爾瓦基的德國人會替戰爭中的德國受害者舉行集會。1916 年 3 月，密爾瓦基舉辦了一場為期一週的慈善義賣會，吸引超過十五萬人參與，為母國人民提供戰爭救濟。然而，到了 1917 年，美國正式參戰，反德情緒迅速高漲，並演變成一場獵巫行動，任何被視為叛國者的德國人皆無一倖免。音樂廳不再演奏巴哈和貝多芬的作品，德國人俱樂部（Deutscher Club）更名為威斯康辛俱樂部（Wisconsin Club）。密爾瓦基當時被譽為「北美的德國雅典」，是在美德國文化的中心，但當局發起了一場抹煞所有德國文化的運動。許多家庭為了躲避這場歇斯底里的浪潮，逃往西部或鄉間。這場運動最後壓制了密爾瓦基原本蓬勃發展的德國文化。

隨著希特勒的崛起和第二次世界大戰的爆發，許多美國人對任何與德國扯上關係的人事物所抱持的負面態度變得更加無法動搖。然而，到了當時，許多德國移民早已被同化，並逐漸產生自己完全是美國人的自我認同。在往後的幾代人中，與過度「德國化」的事物劃清界線，成為一種普遍的趨勢。

　　密爾瓦基最酷的酒吧之一，當數布萊恩特雞尾酒吧（Bryant's Cocktail Lounge）。這是一家能夠讓人彷彿置身七〇年代電影場景的復古酒吧，同時提供新穎的雞尾酒。如果它開在曼哈頓，我周遭一定會是一些態度惡劣的富人，但在這裡，我身邊都是下班來喝一杯的平民百姓。我和幾個當地人開始討論起密爾瓦基哪裡有好吃的餐廳。他們告訴我一家越南餐館、一家西班牙塔帕斯（tapas）酒吧，以及巴托洛塔集團（Bartolotta Group）旗下的所有餐廳。沒有人提到任何德國餐廳，於是我追問原因。

　　「現在沒人想吃那些玩意了，」一位年近三十、帶著醉意的女士在我左耳邊大聲嚷嚷。「只有老人，還有像你這樣的觀光客才會去吃。」

　　我請她說出一種能代表威斯康辛州，而且大家都會認同的食物。她毫不猶豫地回答：德式香腸。

　　「但那不是德國的嗎？」

　　她聳聳肩，回去喝她那杯滿是泡沫的雞尾酒。

　　夜幕低垂，我的妻子和女兒已在我們那間古色古香的飯店房間裡熟睡。我不希望她隔天早上因為我而大發雷霆，於是便帶著還剩

半杯的威士忌雞尾酒，離開了酒吧。酒吧外，路邊停著一輛 BMW。身為美國人，我們不會排斥開德國車、買德國刀或看德國電影，但德國料理卻遭到冷落。我不禁思考，歷史上是否曾經有過這樣的一個時刻，讓本來有機會發展的德國料理，在即將興盛之際被強行壓制。選擇食物，遠比買一輛車或一套刀具更具情感因素。但歷史本身也是情感的體現；它是記憶，而記憶無法單靠理性來說服。歷史有生命力，能夠激起恐懼、憤怒與仇恨，但同時也能成為和解與喜悅的契機。當我看到美國正在經歷一輪新的恐懼與仇恨時，我悲痛萬分，因為過去的教訓似乎無法阻止當前的偏見。美國的歷史始終由新舊移民之間的緊張關係塑造而成。或許，相信「接納」能夠貨真價實，是一種天真的想法。但克服對食物的偏見，難道不能帶來更寬大的包容嗎？

誤解 4：我們已將德國料理的精華占為己有，並稱為美國料理

　　隔天，我們開車前往麥迪遜，與托里·米勒（Tory Miller）見面。托里是星辰餐廳（L'Etoile）的主廚，他出生於韓國，年幼時被德裔美國人收養，在威斯康辛州的拉辛（Racine）長大。他最近開了一家受韓國料理啟發的餐廳，我很好奇菜單上會有什麼驚喜。他的這家店無虛席；一碗接一碗的韓式拌飯、鋪滿醃漬蔬菜的丼飯以及拉麵，廚房的出餐毫無間斷。我坐在吧檯，吃著辣炒年糕、麵條和餃子。連續吃了兩天的德國料理後，這些辛辣的食物讓我的胃感到格外舒爽。托里坐到我身旁，我們開始聊天。

　　托里留著迷你龐克頭，戴著設計師品牌的眼鏡，左臂上有一整

片刺青。「因為我長得像亞洲人,人們就覺得我天生會做這些菜,彷彿它流淌在我的血液裡,」他說道。「但我並不是從小吃這些食物長大的。」他語速飛快且充滿熱情,一邊和我聊天,一邊盯著料理臺前的每一位廚師。「亞洲客人常來這裡對我品頭論足,」他繼續說道。「他們說菜不正宗,但這不是我要做的。我做的是我自己版本的韓國料理。」

我問他從小吃什麼長大,是傳統的德國菜嗎?

「我從小吃德式香腸、酸菜和那些東西長大,但我們從來不稱它們為德國菜。我們只叫它們是食物。」

當我們吃熱狗、喝啤酒,或掰開一條雜糧麵包時,我們會想到德國嗎?德國移民是最早來到美國的族群之一,他們對飲食的貢獻已經深深融入我們的飲食文化,以致於在大多數情況下,我們只把它們視為美國料理。這就是同化的最終目標嗎?是讓對方消失嗎?德國料理在我們的飲食認同中滲透的程度如此之深,是否意味著它已經成功達到了同化目的?還是說,在這個過程中,它反而沒辦法建立本身獨特的文化與歷史身分?我不禁想,百年之後,美國人是否會吃著韓式拌飯,卻不再知道它的起源?這種情況,難道不是已經發生在塔可餅和披薩這些食物上了嗎?又或者,每當新一波移民來到美國,我們是否仍然能夠回過頭來,重新調整這些備受喜愛的料理,讓它們保有原有的文化根基?

我問托里,德國料理或韓國料理被引入像麥迪遜這樣的地方後,它們該如何分類?「這取決於人,」他告訴我。「現在的人們正在尋找更多元的風味。」我正在吃的這道菜,擁有韓國廚房裡的所有

風味,卻完全不像我祖母為我做的料理——但這沒有關係。如果認為韓國料理只有一種版本,那實在是過於荒謬的想法。托里在對韓國料理的詮釋中,賦予其獨特的身分——他的炒年糕裡有威斯康辛切達起司[9],他的炒飯裡有煙燻牛腩。這些料理讓我會心一笑,雖然我祖母會氣得跳腳,但誰也無法阻止食物的演變。從某種程度上來說,德國料理要麼是已經被吸收到美式日常飲食中,要麼是在美國還來不及將其納入自然演變前,就率先被遏制。但對我來說,這個故事還沒有結束;德國料理在美國並沒有走到盡頭——它只是暫時陷入沉睡。

誤解 5:沒有新的德國移民,將新穎的德國料理帶到美國

移民帶來他們的食物和傳統,在美國創造與重塑永無止境的飲食故事。但德國不是柬埔寨或敘利亞;它不是一個處於危機中的國家,不會有新的德國移民潮湧入美國。那些移民至美國的德國人,多半受過高等教育,他們往往選擇收入豐厚的職業。他們來到這裡,不是為了開設簡樸的餐館。

這是否代表我們與其他國家食物的唯一連結,全都來自最貧困的移民?開餐廳往往是移民最容易創業的生意,因為它不需要正式學位或學院教育。但這又要如何闡述我們與食物的關係?我們對世

---

9 威斯康辛是全球少數能將切達起司熟成長達二十年的地區之一,該州的切達起司在風味和質地方面都是極致。

界飲食文化的認識，是否取決於全球性的悲劇？

我所遇見來到美國的多數移民，都是為了逃離戰爭、饑荒與迫害。為了換取安身立命的工作和重新開始生活的機會，他們湧泉以報數不盡的美食；若非如此，我們可能永遠無法接觸到這些料理。奈及利亞料理、維吾爾料理、緬甸料理……這樣的例子不勝枚舉。雖然我很慶幸他們來到這裡，但他們的存在總是籠罩著揮之不去的悲傷感。我們真的需要這樣世界級的悲劇，才能持續探索全球各地的料理嗎？這是得已長久維持的模式嗎？我不禁思考其他可行的方式，讓我們得以學習並尊重那些來自遙遠國度的料理，而不必依賴那些悲劇，把流亡異鄉之人推向我們國土。如果我們想讓德國料理或任何國家的料理獲得實質進化，我們就必須開闢一條不同以往的道路，而不是等待下一場戰爭的受害者將這份知識帶到美國。

旅程的最後一晚，黛安與我前往德國鄉村小館（Dorf Haus），這是一間位於威斯康辛州索克城（Sauk City）郊外的晚餐俱樂部。餐廳的名稱來自一個宗教團體，1852 年，一群德國移民在這片大草原與零星小鎮之間建立了這個團體。菜單上以漢堡、牛排與海鮮為主，偶爾點綴幾道德國特色料理。餐廳在週末會有現場歐姆帕（oompah，德式銅管樂）樂隊演奏。傍晚五點半，餐廳已經座無虛席。接待人員告訴我，至少要等一個小時才有座位。我看著在吧檯邊活蹦亂跳、轉圈起舞的女兒，知道我們等不了那麼久。於是，我改為外帶：炸肉排、醋燜牛肉、薄鬆餅和德國酸菜。我妻子在吧檯和一對夫妻聊了起來。他們偷偷瞥了我一眼。

女服務生遞給我一個小小的保麗龍盒，要我去沙拉吧把它裝滿。我望向那自助的沙拉吧，客氣地回絕了她。

「但這是晚餐附贈的，免費。」她放慢語速向我解釋。

「我知道，先不用。」

「那，我沒辦法替你的晚餐打折。」

「我沒想過要打折，真的不用。」

「就拿吧，你之後可能會想吃。」

「真的，沒關係。」

她帶著挫敗看著我，這對她來說簡直不可思議。我的餐點用塑膠袋裝好，我們拿著它回到車上。我向妻子解釋了剛才的對話，她告訴我這很合理。他們不希望虧欠任何人。而且，德國人從不拒絕任何免費的東西。

「這也太荒謬了吧。」我對她說。黛安正翻找著塑膠袋裡的食物。她拿出一個小小的保麗龍盒，裡面裝著萵苣、高麗菜和切片生紅蘿蔔。

那位服務生還是把沙拉給了我。「德國人還很固執！」我的妻子咯咯笑了起來。我們經常上演這種拉鋸戰，因為我跟她都如石頭般頑固。

夕陽緩緩落下，映照在荒蕪的農田上。我們的女兒已經在車裡睡著了。根據我讀過的資料，這裡的居民生活艱難，許多年輕人離鄉背井，前往大城市尋找更好的未來。但這裡的居民誠實善良，正如一般人口中所說的「腳踏實地的好人」。他們當初因為戰爭與迫害顛沛流離至此，在悉心照料的這片土地上耕耘、生根。而現在，

經過一個多世紀，他們渴望擁有更好的生活——誰不這麼盼望？他們很誠實，甚至太過老實。女服務生的良心讓她無法向我多收一分錢，即便那盤沙拉的價值還不到一毛錢。

我看著熟睡的女兒，她的夢裡或許正浮現牛跳過月亮的畫面。我看到了一個韓國女孩，但她同時也有一半的德國血統。她是我與妻子的結合，她也是美國的一部分。我希望她對德國料理的瞭解，能和她對韓國料理的熟悉程度一樣深。

我的妻子一邊餵我炸肉排，一邊讓我專心開車。味道有點平淡，於是我請她加點德國芥末；沒有比擠在牙膏管裡的德國芥末更帶勁的東西了。她照做；我咬了一口，那股芥末的生嗆猛然竄上鼻腔。

「炸肉排上本來不該加這種芥末的。」黛安責備道。不過，她也承認味道確實不錯。我笑著說，她這樣偏離規矩，一點都不像德國人。

「所以我們才是天生一對呀。」她靠向我。

當父母很不容易。最近，黛安和我經常爭吵，沒有特別的理由，因為生活本來就是如此。她說，我們應該多來幾次這樣的公路旅行。

「一定的，而且我們也會更常一起下廚。」我回答，言語裡暗示我會花更多時間在家。外面的天色漸暗，我們握著彼此的手，沿著空曠的高速公路駛回旅館。

德式香料燉兔

德式香料燉兔（Hasenpfeffer）是一道經典的德國料理，以野兔和杜松子為主要食材。這道菜充分展現了德國傳統的酸浸醃製技法，不僅增添風味，還能使肉質滑嫩。作法不複雜，但需要一定的準備時間，因此請提前規劃。理想狀況下，兔肉應醃製兩天，但如果時間不夠，二十四小時也可以。Hase 指的是野兔，而不是農場飼養的兔子，因此如果你能使用野兔，風味會更加道地。不過，優質的農場飼養兔肉也同樣適用此食譜。

分量：2～3 人份主菜

醃料
- 紅酒（建議黑皮諾 Pinot Noir，可酌量增加） 2 杯
- 蘋果醋 1½ 杯　● 水 1 杯
- 琴酒 ¼ 杯
- 鹽 1½ 大匙
- 杜松子、黑胡椒粒　各 1 大匙
- 月桂葉 3 片
- 多香果 2 小匙
- 大蒜 2 瓣
- 百里香 1 小把
- 兔肉（約 1.1 公斤，切 6 塊：前後腿分開、肋排部分對半剖開；可請肉鋪代為處理） 1 隻

燉煮
- 培根（切碎） ¼ 杯
- 洋蔥（切塊） 2 杯
- 洋菇（對半切開） 1½ 杯
- 蕪菁（去皮切塊） 1 杯
- 高麗菜（切碎） 1 杯
- 雞高湯 1～2 杯
- 酸奶油 ½ 杯
- 鹽　適量
- 現磨黑胡椒　適量
- 新鮮蒔蘿（切碎） 1 大匙
- 白飯或蛋麵（配菜用）　適量

製作醃料 & 醃肉

1. 取一大鍋,混合紅酒、蘋果醋、水、琴酒、鹽、杜松子、黑胡椒粒、月桂葉、多香果、大蒜和百里香,煮滾後持續沸騰 3 分鐘。將醃料倒入不會與食物產生化學反應的大型容器裡,確保可以放入兔肉,放入冰箱冷藏至完全變涼。

2. 將兔肉塊放入①的醃料中,確保兔肉完全浸在液體內;如果液體不足,可適量添加紅酒。放入冰箱醃製 48 小時,期間翻動幾次(若時間不夠,醃製一晚也可以)。

3. 準備烹煮時,從醃料中取出兔肉,用紙巾擦乾表面水分。將醃料過濾,僅保留液體備用。

燉煮兔肉

1. 取一中型鍋,以中火加熱培根,煎至油脂釋放且微脆化,約 5 分鐘。撈出培根,移至盤中備用。

2. 於同一鍋中,在剩餘的培根油脂裡,加入洋蔥、洋菇和蕪菁拌炒約 3 分鐘,或至蔬菜開始變軟。接著加入高麗菜,續炒 1 分鐘。將兔肉放入鍋中,加入①煎好的培根,翻炒 3～5 分鐘,至兔肉表面微微上色。

3. 倒入過濾後的醃料液和 1 杯雞高湯。確保兔肉和蔬菜完全浸在液體中;若液體不足,可額外添加最多 1 杯雞高湯。轉小火,蓋上鍋蓋,燉煮約 1 小時,期間需要檢查兔肉狀態,燉至肉質軟爛、幾乎脫骨即可。

4. 取出兔肉與蔬菜置於菜盤,蓋上蓋以保溫。鍋中的燉汁繼續以大火加熱,濃縮收汁至原本的一半。

5 取 2 杯④的燉汁，倒入碗中，加入酸奶油混合，再以鹽與黑胡椒調味。

6 將調製好的醬汁均勻淋在兔肉與蔬菜上。撒上新鮮蒔蘿，搭配白飯或蛋麵一同享用。

胡桃南瓜炸排

炸肉排是一道概念簡單的料理：將肉片捶薄、裹上麵包粉後油炸。可以使用豬肉、雞肉，甚至牛肉製作——就像德州的炸牛排。這份食譜是一個特別的素食版本。我將胡桃南瓜視為肉類來處理，使其呈現如傳統炸肉排的質地與風味。這道炸排搭配的酸菜也是用胡桃南瓜製成。雖然酸菜的發酵過程需要5天，但它能為這道料理帶來極致的風味衝擊，因此請提前準備。

分量：4人份主菜

- 胡桃南瓜（長條部分） 1顆
- 無鹽奶油 2大匙
- 鹽、現磨黑胡椒 適量

芥末奶油醬
- 白酒 ¼杯
- 紅蔥頭（切碎） 2大匙
- 鹽 少許
- 雞高湯 ¼杯
- 重鮮奶油 ¼杯
- 德式辣芥末 1大匙

- 新鮮山葵（磨碎） ½小匙
- 黑胡椒（現磨） 少許
- 無鹽奶油（冷藏備用） ½大匙

- 中筋麵粉 1杯
- 雞蛋（大） 2顆
- 牛奶、水 各2大匙
- 麵包粉 1杯
- 植物油（煎炸用） 3大匙
- 胡桃南瓜酸菜 適量（食譜後附）

製作南瓜排

1. 烤箱預熱至 165°C。
2. 切下胡桃南瓜的上半部（長條狀部分），修除頂端的莖；保留下半部（球狀部分）製作胡桃南瓜酸菜（食譜後附）。
3. 將南瓜的上半部放在一張鋁箔紙上，加入奶油，並撒上 ½ 小匙鹽。將鋁箔紙包緊，放入烤箱烘烤約 45 分鐘，至南瓜用手按壓時感覺柔軟但仍能保持形狀，不會塌陷。從烤箱取出鋁箔包，打開放涼。
4. 南瓜去皮，切成約 2 公分厚的圓片。用手掌輕壓南瓜片，使其稍微扁平，再整成圓形。放在盤子上，冷藏 15 分鐘。

製作芥末奶油醬 & 炸南瓜

1. 取一小鍋，將白酒煮沸。加入紅蔥頭和鹽，轉小火煮 4 分鐘，或至大部分液體蒸發。加入雞高湯和重鮮奶油，繼續燉煮約 5 分鐘，至液體濃縮約 ½ 杯。接著加入芥末、山葵和黑胡椒，再燉煮 2 分鐘，讓風味融合。最後加入奶油，輕輕搖晃鍋子使其融化。將醬汁放置備用。
2. 將麵粉倒入淺盤中。另取一淺盤，將雞蛋與牛奶和水打勻。在第三個淺盤中放入麵包粉。
3. 從冰箱取出南瓜排。逐一裹上一層麵粉，浸入蛋液，待多餘蛋液滴落後，再均勻裹上麵包粉，放在盤子上。若南瓜排裹上麵包粉後形狀有變，可以稍作整形，使其保持平整均勻。
4. 取一大平底鍋，以中火加熱約 3 大匙植物油至高溫。分批煎炸③的裹粉南瓜，每面約煎 2 分鐘，翻面一次，至雙面呈金黃色。將炸好的南瓜排放在紙巾上瀝油，撒上鹽與黑胡椒調味。
5. 將炸南瓜排擺盤，搭配胡桃南瓜酸菜，淋上芥末奶油醬即可享用。

⑭ 德國芥末

搭配 胡桃南瓜酸菜

胡桃南瓜製成的酸菜，口感如堅果般醇厚且清脆，風味既鮮明又帶有大地氣息。

分量：2 杯

- 胡桃南瓜（球狀部分） 1 顆（參考胡桃南瓜炸排食譜，見 P374）
- 洋蔥（切薄片） ¼ 杯
- 海鹽 1 大匙
- 凱莉茴香 1 小匙
- 大蒜（以刨刀磨碎） 1 瓣
- 多香果粉 ⅛ 小匙

1. 南瓜縱向對切，去除種子和內膜。去皮後，使用刨絲器刨成細絲。

2. 取一中型碗，將南瓜絲與洋蔥、海鹽、凱莉茴香、大蒜和多香果粉混合。用雙手擠拌約 8 分鐘，使南瓜釋放汁液。

3. 將南瓜及其汁液放入大小適中的玻璃罐裡。如果液體不足，可加入 ½ 杯水，確保南瓜絲完全浸在液體內。以數層起司濾布覆蓋罐口，並用橡皮筋固定。於室溫下靜置 48 小時。

4. 發酵完成後，將南瓜酸菜移至冰箱，靜置 3 天。此時的酸菜已可食用，但若要保存更長時間，最多可冷藏 1 個月，並將起司濾布換成密封蓋。

CHAPTER 15

煙燻肉殿堂

如果我告訴你，全美最棒的猶太熟食店位於印第安納波利斯，你會相信嗎？在紐約市下東城的卡茲熟食店與位於洛杉磯、擁有耀眼水晶吊燈的蘭格熟食店（Langer's Deli）之間，竟然有一座傳承超過百年、遵從猶太潔食醃肉傳統的煙燻肉殿堂？我第一次得知夏皮羅熟食店（Shapiro's Delicatessen）的存在時，也感到難以置信。說到猶太文化的支柱時，印第安納州並不會立刻浮現在我腦海。而且，所謂的「最棒」又代表什麼意思？我不能向你保證自己曾經有正式將夏皮羅熟食店的無酵餅丸子湯（matzo ball soup），與坎特熟食店（Canter's）或巴尼・格林格拉斯熟食店（Barney Greengrass）的版本並列比較、逐一品嘗；說實話，我也不確定有誰能做出比羅斯父女熟食店更出色的醃漬鯡魚，還有辛格曼熟食店（Zingerman's）的猶太餛飩（kreplach），更是無可匹敵。但是，如果我告訴你，在胡西爾州[1]這片土地上，有一間猶太熟食店在多元文化交融的烏托邦裡誕生，並在後四代人的傳承之下始終忠於家族根基，不受觀光業與中產階級的侵蝕，也未曾遭潮流變遷左右——那就非夏皮羅熟食店莫屬。

1　Hoosier State，印第安納州的別稱。

・・・

　　夏皮羅熟食店分為兩個區域：一邊是外帶肉品區，另一邊則是寬敞的自助式熟食區，可容納多達三百位顧客。這裡的排隊人潮絡繹不絕，因此最佳用餐時間是上午十一點半左右，也就是午餐高峰之前；在這裡，你能享有完整的用餐體驗：拿取塑膠托盤和餐具，再進入自助餐的取餐動線。首先，你需要從冷藏展示櫃中挑選甜點和沙拉。第一次來的客人可能會對這樣的順序稍有困惑，但幾經光臨後，你就會發現這樣的設計其實很巧妙。試想，如果每間餐廳都要求你先點甜點，點餐流程會變得多麼有趣！在決定開胃菜之前，先考慮是要來塊草莓起司蛋糕，還是一份香蕉布丁。所有甜點都擺放在防摔塑膠盤上，每一份甜點都以保鮮膜獨立包覆，就像是你的祖母親手為你包裝好的一樣。

　　沿著取餐動線往前走，抬頭就能看到三明治菜單板。現代熟食店有一個有趣的現象，就是用名人來為三明治命名。可是，我怎麼知道「伍迪・艾倫三明治」裡面放了什麼？而且，在大口咬下裸麥麵包夾粗鹽醃牛肉與美乃滋涼拌高麗菜時，我真的會希望他出現在我腦中嗎？在夏皮羅熟食店，菜單的設計很實在：品項簡單清楚，一目瞭然；粗鹽醃牛肉三明治就叫「粗鹽醃牛肉三明治」。事實上，這裡的菜單板看起來和其他任何一家普通熟食店沒兩樣，但當你看著師傅當場現切三明治用的煙燻肉片、香氣撲鼻而來的瞬間，你就會知道，這間熟食店絕非等閒之輩。

　　當你等待三明治的現切肉片時，可以先從蒸盤區挑選配菜。這

裡應有盡有，從德式馬鈴薯沙拉到酸奶油拌麵，甚至還有馬鈴薯煎餅（latkes）。我發現一開始選擇點兩份甜點是個好方法，如果隊伍的等待時間太長，我就能邊吃著肉桂千層餅（rugelach），邊耐心等候我的三明治組合完成。最後，取一個杯子裝汽水，再到收銀臺結帳。這裡的用餐方式快速、便宜又簡單。

布萊恩·夏皮羅（Brian Shapiro）是負責經營這間餐廳的夏皮羅家族第四代。他的辦公室在外帶區後方，設有大面玻璃窗，方便他隨時觀察店內動態。他的妻子莎莉（Sally）負責餐廳的網站與媒體業務。儘管他們還擁有幾家分店，但這間位於南區的自助餐廳——也就是創始店——才是他們的旗艦店。某天下午，我看到莎莉站在櫃檯後方，拿著一臺大相機，正在白色砧板上拍攝一份粗鹽醃牛肉三明治。她身形嬌小，相機幾乎和她的上半身一樣大。三明治驕傲地聳立在夏皮羅熟食店的素色餐盤上；盤子底下沒有精心縫製的麻布餐巾試圖營造不經心的擺盤效果，也沒有老式叉子優雅平衡在盤緣，彷彿有人正準備開動，卻突然想起還沒替自己倒一杯粉紅酒。

原本專注的莎莉被我猝不及防地打斷。「妳能再跟我說一次夏皮羅熟食店的歷史嗎？」我問她。這段故事可以在餐廳的菜單和網站上找到，但我就是喜歡聽莎莉親口敘述。她總是用輕快愉悅的語氣，講述那些耳熟能詳的重要時刻，還會穿插一些在宣傳手冊裡找不到的小故事。

———•———

夏皮羅猶太風味熟食店自 1905 年開業至今,創辦人路易斯（Louis）與蕾貝卡・夏皮羅（Rebecca Shapiro）當時為了躲避席捲俄國境內的反猶騷動,從奧德薩逃亡至美國。初來乍到時,路易斯在廢金屬回收廠工作;當時的廢金屬回收作業主要由猶太人經營,並因為鋼鐵加工技術的革新而蓬勃發展,讓回收鋼材的應用變得更加可行。投入這行業並不需要太多本錢——只要有一輛馬車,外加願意長時間吃苦耐勞,想起步就不成問題。

但路易斯討厭這份工作。在奧德薩時,他曾在市場販售食品和鮮花,因此他決定轉行,推著手推車做零售商,最初販賣的品項是咖啡和茶,後來多了麵粉和糖,之後又拓展到肉類和農產品。路易斯和蕾貝卡把這些貨品全部存放在他們位於梅里迪恩街 808 號的小公寓裡。直到有一天,地板因為庫存的重量而塌陷;他們決定買下樓下的店面,開設一間雜貨店和烘焙坊。店裡生意興隆,即便在經濟大蕭條期間,雜貨店依然保持盈餘。禁酒令結束後,路易斯開始賣啤酒,一瓶十美分。客人喝了幾杯後便開始詢問:「有沒有東西可以吃？」他們抱怨道:「你賣麵包,也賣肉,為什麼不乾脆幫我做個三明治？」於是,他就照做了。蕾貝卡也開始販售她親手製作的料理,主要是湯品和馬鈴薯沙拉。沒多久,他們又添購了幾張桌椅。當時,這個社區正從住宅區轉變為工業區,雜貨生意逐漸下滑,而餐廳的生意反而蒸蒸日上,於是這家人便決定專注擴大自助餐廳的規模。

由於年事已高且長期飽受背痛困擾,路易斯在 1940 年退休。他將店交給兒子們——艾比（Abe）、伊茲（Izzy）和麥克斯（Max）。

在過去二十年間,麥克斯對於夏皮羅熟食店的發展舉足輕重。即便伊茲是名義上的老闆,艾比大部分時間也都待在廚房監督菜譜,但麥克斯負責的部分,是店面的外場接待。他一直工作到八十多歲,即便到了今天,仍有許多老顧客記得他。「在店裡,你不可能超過一分鐘沒看到麥克斯來倒水,或是關心你的餐點是否合胃口。」一位顧客這樣回憶他。

麥克斯在正式退休之前,說服了他的堂弟莫特‧夏皮羅(Mort Shapiro)以及莫特的兒子布萊恩,與他一同經營這間店。當時是1984 年;同年十月,麥克斯去世,他深知熟食店已交到可靠的人手中,安詳離世。1999 年,莫特‧夏皮羅去世後,他的兒子布萊恩成為唯一的業主,並成為家族第四代經營者。

———— ● ————

「你看到這些照片了嗎?」布萊恩指著掛在牆上的老照片。「這些可不只是裝飾,裡面有我的血脈。我還記得我的叔公麥克斯。我是這一代人中,最後一個親眼見證他披星戴月的人。」

布萊恩一頭灰色捲髮,已經六十多歲,數十年來經營這間大型餐廳所累積的疲憊,全部清楚刻蝕在他的臉上。他答應在我用餐時與我共桌,並接受我的訪談。他問我是替哪家報社寫文章,我告訴他是為了寫書,他似乎有些不耐煩。他正在和獸醫通話,因為他的其中一隻狗生病了,他擔心藥物的問題。在等待醫生回應時,他低頭看著我托盤裡的食物。

「這些你真的全都吃得完？」他難以置信地朝我低聲問道。

我在夏皮羅熟食店總是特別有口腹之慾。我的午餐整整占滿兩個塑膠托盤：無酵餅丸子湯、魯賓三明治、碎肝三明治、煙燻牛舌三明治、高麗菜卷、魔鬼蛋、燙青菜，以及香蕉布丁。

我趁著布萊恩快要結束通話時，先把各種菜餚嘗了幾口。灰色的碎肝三明治看起來了無生氣，但是溫度適宜，涼涼的卻不會過於冰冷。細小的脂肪顆粒入口即化，帶來豐潤的口感，肝醬本身則鮮嫩細膩，奢華無比；我甚至不需要用牙齒咀嚼，它就在我嘴裡化開。煙燻牛舌則截然不同，鹹香有嚼勁，煙燻味若隱若現，而那薄切後層層堆疊至約五公分高的油潤牛舌，簡直太過奢靡。高麗菜卷甜美可口，口感柔嫩，彷彿孩童的淚水般輕盈。至於煙燻牛肉，可能是我吃過最出色的該品項之一；這麼說或許有點大膽，但說不定……它其實比卡茲熟食店的還要好吃？

我問布萊恩，為什麼這裡的食物如此優秀。

「我們所有東西都是自己做的，完全手工。我們遵循傳統作法，全部材料都是手切。我們每天熬煮大量使用於所有料理中的雞高湯——還有雞油，很多雞油。」他補充道，指的是用來煎炸或塗抹在麵包上的雞脂肪。

他站起來，調整牆上一張裱框的照片；那是莫特的照片。

「老一輩的人，他們擁有移民的手藝。他們靠雙手做事，親力親為，不怕吃苦。我對他們有一種責任感。」

「這家店是怎麼經營這麼久的？」我接著問。

「你是廚師嗎？你開餐廳的？」他開始試探我。

「是的。」我回答道。

「現在的廚師個個都像藝術家,這也沒什麼不好。但如此一來,餐廳就只跟某個『人』綁在一起,而不是傳統。現在已經不可能再有能屹立百年的餐廳了。廚師們會隨著潮流改變菜色,我們不會。」

「所以這裡沒有主廚?」

「我們不會稱他們為主廚。這裡的料理來自家傳食譜,由大家共同製作。這代表的是一群人的文化,而不是某個獨立個體。如果我們堅持把食物當作個人的表達方式,那餐廳的壽命就只取決於這位廚師的靈感,或者大眾關注的時間。而這些……」他環顧四周。「才可以一直延續下去。」布萊恩站起身來,走向甜點櫃,調整閃爍的燈光。

───•───

我的成長過程中,卡茲熟食店的煙燻肉和粗鹽醃牛肉、第二大道熟食店(Second Avenue Deli)的波蘭餃子,以及約拿‧舒密爾猶太餡餅烘焙坊(Yonah Schimmel Knish Bakery)的馬鈴薯餡餅,總是伴我左右;我一直都知道自己在吃猶太食物。也許是因為我去的都是那些毫不避諱在菜單上印著大衛之星[2]的老店;也可能是因為那些上菜的人帶著紐約的意第緒語(Yiddish)口音,語氣裡還夾雜著告誡與罪惡感,彷彿額外附贈的小菜。「你知道做這道煙燻鮭魚要花多久時間嗎?」我記得有一次在羅斯父女熟食店,因為我點餐時太過匆忙,結果被訓斥了一頓。

如今,煙燻肉三明治、魯賓三明治和貝果隨處可見,早已不再是猶太人的專屬食物。它們已經演變成一種模糊的食物類別——一方面因身為歷史悠久的傳統美食而備受讚譽,另一方面卻成為人們日常食用、鮮少思考其文化身分的食品。它們既是猶太食物,同時又不是。

「這些食物被商店當作美式三明治來販售,而不是猶太料理時,你會介意嗎?」我問布萊恩。

「不,這就是現實。再說,要如何才算是猶太料理?我們更傾向稱它為猶太潔食(kosher)。我們做的料理來自東歐,它的根源其實是德國菜;高麗菜卷是匈牙利菜;以色列料理則以穀物為主,源自塞法迪猶太人(Sephardic Jews)。它們仍然是猶太料理,但卻有天壤之別。」

「當你的餐廳不再被視為正宗的猶太料理時,你不擔心生意會受影響嗎?」

「阿比速食店(Arby's)每次主打魯賓三明治的廣告時,我們的銷量反而上升。告訴我,現在還有誰會堅持用帶脂肪層的原塊胸腹肉?我的版本就是更精良。只要我還在,這一點就不會改變。」

布萊恩和我握手,然後說他得離開。我最後再追問他一題。

「在這些食物完全被取代之前,你不想捍衛一些猶太人的主導權嗎?」

「它早就被取代了。現在,只有嚴格遵守教規的猶太人才會在意它是不是猶太潔食。其他人只是因為想吃一份好吃的三明治而來到這裡。而且,其實這就是一如往常的世道;你在尋找一種根本不

存在的懷舊情懷。南區一直是許多族群的家，不只是猶太人。而且，他們是一代接著一代而來。」

離開前，我外帶了快一公斤的煙燻肉。它在我家冰箱裡待不久——我實在不好意思告訴布萊恩，我打算用它來搭配泡菜和肉汁醬，做成蓋澆薯條（poutine）。

───────●───────

我緩慢駛過時移俗易、幾乎人事已非的南區，也就是現在被稱為貝比・丹尼（Babe Denny）的地方。夏皮羅熟食店是南區的地標，而南區曾是非裔美國人、義大利移民和猶太移民的家園。這裡曾是個由小型商家和店主組成的繁榮社區，人們和睦共處，至今仍有許多人懷念這段歷史。然而，這個社區已不復存在；如今只剩下幾間工廠、空地，以及逐漸崩塌的獨立住宅。跨州公路北側的房屋大多都已空無一人，還在等待開發商收購這些房產的屋主們遲遲不現身。有傳聞說，這一帶將成為印第安納波利斯下一個如日中天的商業走廊，熟悉的公寓大樓、零售店和美食市集全是標準配置。盧卡斯石油體育場（Lucas Oil Stadium）聳立在這片逐漸崩毀的社區上方，每逢秋季的週日，印第安納波利斯小馬隊（Indianapolis Colts）就在這裡迎接滿場球迷的熱情吶喊。

2　又稱六芒星，即兩個正三角形反向相疊的六角星，是猶太教和猶太文化的標誌。

幾個世代以來，這個社區一直是不同族群的大熔爐，聚集了來此尋找工廠就業機會的阿帕拉契山區移民、逃離美國南方的非裔美國人，以及來自歐洲的猶太人、義大利人、愛爾蘭人和希臘人。印第安納波利斯位於美國的中心地帶，為那些覺得紐約市過於擁擠的移民提供了更多機會。在大遷徙（Great Migration）[3]期間，超過兩萬名非裔美國人離開受《吉姆‧克勞法》（Jim Crow laws）壓迫的南方，前往工業化的美國北方。當時，棉子象鼻蟲（boll weevil）[4]肆虐，加上1927年的密西西比河大洪水，讓帶來新生活機會的北方城市成為希望的象徵。作為北方城市之一的印第安納波利斯，是人們前往芝加哥前的中繼站，而許多人最後選擇在此落腳。在美國種族緊張局勢一觸即發的時期，南區卻相對平和。猶太人和非裔美國人都將那段時光視為攜手合作與互相尊重的黃金時代。

我開車經過一棟小房子，一位年長的非裔美籍男子正在門廊上升起美國國旗。透過敞開的門，我能看到簡陋的客廳，布料已經逐漸磨損的沙發，掛著幾張裱框相片的牆面。他的髖關節老化，讓他在升旗時不得不笨拙地向一側傾斜。我把車停好，上前與他交談。他的名字是佩里‧莫里斯（Perrie Morris）。

「這社區以前可棒了，」他自豪地告訴我。「大家家門口都有種果樹和桑樹。你看那塊空地，以前全是房子，住的都是我的朋友和親戚；我們全住在這裡。孩子們在街上玩耍，猶太人、義大利人、黑人──我們都住一起，這裡是個很宜居的好地方。」

「為什麼大家能夠如此和睦相處？」

「我們會提供彼此的孩子一些工作機會，我們互相做生意，沒什麼理由要對彼此不好。如果我們過得好，大家都能一起共好。」

「然後呢？發生了什麼事？」

「當高速公路修建後，一切都變了。」他指著那座小山。「我小時候經常從山坡上溜下來玩。」高架橋上，I-70號州際公路的汽車正飛馳而過。這條州際高速公路興建於七〇年代初期，將這個欣欣向榮的社區硬生生一分為二。那些房子位於高速公路規劃路線上的住戶，透過徵收條款拿到一筆補償金，許多人收下錢後便搬往北方。租戶則被強制遷離，孩子們突然與學校隔絕，居民們與教堂分開，街道被拓寬，想步行穿越社區變得非常困難。現在，這個社區只剩下一連串通往 I-70 的匝道。只剩少數幾條街道仍可從橋下步行通過，但那些沒有照明設備的水泥地下道，在上方車輛通過時會劇烈搖晃。泥沙和雨水沿著陡坡流下，泥土順勢淹沒街道。沿著路堤傾斜的土地上，長滿了野草、薊和忍冬。

幾乎沒有任何證據能夠證明，這裡曾經存在過一個如烏托邦的社區。除了主宰整片景觀的高速公路外，只剩下幾座老舊工廠、一座空蕩狹小的遊樂場，以及一間老舊的浸信會教堂。然後，在子午

3　是指1876～1965年間美國南部及邊境各州對有色人種實行種族隔離制度的法律，要求公共設施必須依種族不同而隔離使用。在隔離但平等的原則下，種族隔離被解釋為不違反憲法保障的同等保護權，但事實上黑人能享有的部分仍不及白人，造成黑人處於經濟、教育及社會上相對弱勢的地位。

4　象鼻蟲的一種。棉子象鼻蟲只會在棉花樹上進食和發育，對美國棉花產業造成嚴重的損失。

線街（Meridian Street）與麥卡蒂街（McCarty Street）的轉角處，夏皮羅熟食店卻依然驕傲聳立著，每天依舊吸引大批顧客上門。我每次來到夏皮羅熟食店，總能遇見新面孔，而這些人通常都有許多與南區有關的故事可以分享。

李奧（Leo）是一位年長的猶太人，前陣子我拜訪這裡時，曾與他共進午餐。我問他，為什麼在全美各地種族矛盾嚴重的時期，這個社區卻能融洽和平。「因為大家都有自己的小生意，」他告訴我。「在帕索的店裡，你可以坐下來點一杯飲料機汽水，身旁坐著一位黑人，沒有人會因此大驚小怪。那時候遍地都是水果市場、修鞋店、鐘錶維修店、帽子店、鮮花攤；我們彼此做生意、以物易物。我們需要彼此才能生存。」

「為什麼現在的我們不能再打造一個南區？」

「現在的一切早已不如往昔。那時候，你可以親眼看到人們是怎麼賺錢的。你和他們住在一起，並肩工作。現在，我走在市中心，只看到一群人在辦公室裡敲著鍵盤。他們整天到底在幹麼？我完全搞不懂。」

我一方面對他那過時而錯誤的現代經濟觀念啼笑皆非，另一方面卻也為此感傷。再過十年，這個社區將變成豪華飯店與高樓公寓的集散地。但現在，舊社區的幽魂仍潛伏於此。我總能找到願意與我分享舊南區故事的人，而我下定決心，只要他們走進夏皮羅熟食店的玻璃門，我一個也不會錯過。

夏皮羅熟食店的存在，不僅是因為它供應美味的食物，更是因為它能鑑往知來，提醒我們曾經是誰，以及我們仍然可以成為什麼

樣的人；它讓我們有理由與坐在旁邊的人交談。你不必是猶太人才懂得欣賞這裡的美食，也不必得來自印第安納波利斯才能理解南區的重要性。印第安納波利斯的南區，就像一個太早戛然而止的古文明，應當被銘記和研究，因為它能教會我們如何懷抱謙遜、優雅與尊重，與他人共存。

───●───

布朗斯敦賽車場（Brownstown Speedway）是一座約四百公尺長的橢圓形泥地賽道，隱身於傑克遜郡，位於一座湖泊與一片小農場之間。每年夏季的週六夜晚，來自印第安納州各地的人們聚集於此，駕駛 Late Model 賽車[5]、改裝車、超級原型車（Superstocks）、標準原型車（Pure Stocks）和大黃蜂級賽車（Hornets），競速角逐。這座賽車場已有六十多年的歷史，看上去也確實如此：木製看臺的中央已經有點下陷，而那道將賽車與觀眾區隔開的鐵絲圍欄，別說攔住風馳電掣、重達千斤的賽車了，八成連一隻飢餓的狗都擋不住。

距離全球最受矚目的賽車盛事──印第安納波利斯 500 英里大賽（Indianapolis 500），還有一週的時間。所有人都已經湧入這座城市，為這場比賽的到來做準備。我則來到夏皮羅熟食店，買了一份煙燻肉三明治，準備稍後在布朗斯敦賽車場享用。賽車場的食物選擇不多，基本上就只有一處販賣部，供應常見的熱狗、漢堡、薯條

5　Late Models 是專為比賽打造的賽車，主要在橢圓形賽道上競速，而且是原型車賽事的一個分支。

和炸雞柳，全都乏善可陳。販售 T 恤的貨車上滿是美國南方邦聯旗（Confederate flags）和改裝車貼紙。人們帶著滿箱的啤酒和激浪汽水，而我則帶了一份夏皮羅的三明治。

布朗斯敦賽車場是個闔家同樂的好去處，我曾帶我的女兒去過幾次，看那些飛馳而過的賽車。當車輛加速駛出彎道時，轟鳴聲震耳欲聾。泥地賽車並非人人都喜歡，你對它要麼樂此不疲，要麼無動於衷。而我的四歲女兒完全沉醉其中。我用雙手掌心緊貼著她的耳朵，試圖減弱那刺耳的噪音。她的頭來回轉動，目光緊跟著五顏六色的賽車在賽道上疾馳。當終點的黑白格旗揮舞起來時，她興奮地舉起雙拳。這一切讓人熱血沸騰。

我很清楚，這裡幾乎總是只有我一個有色人種，但這從來沒有讓我卻步。我從未覺得種族是一道障礙，也從未真正感到不受歡迎。對我來說，即便置身於陌生環境，我依然能夠如魚得水，甚至樂在其中。在布朗斯敦，我遇見了一些非常友善的人；他們總是特意讓我感受到歡迎，卻又不會刻意強調我的族裔背景。但我一直在想，對於一個膚色較深的人來說，究竟需要什麼樣的條件，才能走進這樣的地方，而不在最一開始時感到完全格格不入？

———・———

我在夏皮羅熟食店排隊等候時，注意到一名身材高大的非裔美籍男子，他穿著一件賽車夾克。他點了和我一樣的東西，我們便在

等待煙燻肉三明治的同時聊了起來。我告訴他，今晚我要前往布朗斯敦賽車場。他說他很熟悉那個地方，但不常去。他住在印第安納波利斯，推廣非裔美國人的賽車運動是他的副業。

「我一直以為賽車是白人的運動。」我對他說，對自己的直言不諱感到驚訝。

他笑了笑，點點頭，彷彿既認可我這番話的真實性，也默認其中的無知。「正規賽車的確是這樣。但如果你星期六晚上去一趟南區，就會看到兄弟們開著各種改裝過的賽車和摩托車進行直線加速賽（drag-racing）。」

他問我有沒有聽過查理·威金斯（Charlie Wiggins）。我說我沒聽過。

「查理·威金斯曾是印第安納波利斯最頂尖的機械師，」他說。「他打造的賽車快得驚人，就連印第安納波利斯500的車手都想把他納入車隊。但他從未獲准加入，只因為他是黑人。」

我在筆記本上匆匆寫下這些內容，準備之後查找。

「他們因為威金斯而創辦了金牌與榮耀大賽（Gold and Glory Sweepstakes），這是美國第一場專為非裔美國人舉辦的賽車比賽。查理贏了三次。」他放慢語速，讓我能夠消化這些資訊。「在傑基·羅賓森（Jackie Robinson）之前，就有查理·威金斯。他的修車廠就在南區。」

我們拿到三明治，走向收銀臺。我跟著他來到他的桌邊，聆聽他繼續講述這段歷史。

查理・威金斯在1897年出生於印第安納州的埃文斯維爾（Evansville），父親是一名煤礦工人。他曾在一家汽車維修廠外的擦鞋攤工作；在母親去世後，他進入這間維修廠當學徒。威金斯在各方面都展現出非凡的天賦，以學徒來說，稱得上是一名貨真價實的天才。他於不久後便迅速晉升為首席機械師，成為埃文斯維爾第一位非裔美籍機械師。他的技術能力很快就不脛而走，於是在1922年，他與妻子蘿勃塔（Roberta）搬到了印第安納波利斯這座當時被推崇為機械師聖地的城市。他們在南區開設了自己的修車廠，沒多久，賽車愛好者便公認威金斯是全城最優秀的機械師。在他的空閒時間，威金斯從廢棄汽車場收集零件，組裝出自己的賽車，稱為「威金斯特製車」。他曾試圖駕駛這輛車參加印第安納波利斯500英里大賽，但因為種族身分，遭到美國汽車協會（American Automobile Association, AAA）禁止。於是，威金斯開始號召一群非裔美籍車手，組建賽車團隊。這件事引起了威廉・魯克（William Rucker）的注意，他是一位住在印第安納波利斯的富有非裔美籍企業家。魯克於是創辦了金牌與榮耀大賽，成為專為非裔美國車手舉辦的年度賽事；比賽全長約一百六十公里，在印第安納州博覽會場（Indiana State Fairgrounds）一條單圈約一點六公里的橢圓形泥地賽道進行。

1925年的金牌與榮耀大賽共有五十九輛賽車參賽，其中只有二十輛能夠晉級決賽。查理・威金斯的賽車「威金斯特製車」便是其中之一。這輛車由威金斯全程親手打造，而且是比賽中唯一一輛

受益於他發現的技術——一種使用機油與航空燃油混合燃料、能提高燃油效率的引擎——的賽車。威金斯在車身側面塗上了 23 號，旁邊還畫了菲力貓（Felix the Cat）的圖案。其他車手很快就為他的車取了個綽號——「黑貓」。

他的賽車在比賽中技壓群雄。當其他車手需要進站加油時，查理的引擎一路跑完全程，一次都沒有停下來。他領先亞軍整整兩圈多，拔得頭籌。那天晚上，三一堂（Trinity Hall）舉行了一場盛大的慶祝派對，威金斯成為南區的驕傲。整個社區張貼著他的海報，他的肖像隨處可見。在接下來的十年間，他又兩度奪冠。但到了 1936 年，他在一場十三輛賽車的連環事故中受傷，失去了一條腿。這不僅是他個人的悲劇，也對金牌與榮耀大賽造成沉重打擊，該賽事在不久後便停辦。

查理‧威金斯用木頭打造了一條義肢，並繼續從事賽車製造與維修，但他再也無法參賽。1991 年，威利‧西奧多‧里比斯（Willy T. Ribbs）成為第一位正式參加印第安納波利斯 500 英里大賽的非裔美籍車手，但早在這之前，威金斯就已經是非裔美籍賽車手的精神領袖與倡導者。1979 年，查理‧威金斯於印第安納波利斯逝世，享壽八十二歲。

———•———

「他們打算重辦一次金牌與榮耀大賽，來紀念這段歷史，」我的午餐夥伴對我說。「就在印第安納波利斯。」

如果他們真的辦成了，我一定會到場。

我跳上車，在高速公路上全速馳騁，直奔布朗斯敦。我穿越穆斯卡塔圖克河（Muscatatuck River），駛入鄉間小路，抄近路趕往賽車場。我剛好在預賽前趕上與一些車手見面的機會。最讓我興奮的是能和賈斯汀·肖（Justin Shaw）交談，他是這項運動中最具天賦的年輕車手之一。他駕駛著二號賽車──一輛搭載 604 箱式引擎（crate engine）的最新型雪佛蘭賽車，擁有四百匹馬力。在約四百公尺的賽道上，他的時速最高可達約一百三十公里。當這些賽車在泥地賽道上高速入彎時，幾乎會一路側滑穿過整個彎道。

「看起來像在甩尾，但其實我們完全掌控著車輛，並在轉彎後讓它回正。」賈斯汀對我說。

賈斯汀平日有一般正職，週末參加比賽；這裡的大多數賽車手都是如此。他是傳奇級機械師兼車手 C. J. 雷本（C. J. Rayburn）的孫子，而雷本被譽為現代泥地賽車底盤設計的創始者。賈斯汀從小在印第安納州懷特蘭（Whiteland）的一間機械修理廠長大，在賽車環境中耳濡目染。甚至在他小時候，明星級賽車手東尼·史都華（Tony Stewart）也常到家裡作客。

賈斯汀注定成為賽車手，這一點毫無疑問，唯一的變數只有「何時開始」。他十六歲就參加比賽，戰績亮眼，外界對他寄予厚望，但他始終從容以對；他穩健、自信且內斂。他向我展示打造這類賽車時所需的細緻工藝。這不僅是一部賽車，更是一件精美的作品。他的車是黑色車身搭配粉紅色條紋裝飾，因為他女兒喜歡這樣的配色組合。

賈斯汀禮貌地對我說，他得去準備了，因為比賽即將開始。我連忙跑回看臺，找了個座位，坐在一群來自肯塔基州的男人旁邊。鮑比（Bobby）是個狂熱的賽車迷，從他一身賽車裝備和裝滿啤酒的冰桶就能略知一二；他遞了一罐米勒淡啤給我。綠燈亮起，轟隆作響的賽車衝上泥地賽道。鮑比要我注意輪胎是如何高速打滑，還在外側車輛試圖偷襲領先的車子時向我示意。這些賽車沒有後視鏡，而且車手無法大幅度向後轉頭，所以他們的視線最多只能看到自己右肩後方的範圍。

引擎聲怒吼，震動感直衝我的脊椎。我靠在座椅上，拉開背包拉鍊。預賽節奏緊湊，驚險刺激；我拿出我的煙燻肉三明治，而那罐布朗博士牌黑櫻桃汽水仍然冰涼。我把半個煙燻肉三明治遞給鮑比，換得另一罐啤酒。他欣然接受這筆交易。

「靠，這三明治真好吃！」鮑比在引擎的轟鳴聲中朝我大喊。

「這是印第安納波利斯的夏皮羅熟食店做的。」我回喊。

「我聽說過那家店，不過從沒去過。」

「他們家的煙燻肉已經傳承四代，是個家族企業。」

「家人最重要了，兄弟。」

我們整個晚上時不時地大聲聊著食物和賽車。比賽結束時，天色已黑。大家開始收拾空啤酒罐，準備前往停車場。我的耳膜還在嗡嗡作響，臉頰覆蓋著一層細細的泥土粉塵。飛蟲瘋狂盤旋於每盞泛光燈下，金龜子懶洋洋地穿梭在人群中；螽斯高聲鳴叫，彷彿因為終於不用與引擎的轟鳴聲競爭而感到滿意。賈斯汀晉級了，但未

能贏得最後的決賽。不過,他輸得大方。這裡的人都視他為賽車界的貴族,他必須保持風度。

「他還有機會的,」鮑比在離開前對我說。「這小子天生就是賽車手。」

煙燻牛舌

別因為想到要吃牛舌而感到驚慌。它是一道珍饈，自古以來便深受喜愛。牛舌肉質細緻，烹調起來既簡單又有入口即化的口感。首先，你需要找到值得信賴的肉販，確保能夠買到整條新鮮、未冷凍的牛舌。接下來，為了讓牛舌充分入味，需要醃製一整週。完整的牛舌是一大塊肉，所以我提供兩種不同的食譜——一種是簡單的牛舌三明治，另一種則是細心搭配的前菜。此外，你也可以將牛舌切薄片，製作牛舌塔可（墨西哥的經典美食），或將牛舌切塊快炒。牛舌醃漬並烹煮後，可以冷凍保存長達一個月，方便隨時取用。

分量：約 1.6 公斤的切片牛舌

醃漬
- 粗鹽　2¼ 杯
- 紅糖　1½ 杯
- 黑胡椒粒　1½ 大匙
- 紅辣椒碎　1 大匙
- 大蒜　5 瓣
- 月桂葉　2 片
- 杜松子　1 小匙
- 水　3.8 公升

- 完整牛舌（約1.8～2.3公斤）1 條

燉煮
- 雞高湯　8 杯
- 白酒　1 杯
- 洋蔥（切碎）　½ 杯
- 西洋芹（粗切）　2 根
- 紅蘿蔔（粗切）　1 根
- 大蒜　2 瓣
- 月桂葉　2 片

香料抹料
- 芫荽粉、現磨黑胡椒　各2大匙
- 辣味煙燻紅椒粉　1 大匙

製作醃漬液 & 醃牛舌

1. 取一大鍋,加入粗鹽、紅糖、整顆黑胡椒粒、紅辣椒碎、大蒜、月桂葉、杜松子和水,攪拌加熱至沸騰,使鹽和糖完全溶解。放涼後,移至冰箱冷藏,約 3 小時。
2. 將醃漬液倒入可放入整條牛舌且不會與食物產生化學反應的容器,確保牛舌完全浸於液體中。請用盤子或其他重物壓住牛舌,保持浸泡狀態。冷藏 5 天,每天檢查一次,確保液體表面沒有黴菌生長。無需翻動牛舌。

燉煮牛舌

1. 將烤箱預熱至 150°C。
2. 從醃漬液中取出牛舌,以冷水沖洗,倒掉醃漬液。將牛舌放入深烤盤,加入雞高湯、白酒、洋蔥、西洋芹、紅蘿蔔、大蒜和月桂葉。用鋁箔紙覆蓋,放入烤箱烘烤 3 小時,或至牛舌變軟且能輕易用叉子刺穿。讓牛舌浸泡在燉煮液中,置於室溫下 1 小時冷卻。

同時製作香料抹料 & 塗抹牛舌

1. 取一小碗混合芫荽粉、黑胡椒粉和辣味煙燻紅椒粉。
2. 牛舌在食用前必須去皮,最好是在溫熱狀態下進行。從燉煮液中取出牛舌,放在砧板上,撕除厚皮並丟棄、修剪底部多餘的脂肪或筋膜。再將牛舌放回燉煮液,冷藏至完全冷卻。
3. 從燉煮液中取出牛舌,移至盤中(燉煮液可保留製作濃湯)。用紙巾擦乾牛舌表面,均勻抹上①的香料抹料,確保其完全覆蓋牛舌。
4. 用保鮮膜包裹牛舌,放入冰箱冷藏,至少靜置 1 天。此時,煙燻牛舌已可食用,可依個人口味切成薄或厚片。這道菜可於冰箱保存至少 1 週。

綜合香料莎莉蘭麵包牛舌三明治

莎莉蘭麵包（Sally Lunn bread）是一款類似布里歐的麵包，最早來自英國，在殖民時期傳入美國南部。麵包輕盈且帶有酵母香氣，非常適合作三明治。傳統上，莎莉蘭麵包通常以長條吐司模烘焙，但在這道食譜中，我將麵團塑形成法國麵包狀的小長棍，可以夾入煙燻牛舌，切成一口大小，作為開胃小點。綜合香料（everything spice）是紐約經典貝果常見的傳統配料，用來向猶太熟食店致敬。

分量：6個

莎莉蘭麵包
- 活性乾酵母　¾小匙
- 溫水（約45°C）　¼杯
- 全脂牛奶　½杯
- 無鹽奶油（融化後放至微溫）4大匙
- 雞蛋（大）2顆
- 中筋麵粉　3杯（另備適量撒粉用）
- 糖　2大匙
- 粗鹽　1大匙

綜合香料
- 白芝麻　1½小匙
- 罌粟籽　1½小匙
- 茴香籽　1½小匙
- 乾燥洋蔥碎　¾小匙
- 乾燥大蒜碎　¾小匙
- 粗鹽　½小匙

- 青蔥（切細）　2大匙
- 現成辣根醬　3大匙
- 美乃滋（建議杜克牌Duke's）1杯
- 煙燻牛舌（切薄片）　約680克（見P400）

製作麵團

1. 在小碗中，將酵母和溫水混合，靜置 10 分鐘或至表面起泡。加入牛奶和融化的奶油後拌勻。打入雞蛋，攪拌至完全混合。
2. 取一大碗篩入麵粉，拌入糖和粗鹽。加入①的酵母混合液，攪拌至形成濕黏的麵團。將麵團移到抹了薄油的乾淨碗中，蓋上保鮮膜，置於溫暖處發酵 1 小時，至體積膨脹約兩倍大。
3. 將麵團移到撒了少許麵粉的工作臺。麵團對半切開，放在撒粉的烤盤上。將每塊麵團塑形成長約 18 公分、寬約 5 公分的長棍狀，並確保麵包之間留有空間。讓麵團再次在溫暖處發酵 45 分鐘，至體積膨脹約兩倍大。

製作綜合香料 & 烘烤麵包

1. 趁麵團發酵時，取一小碗，將白芝麻、罌粟籽、茴香籽、乾燥洋蔥碎、乾燥大蒜碎和粗鹽混合，置於一旁備用。
2. 將烤架置於烤箱中央，預熱烤箱至 163°C。
3. 用水輕刷發酵完成的麵團表面，均勻撒上綜合香料。
4. 麵團放入②的烤箱烘烤 15～18 分鐘，直到表面呈現淡褐色且外層帶有酥脆感。
5. 烤箱溫度調整至 190°C，再烘烤 4～5 分鐘，至表面金黃。取出麵包，放涼約 15 分鐘。
6. 另取一小碗，混合青蔥、辣根醬和美乃滋，用叉子拌勻。
7. 將溫熱的麵包對半切開，在切面上均勻塗抹辣根美乃滋。夾入煙燻牛舌後合上麵包。橫切成 2.5 公分的寬片，即可享用。

煙燻牛舌玉米粉煎餅佐千島醬

與 P401 的牛舌三明治不同，這道前菜更為精緻；牛舌不宜過度薄切，約 1.3 公分厚最為理想。在熱鍋中將牛舌兩面煎至焦糖化，外層焦香，內部仍舊軟嫩。玉米粉煎餅（Johnnycake）是玉米麵包的變體，介於薄餅和鬆餅之間，在美國南方很受歡迎。微酸的千島醬搭配牛舌的濃郁，風味極佳。多餘的醬料可用來做馬鈴薯沙拉、雞肉沙拉，以及薯條的蘸醬。

分量：6 人份前菜

千島醬
- 美乃滋（建議杜克牌Duke's） 1 杯
- 番茄醬　1 大匙
- 韓式辣椒醬　1 大匙
- 洋蔥（磨泥）　1 大匙
- 義大利平葉巴西里（切碎） 1 大匙
- 蒔蘿醃黃瓜（切碎）　1 大匙，另取 1 大匙醃黃瓜汁
- 新鮮檸檬汁　1 大匙
- 糖　1 大匙
- 新鮮辣根（磨泥）　1 小匙
- 伍斯特醬　1 小匙
- 卡宴辣椒粉　½ 小匙
- 鹽與現磨黑胡椒　適量

玉米粉煎餅
- 玉米粉　1¼ 杯
- 中筋麵粉　¼ 杯
- 研磨凱莉茴香　1½ 大匙
- 泡打粉、鹽　各 ½ 小匙
- 小蘇打　¼ 小匙
- 酪乳　1¼ 杯
- 雞蛋（大）　1 顆
- 無鹽奶油（融化後放至微溫） 2 大匙
- 植物油　適量（油煎用）

- 煙燻牛舌（切成 1.3 公分厚片，見 P400）　約 340 公克
- 新鮮巴西里或蝦夷蔥（切碎，裝飾用）　適量

製作千島醬

取一中型碗，混合美乃滋、番茄醬、韓式辣椒醬、洋蔥、巴西里、醃黃瓜、醃黃瓜汁、檸檬汁、糖、辣根、伍斯特醬、卡宴辣椒粉，以及少許的鹽和黑胡椒。攪拌至均勻混合，蓋上容器並冷藏，使用時取出。

製作玉米粉煎餅

1　取一中型碗，混合玉米粉、中筋麵粉、凱莉茴香、泡打粉、小蘇打和鹽，用叉子拌勻。

2　另取一中型碗，混合酪乳、雞蛋和融化的奶油，攪拌至滑順。倒入①的乾性食材，攪拌均勻至麵糊形成。

3　取一大平底鍋，用中火加熱，倒入約 1 大匙油。用湯匙舀取 2 大匙麵糊倒入鍋中，每塊煎餅之間保留間距（依鍋子大小決定煎餅的數量）。煎 3 分鐘，直到底部呈金黃且酥脆。翻面後再煎 1 分鐘至上色。將煎餅移至墊有紙巾的耐熱盤，並放入 82°C 烤箱保溫，繼續製作剩餘的玉米粉煎餅。若有多餘的煎餅，可放涼後冷凍保存，待供日後食用。

4　取一大平底煎鍋，以中火加熱，加入約 1 大匙的油。放入牛舌片，兩面各煎 2 分鐘，或煎至牛舌焦糖化且中心溫熱。

5　在每個盤子上放一片玉米粉煎餅、一片牛舌。在牛舌上淋上少許醬汁。用切碎的巴西里裝飾，即可享用。

⑮ 煙燻肉殿堂

CHAPTER 16

玉米麵包
雙重奏

在西路易斯維爾，有一家名叫和散那廚房（Hosanna's Kitchen）的靈魂料理餐廳，經營者是珍妮絲（Janice）。和散那廚房是一棟白色、單層的小建築，外觀看起來一點也不像餐廳；直到最近，這裡才有了招牌。某天下午，我一邊吃著珍妮絲的炸雞，一邊聽她娓娓說起這塊招牌的故事——這塊招牌是公車司機送給她的禮物，他的行駛路線中，正好有一個停靠站就在她的餐廳前。司機駕駛這條路線多年，卻從來不知道這間小白屋竟然是家餐廳。某天下午，一名乘客帶著一袋食物上了公車，司機問他：「這些香味撲鼻的食物是哪裡來的？」當乘客指向那棟小白屋時，公車司機把車停好，走進去一探究竟。珍妮絲送了他豬排和義大利麵，讓他帶回去繼續上班。司機感激不已，於是請他在廣告看板公司工作的妻子幫忙，為這棟建築製作了一塊招牌。某天餐廳休息時，司機把招牌掛了上去，想給珍妮絲一個驚喜。我問珍妮絲：「怎麼會有公車司機這麼多年來都不知道這裡是一家餐廳？」「這個嘛，」她說。「我猜是因為他是白人吧。」

• • •

和散那廚房擁有路易斯維爾最棒的靈魂食物。事實上，它供應的餐點就是路易斯維爾最棒的食物，絕對舉世無雙。然而，這家餐廳卻很少有西路易斯維爾社區以外的人光顧過。我討厭餐廳被劃分為不同的種族或階級類別。和散那廚房的菜單上，每道菜的價格都在十美元以下，因此這是一家平價餐廳；但珍妮絲端出的每一盤食物絕非廉價或遜色之物。她的料理濃愛意滿滿、風味豐富，如肉汁醬般濃厚。在這裡用餐你會發現，最不起眼的餐廳也能帶來豐富的味覺饗宴。

　　我問珍妮絲「和散那」是誰，她說她也不知道；當初開餐廳時，這個名字聽起來順耳，她就拿來用了。珍妮絲是那種我行我素、特立獨行的人，正如她自己常說的那樣；她喜歡誰，就對誰友善；不喜歡的人，她就乾脆不招待。她一開始並不喜歡我，覺得我很可疑，問了太多問題。直到後來，我帶著一位共同的友人來訪，那位朋友替我擔保，她才對我改觀。那已經是幾年前的事了，如今，珍妮絲總會抽空從廚房出來，和我聊上幾句。

　　和散那廚房裡擺著兩張桌子，角落有一臺老舊的電視，還有一塊麥克筆留言板，上面寫滿了多年來的顧客留言。點餐窗口旁的牆上貼滿了名片，從計程車公司到 DJ 服務，甚至是報稅協助，應有盡有。和散那廚房不只是餐廳，而是一個讓社區彼此連結的地方；無論是看電視、聊政治，還是交換鄰里間的八卦，人們都會來這裡相聚。在悠閒的午餐時光裡，我看到人們進門詢問：「某某最近怎麼樣？」、「某某的媽媽還在醫院嗎？」有了和散那廚房，誰還需要

臉書社群?

　　珍妮絲這輩子都住在路易斯維爾。她從小就開始學習烹飪，幫母親準備晚餐。她的父親是一名全職服務生，母親則是家庭幫傭，所以她從小就在食物的世界中長大。當我問她是怎麼學會做菜時，她說自己早已忘得一乾二淨。「就這樣一路學來的吧。」她說。事實上，她的母親和姊姊都擁有一手比她更高超的廚藝。母親去世後，珍妮絲從一位親戚口中得知，她年輕時曾夢想擁有自己的餐廳。

　　二十四歲時，珍妮絲開始在自家販售餐點——炸雞、炸魚、酸菜燉豬頸肉，還有番薯、寬葉羽衣甘藍和奶油燉青豆等配菜。人們喜歡她的廚藝，生意蒸蒸日上。直到有一天，有人向衛生局檢舉，她因此被勒令停業。珍妮絲幾乎可以確定是誰去告發的，但她不想惹是生非。她並不生氣，只以微笑帶過，像個見過世面的女人。現在，年過七十的她與即將三十歲的女兒安東妮（Antoinette）一起經營這家餐廳。安東妮體型豐腴、性格潑辣，頂著一頭金色捲髮，顯得自信十足。

　　珍妮絲向來不張揚，她留著一頭短髮，像是男仕髮型。我每次見到她，她都穿著同一件深藍色T恤；她從不穿圍裙。當她稍有空閒時，會讓我進她的廚房。她的所有料理，都是用爐子上方掛著的四口凹陷的鍋子，和兩只大平底鍋烹煮的。她說話富有詩意，從不完整成句。有時候，我會記下她的話，把它們寫成詩。我曾經問過她，什麼是靈魂料理？以下是她的回答。我逐字抄錄下來，只調整了斷句方式：

⑯ 玉米麵包雙重奏

要有綠色蔬菜，要有起司通心粉

成堆炸物不可少

豆子和澱粉

那些你本該忌口的油脂

滿滿的油，越油越爽

重鹽也重鹹

糖分不在料理中

除了玉米麵包與紅茶

還有酷愛飲料──酷愛本身就是一種口味

　　珍妮絲生於 1950 年。她在路易斯維爾市中心的胡桃街長大，當時那裡的種族融合情況比現在來得好。她記得在那個社區裡，雖然大家都很窮，她仍與白人孩子一起成長。當馬丁・路德・金（Martin Luther King Jr.）被謀殺時，很多人燒毀了當地的商店；市政府在都更政策下拆除了這些建築，但同時也創造了都市隔離系統。她告訴我，從那之後一切覆水難收。珍妮絲曾任職於奇異公司（General Electric），後來也當過私人護理師。她看著民權運動在她家門前的人行道上展開。如今，她住的地方離她長大的那條街不到二點六公里。她對那社區和鄰居們懷有深厚的感情，無論是黑人還是白人。

　　我思考著她是不是在那時候學會用酸菜入菜，畢竟酸菜並非靈魂料理餐廳常見的食材；而我同時也不經意地讓問題脫口而出。珍妮絲告訴我，在她小時候，黑人家庭都會吃酸菜。酸菜燉豬頸肉是餐桌上相當常見的料理；她偶爾也會在餐廳裡做。我來的時候，菜

單上沒有這道菜,但我知道如果我向她提起,她一定會說:「下週再來吧,到時候就有了。」這是我最愛的食物之一——燉至軟嫩的豬頸肉可以輕易地骨肉分離,徜徉在微酸的湯汁裡,搭配在嘴裡柔軟化開的酸菜絲。在那些寒冷的秋夜,它的味道甚至令我魂牽夢縈。

那天我帶著一袋豬頸骨和酸菜來到餐廳;剛好當天公休,她才有辦法向我示範作法。她對我的請求感到驚訝,不斷重複告訴我,她不過是把它們煮一煮罷了。她的廚房狹小凌亂,甚至沒有保溫臺——所有的食物都是現點現作。「我可不喜歡客人對食物挑三揀四。我最討厭有人指指點點,還告訴我該怎麼做菜。你懂嗎?」

我點頭,說我懂。這種作法更加費工,她的廚房空間也不大,但她就喜歡這樣。這樣做,食物的味道才會更好。至於客人要不要等?她一點也不在乎。

「有時候他們會對我破口大罵,但最後還是會回來,因為他們喜歡我的菜。」

我喜歡珍妮絲,也喜歡她待人的方式。她的態度有時不太和善,但總是真誠的。

她催促我趕快處理豬頸骨,說她可沒那麼多時間跟我耗。我拆開裝著豬頸骨的袋子,她要我用冷水沖洗乾淨。

她先準備一鍋滾水,然後加入豬頸骨,等待水再次沸騰。她用大火滾煮約十分鐘,然後把水倒掉,換上乾淨的水。接著,她在直接用手掌測量分量後,加入鹽和檸檬胡椒粉。然後,她又加入少許大蒜粉、大量洋蔥粉,以及幾片月桂葉。等水再次滾開後,她蓋上

鍋蓋，轉小火慢燉。「差不多了。」她說。大約三十分鐘後，她會加入酸菜，讓它們繼續燉煮，直到當用叉子輕輕一戳，肉能輕易脫骨為止。

這道菜的作法單純到讓我有些驚訝。我也說不上自己原本期待的是什麼，只是覺得能做出這麼軟嫩多汁的料理，步驟未免也太簡單了。我再次詢問她，真的就這樣而已嗎？

「就這樣，沒有魔法，只有食物。」

我們坐在桌前，一邊聊天，一邊等待豬肉入味。珍妮絲結過婚，但在安東妮出生後就離婚了。她和前夫仍是朋友，只是她並不喜歡婚姻；比起與人共處同一屋簷之下，她一直覺得獨處更舒服自在。

「上帝把我打造得稜角分明，卻把我丟入一個渾圓的世界。」

這句話聽起來帶著萬箭穿心的悲傷，但珍妮絲卻輕描淡寫，像是隨口提到天氣一樣。我問她有沒有朋友。「客人就是我的朋友。」她說。我問她休假時有什麼興趣。「不工作的時候，我不下廚。」她說。她喜歡吃雞翅和義式捲餅[1]；她說她有自己的事要忙，但不願透露太多。她一週有四天都待在這裡，身邊隨時被一群顧客簇擁，每個人都想從她身上分一杯羹，所以她休假時喜歡獨處。

「大部分的人會喜歡我，是因為我直言不諱。他們知道來這裡，能夠獲得讓他們感到安慰的真相；我沒理由對你撒謊。很多人找我說話，我自己的孩子跟我都沒這麼多話好講。等一週結束，我自然就對人群感到厭倦。」

她的許多言詞和我自己的內心感受，有著深刻強大的共鳴。我知道我的生活和珍妮絲的生活在很多方面都截然不同，然而經營餐

廳，某些方面卻有所相通。

「我也會厭倦人群，」我告訴她。「有時候，我只想和一根紅蘿蔔待在一起。」這讓她笑了。

我們一起哀嘆那些奧客的故事，這是餐廳工作者樂此不疲的話題。然後我們開始談論社區群體，以及西路易斯維爾的生活變遷。電視上正在播放新聞；一位犯罪記者正在報導不遠處發生的槍擊事件。我問珍妮絲，現在的情況比她小時候要來得好還是差？

「從經濟上來說，我們確實過得更富足一些；但精神層面上卻更糟。」她將電視轉到一個播放益智節目的頻道。

豬肉聞起來大功告成，我們探頭往鍋裡看。珍妮絲拿起叉子，刺穿肉塊。「好了。」她告訴我。她替我盛了一盤，並要我坐下。她自己沒吃。

她告訴我，這得搭配玉米麵包一起吃。她迅速調好麵糊，用湯匙舀到平底鍋裡。她雖然稱為玉米麵包，但其實更像是玉米煎餅。它輕盈鬆軟，但又有顆粒感，讓你吃得出這是家常製作的食物。它煎好後起鍋，熱氣騰騰。她放上一小塊奶油，奶油立刻融化成金色的池塘，滲入玉米煎餅中。這是她喜歡的作法，快速簡便，而且她可以做上一整天，也不覺得累。

1　Stromboli，由披薩麵團包裹起司、義式熟肉（如香腸、薩拉米、火腿）和番茄醬等餡料，捲起後烘烤而成。與Calzone不同，Stromboli通常是長條形，而不是半月形封口。

我吃過上千種不同版本的玉米麵包。靈魂食物餐廳通常會做得偏甜。有些人，比如羅妮・倫迪，要是知道你在玉米麵包裡加糖，恐怕會讓你死於非命。連鎖餐廳會把玉米瑪芬當成玉米麵包；高級餐廳會使用來自安森磨坊（Anson Mills）等地的石磨玉米粉，而社區餐廳則會選擇超市裡最便宜的玉米粉來製作。人們會很直覺地認為便宜的東西品質堪慮，但我去過西區的克羅格超市（Kroger），親眼看見那種便宜得不得了的玉米粉被一掃而空。無論價格如何，銷售速度這麼快的產品就代表著新鮮。這種超市品牌的玉米粉可能不是傳統品種，但那股殘留的甜味告訴我，這批玉米粉應該是在不久前現磨。

　　珍妮絲的玉米麵包就像她本人一樣——簡單實在、美味可口，分量大到足以鋪滿整張塑膠盤。味道稍甜，但不會過頭，鹹味適中，帶著廉價奶油和淡淡的豬油香氣。它不張揚，吃的時候不覺得特別有新意，但隔天卻讓人念念不忘。

　　我幾秒鐘就把食物吃個精光，這塊玉米煎餅正好可以用來沾盤子裡的醬汁。珍妮絲消失了一會兒。等她再出現時，她說她得走了；她的態度變了。今天是她的休假日，她說我已經占用她太多時間。

　　「好吧，珍妮絲，那我們下週見。」我伸手抱了抱她，但她沒有反應。

　　她要我別老是跟一群老人混在一起，還給了我一些怎麼照顧女兒的建議。我幫她鎖門，然後目送她快步往街尾走去，不知道要前往何處。我直盯著她走到街角，想看看她會不會回頭看我一眼。她沒有。

在和散那廚房以東正好十三點七公里的地方，雪莉・梅（Shirley Mae）在思莫客鎮（Smoketown）經營著以自己名字命名的咖啡館和酒吧。路易斯維爾的這個社區之所以得名，是因為過去這裡有許多製磚廠；當時工廠繁忙運作，煙囪日以繼夜地冒出濃濃黑煙，長年籠罩整片天空。多年來，這個社區經歷跌宕起伏，但最近，市政府開始重新關注這裡，努力讓它變得更安全、更宜居。

當雪莉・梅不在廚房時，你通常可以在餐館的小門廊裡找到她，一邊抽著萬寶路香菸，一邊喝可樂。她用髮網罩著一頭銀髮，雙手有股經年累月鍛鍊的力量，從每一次撿拾與算數的勞動累積而成。點菸時，她的手指會微微顫抖。每個走進來買飯的人，都會向她打招呼。

雪莉・梅比珍妮絲年長十幾歲。她在田納西州科利奇格羅夫（College Grove）的一座農場長大，是家中的獨生女，因此農場的許多工作都落在她身上。她得負責將柴火搬到爐灶，餵豬餵雞，還要到田裡摘菜葉。農場最賺錢的作物是菸草；小時候，雪莉・梅會跟在父親後面，在田裡撿起他遺漏的小菸葉。他們會把葉子攤平，放進穀倉裡晾乾。每隔兩週，便把菸葉運到城裡，賣給菸草行。「那是一筆不錯的收入。」她回憶道。

除非我知道自己有充裕的時間，否則我不會去雪莉・梅的餐館。她的熱水玉米麵包是現點現作的，有時得等上二十分鐘。她先在小

鍋裡燒水，接著在碗中舀出玉米粉，加入一點糖。她慢慢將熱水淋進玉米粉裡，用雙手揉拌，直到麵團達到適中的手感。接著，她把麵團分成小塊，放進鑄鐵鍋裡高溫油炸。她目不轉睛地盯著每一塊玉米麵包，用湯匙小心翼翼地翻動。炸好的麵包撈起鍋後，瀝乾幾秒鐘，再裝到紙托盤上。

「重點是別他媽的一直去翻動它們。」她告訴我；雪莉・梅很愛罵髒話。如果我問了她不喜歡的問題，她會用看瘋子的眼神盯著我，點燃一根菸，搖搖頭，心裡大概想著這傢伙他媽的到底在說什麼鬼話。

玉米麵包炸得金黃酥脆，帶著甜味，口感又有嚼勁。你得稍微放涼一下，否則會燙到上顎。她做的玉米麵包塊撕開時，會釋放出一陣猛烈的蒸氣；麵包內部質地鬆軟又紮實。我試圖複製她的作法，嘗試製作熱水玉米麵包，但無論怎麼做，我都無法完美還原她每次都能掌握的絕佳口感。

「本來啊，我是做老派的玉米瑪芬。」她說。「結果剛開張沒多久的某天，兩個醉鬼晃進來，點了豬腳跟涼拌高麗菜。他們一邊啃著我的瑪芬，一邊說：『要是有熱水玉米麵包就好了，吃起來肯定更讚！』另外一個傢伙還補了一句：『我敢說她根本不會做。』媽的，這話把我氣炸了！我直接衝進廚房，做了一盤熱水玉米麵包，端到他們面前。他們當場愣住，然後兩人搶著吃最後一塊。從那天開始，我就一直做這玩意兒了！」

夜幕低垂，外頭幾輛機車在克雷街（Clay Street）上呼嘯而過。

對面的酒吧大門敞開，音樂隨著夜色流瀉而出。每隔幾分鐘，就有人經過問雪莉‧梅還有沒有東西可以買。她的店每晚九點準時打烊。她說店已經關了，但還是讓他們進去問問她女兒。

她捻熄菸頭，深吸一口氣。「這就是我媽媽以前做給我吃的料理。我就是看著她學的。她只用鑄鐵鍋做菜，所以我也一樣；她煮飯全憑手感。我在廚房裡替她處理了不少雜事。我雖然累得半死，但還是有個快樂的童年，他們教會了我什麼是愛。我喜歡和爸爸媽媽在一起。不論何時，我總是跟在他們其中一個人的屁股後面。」

小時候，她在一間只有一個教室的學校上學，全校大約四十個學生。學校的廁所是戶外茅坑，唯一的取暖設備是一座大肚爐。從頭到尾她的老師只有一位，就是安妮‧梅‧斯托姆（Annie May Storm）。一直到她上高中，全家才搬到了納許維爾。說起自己在農場的童年，她笑了；但她堅持說那的確是段艱苦的日子。她很慶幸自己現在住在城市。

廚房裡突然爆發一陣爭吵。雪莉‧梅的女兒受夠了這些打烊後還來討吃的客人。這場爭執拖了很久才平息，最後所有人都被趕出餐館；這種場景，感覺每天晚上都會上演。雪莉‧梅的耳根子太軟了，從來不會拒絕客人。而且，他們都愛她的料理。每個來到這裡的人，總是會給她一個擁抱或親吻，然後誇讚她的菜有多好吃。

「我先生是坦普頓‧辛普森（Templeton Simpson），」她對我說。「我們一起生了五個孩子。反正也沒別的事可做。那時候，電視就三個頻道，到了星期六晚上，十一點一過，節目就全停了。天黑之後，除了自己找點樂子，還能幹麼？他現在已經不在了。我偶爾會

想念他，但我還有工作要做呢。」

　　雪莉·梅經營這家餐館即將超過三十年，這是一項豐功偉業。她的料理很簡單——或者說，簡單得過頭——至少她自己這麼認為。我問她在蕪菁葉裡加了什麼，她一臉困惑地看著我。「就是蕪菁葉啊。」她說。她的豬腳食譜只有三樣東西：豬腳、鹽和水。但無論她怎麼說，菜餚實際的味道卻比她描述的更有層次。雪莉·梅的本事就在於將食材本身的風味發揚光大，她不認為有必要用香料或辛香料來「瞎搞一通」。不同部位的豬腳——肌肉、軟骨、皮和脂肪——各自的風味已經足夠豐富，不需要再額外添加其他東西。

　　「我煮了這麼多年的菜，卻從沒學過怎麼測量分量，」她說。「我連一小匙是什麼意思都不知道。我量東西都是用手——我唯一會的方法——從這裡到這裡。」她用右手食指沿著左手掌的長度比劃了一下。

　　她的餐館裡沒有一個地方提到靈魂料理，她自己也不這麼稱呼店裡的菜色。

　　「我不說自己做的是『黑人料理』或『靈魂料理』。食物就是食物。我不碰那些標籤。我要煮蕪菁葉，就是把蕪菁葉丟下去煮。為什麼要加火腿？為什麼要加大蒜或其他有的沒的？更何況，我才不想讓別人來告訴我該怎麼稱呼我的料理。」

　　我問她有沒有去過珍妮絲的餐館。「好幾年沒去了。」她說。她忙著過自己的生活。我猜如果我去問珍妮絲對雪莉·梅的看法，她也會異口同聲說出同樣的話。這兩位女性幾十年來堅守傳統，卻從未登上雜誌、獲頒獎項或其他榮譽。然而，她們是路易斯維爾最

重要的兩位廚師。

　　這些年以來,在這個世界開始追捧南方料理和玉米麵包之前,我早就一直是她們餐館的客人。剛到路易斯維爾時,根本找不到哪間高檔餐廳會賣炸雞、寬葉羽衣甘藍或玉米麵包。想要吃這些食物,你只能去雪莉‧梅的店,或和散那廚房、大媽靈魂料理廚房(Big Momma's Soul Food Kitchen),或是傑伊自助餐廳(Jay's Cafeteria)。現在,你隨便扔塊石頭都能砸到一個做玉米麵包的平底鍋,媒體也爭相報導這些食譜。但讓我生厭的是,這些女性——這項傳統的真正守護者——卻被忽視了。在美食界忙著吹捧歐洲或加州料理的時候,正是她們守住了這些風味,才讓它有辦法延續流傳。對珍妮絲和雪莉‧梅來說,料理從來就不是一種潮流或概念;這是她們的傳承,過去是,現在依然是。也因為有她們,當我們談論像豬頸肉或蕪菁葉這些菜餚時,終於有一個如假包換的標準可以參照。這不只是歷史文本上的字句,而是一種仍盎然存在的文化。我第一次吃豬頸肉,是在和散那廚房;第一次吃寬葉羽衣甘藍,是在傑伊自助餐廳;第一次吃小排骨,則是在一間名叫芬利燒烤(Finley's)的小店,可惜那家店已經不在了。我的事業能有今天,全都歸功於這些餐館。直到現在,我還沒吃過比雪莉‧梅做的還要更好吃的玉米麵包。

從邏輯上來說，我可以將這兩位女性的料理做對比，然後得出她們做的是同樣東西的結論，也就是靈魂料理。但如果這麼想，我就錯得離譜了。我從珍妮絲和雪莉・梅身上學到，每一道玉米麵包的食譜都是獨一無二的；我也學到，兩位在路易斯維爾做菜的非裔美籍女性，不一定是做同樣的料理；她們各有自己的故事。雪莉・梅在田納西州的一座農場長大，而珍妮絲則在民權運動時期的路易斯維爾市中心成長；珍妮絲坦然談論自己與靈魂料理的關係，而雪莉・梅則拒絕替她的料理冠上這個稱呼。她們的生活不曾交集，她們的料理也是，獨樹一格且充滿個人色彩。人們習慣把她們相提並論，但事實卻大相徑庭。如果我無法觀察到這些差異，那就代表我還有更多功課要做，還有更多問題要問，還有更多的尊重要給。

我年輕時在紐約市當廚師，最讓我憤怒的一件事，就是其他廚師總是理所當然地認為，等到我愛德華・李擁有自己的餐廳時，一定會是一間亞洲餐廳，就因為我是亞洲人。在他們的想法裡，我的族裔決定了我的職業方向，這條路既合乎邏輯，也毫無爭議。所以我偏不這麼做。我的個性向來如此，父母督促我上教會，我就留長髮、抽大麻；高中老師說，因為我是亞洲人，所以對數學應該駕輕就熟，於是我故意考爛，轉而在文學課拿高分。我父親對我說教，要我去當律師或醫生，我卻成了廚師。而當我媽勸我娶個韓國好女孩……嗯，這件事也沒能如她所願。

我三十歲那年搬到肯塔基州的路易斯維爾。我抽菸、喝酒，身無分文，胸無大志。我記得我媽氣急敗壞、淚流滿面地問我，為什

麼我總是要跟她唱反調。那一次，我覺得很內疚。表面上看起來，我的人生好像就是三番兩次的叛逆選擇。她懇求我，別只是為了想證明什麼，就把自己的人生毀掉。後來我離開紐約市，搬到了一個完全陌生的地方。

但那時我意識到，我並不是刻意要疏遠她，我只是任自己跟隨心之所向。從小我就喜歡閱讀。當街坊鄰居的小孩都在聽麥可・傑克森（Michael Jackson）時，我卻愛強尼・凱許（Johnny Cash）。而且，我數學一直很爛；詩歌對我來說總是得心應手。從我在路易斯維爾一家酒吧的停車場試圖偷吻她的那一刻起，我就深深愛上了我的妻子。而且，從我兒時還在布魯克林、坐在媽媽住的公寓大樓的洗衣房裡，讀著泛黃的《美食》雜誌（Gourmet），而其他孩子都在看漫畫時，我就已經心知肚明——我想成為一名廚師。

我花了一輩子的時間才說服我媽媽，我並不是故意要讓她這麼難過；我只是在追求我的夢想，只不過，這個夢想和她心目中對於在美國長大的韓國男人的期待相去甚遠。直至今日，我仍在抵抗那些「美國的韓國男人」的刻板印象——會計師、模範公民、溫順乖巧的人。這些並不是負面的刻板印象，大多數人也不是出於惡意才這麼認為；然而，這種看法卻過於粗糙地簡化了一個人。一個人的身分認同應該是日積月累的經歷與選擇所塑造而成。

我自己也犯了同樣的錯。我看著珍妮絲和雪莉・梅，理所當然認為她們做的是一樣的料理——因為她們是黑人，因為她們是女性，因為她們都在路易斯維爾開餐廳。雖然她們確實有相似之處，但差異其實遠比同質性更重要；這些差異定義了她們是誰，也影響

了她們在料理上的選擇。她們對玉米麵包的兩種作法，並不只是技術上的不同，它反映出她們成長背景的分歧：一個來自鄉村，另一個來自城市。如果沒有和她們深入交談，我根本不會意識到這點。我可能會單純認為，她們的玉米麵包會有所差異，只是單純因隨機的事件而造就。我花了很長時間才理解，她們對玉米麵包食譜的選擇，其實訴說著她們刻骨銘心的往事。

對於得出這個領悟，我並不覺得有所困難或自認高尚；我只是花時間去認識了珍妮絲和雪莉‧梅。她們讓我意識到，食譜可以是一種極為個人的表達形式。一場關於食譜來源的簡單對話，可能會變成整個下午的暢談，可能會聊起一個人在田納西州的童年回憶。做玉米麵包本身也不難，我可以用一段話就把雪莉‧梅的食譜寫下來。但你會錯過重點。事實上，我並不打算給你雪莉‧梅或珍妮絲的食譜──部分原因是，這些食譜並不容易用文字傳達。她們都是憑記憶下廚，而且兩個人都無法忍受要按照食譜做菜。如果我試圖幫她們丈量確切的比例，她們一定會覺得很可笑。但別氣餒，你應該試著找出屬於自己的食譜。既然你已經跟著我走到這一步，我希望此刻的你能明白──料理的臻至非關完美，乃是於不盡完美的流轉中，追逐心中嚮往的理想風味。

如果你想做玉米麵包，只需要玉米粉、鹽、一小撮糖和一些奶油。你可以用熱水、牛奶，甚至加一點油都無所謂。但別加蛋，也不要放太多精製麵粉。試著調整比例，慢慢摸索出自己喜歡的混合方式；這就是我在家裡製作玉米麵包時的樣子。每次的成品都會有

些不同，但這正是樂趣所在。

　　我嘗試製作玉米麵包已經超過二十年了，最近才發現一個我喜歡的食譜，我很樂意在這裡分享。這是我有一天從珍妮絲那裡吃完午餐回來，在廚房裡隨意摸索時發想的食譜。我試圖重現她的鬆餅，卻忘記在乾性食材中加入膨鬆劑。結果做出來的東西又扁又脆；換句話說，它「做錯了」，但我反而喜歡，從此之後就一直製作這個版本。它其實不算玉米麵包，更像是一種蕾絲餅乾[2]。它的成敗變化無常，還會受到天氣影響。好的時候，非常可口；不好的時候，吃起來像在咬橡膠。我喜歡它，因為它就和我一樣。它既不是麵包，也不是脆餅；它是介於兩者之間的某種模樣，難以名狀。它，就是我。在來米粉在玉米麵包中並不算傳統材料，但我想你現在應該已經明白——我根本無從定義「傳統」二字。

2　一種極薄、帶有微孔洞的酥脆餅乾，因外觀酷似蕾絲布料而得名。這種餅乾通常以奶油、糖、堅果或燕麥為主要成分，烘烤時糖會融化並形成透光的蕾絲狀紋理。

蕾絲玉米麵包佐大黃草莓醬

蕾絲玉米麵包（Lacy Cornbread）之所以得名，是因為當溼潤的玉米粉麵糊倒入熱油時，會形成細密的孔洞，呈現如蕾絲般的效果。這種玉米麵包的製作方式令人感到滿足，儘管成品更像脆餅或餅乾，而非麵包。玉米粉與水的比例必須恰到好處，才能確保麵糊在煎鍋中形成孔洞與蕾絲狀結構。你可能需要根據自己所使用的玉米粉種類調整比例。此外，這道料理對烹飪技術稍有要求，所以你很可能無法在第一次就成功；但只要掌握技巧，就會是一道簡單易做的食譜。我喜歡將蕾絲玉米麵包當作零食，搭配一旁的大黃醬（Rhubarb Sauce）。它也非常百搭，你可以在上面放上薄切火腿、甜椒起司醬（Pimento Cheese），或是任何你喜歡的蘸醬。

分量：約 12 片脆餅

- 黃玉米粉（過篩） ½ 杯
- 在來米粉 2 大匙
- 鹽 ¼ 小匙
- 水 ¾ 杯
- 熬煮後的豬油（炸製過程可能需要額外備用，以調節油溫） 1 杯
- 大黃醬（搭配用，食譜後附）

1 取一中型碗，將玉米粉、在來米粉、鹽和水混合拌勻。靜置10分鐘，讓玉米粉吸水膨脹。油炸前再次攪拌。

2 在爐火旁準備一杯水和一個小匙。取一大平底鍋，以中大火加熱 ¼ 杯豬油，至油熱但不冒煙。取 1 大匙的麵糊慢慢倒入鍋中，將 1 小匙的水直接倒入麵糊中心。麵糊會立即滋滋作響，並形成蕾絲狀紋理。炸 3 分鐘，麵糊的蕾絲邊緣開始呈現金黃，此時翻面再炸 1 分鐘。放在紙巾上瀝乾。重複上述步驟煎炸剩餘的麵糊，必要時在鍋中添加更多豬油。

3 炸好後，趁熱搭配大黃醬食用。

搭配 大黃草莓醬

每年初夏，大黃正當季時，我會製作充足的醬料，讓我能一路享用到秋天。我喜歡大黃的果香、酸味，和夾帶一點大地氣息的風味。我會加入些許黑胡椒，為醬料增添辛香，與甜味形成絕妙平衡。

分量：約 2 杯

- 大黃（修剪後切丁）約 207 公克
- 新鮮草莓（去蒂切丁）約 454 公克
- 新鮮柳橙汁　1 杯
- 砂糖　2½ 杯
- 粗鹽　1 小匙
- 現磨黑胡椒　½ 小匙
- 香草精　2 小匙
- 檸檬汁　1 顆

1 取一中型鍋，倒入大黃、草莓、柳橙汁、砂糖、鹽、黑胡椒、香草精和檸檬汁，以小火加熱，攪拌均勻，讓醬料慢慢燉煮至微滾。持續拌煮 20 ～ 25 分鐘，直到水果果肉軟化。

2 用木勺用力攪拌，將剩餘的果塊搗碎。將果醬倒入中型碗裡，置於室溫下冷卻。

3 將果醬倒入玻璃罐，蓋上蓋子，冷藏至少一晚再使用。果醬可在冰箱中保存至少 1 個月。

後記

在這本書中，我試圖為那些鮮少有機會說話的人發聲。我試圖探究自己不太瞭解的文化，也試圖烹飪我過去不熟悉的食物。或許，烹飪他人的食物是一種文化挪用；又或許，這是一種學習。很多時候，我得到的不是答案，而是更多的困惑與疑問。「什麼是奈及利亞料理？」這樣的問題從來沒有簡單的答案。事實上，即使是奈及利亞人也會為此爭論不休。面對如此大量的不確定性，我們當中又有誰能成為任何事情的權威呢？這樣的情況有時令人洩氣，但也正因如此，我仍然渴望學習、探索新的文化與食物，因為我深知，它們就隱於世間，待人探尋。

我相信故事的力量。在撰寫本書的過程中，我遇見的人們將他們的故事託付給我，而我嘗試尊重他們的言語，也尊重他們的手藝。我盡力展現出他們的傳統是美國飲食這條錯綜複雜的血脈之一，隨著我們與周遭的食物建立起自己的聯繫，這條血脈只會變得更加精采。我們的食物反映了作為一個族群的樣貌。而如果我的這段小小旅程能夠反映這個國家的飲

食現況，那麼我們正生活在一個美麗的地方，經歷著一段非凡的時代。

你有屬於自己的故事、自己的歷史，也有自己要建立的聯繫。美味的食物無所不在，等待被發掘；你所需要的，只有勇於嘗試的味蕾，與一顆求知的心。你可以將這兩者與你記憶中的食物互相連結。只要你願意伸手，那條聯繫的線索就會延伸，帶你走向某個驚奇之地。探索這些聯繫，能夠引領你前往意想不到的地方，讓你聽見挑戰想像力的故事。它能夠將看似毫無關聯的事物串聯在一起——就像酪乳與塗鴉。這會是一場值得踏上的冒險，一條值得探索的道路，一道值得品嘗的料理。

謝 辭

本書對我而言,在許多方面都是一場全新的冒險。而我之所以能完成它,全仰賴身邊這些才華洋溢的夥伴。

迪恩・克勞福德(Dean Crawford),你是真正的導師、老師與朋友。

茱蒂・普雷(Judy Pray),感謝妳讓我自由地遊歷與寫作。

艾莉森・麥基昂(Allison McGeehon),妳不遺餘力地讓我看起來更上相。

莉亞・羅南(Lia Ronnen),我很感激能成為奧提森出版社(Artisan)的一員。

金・薇斯朋(Kim Witherspoon),是妳的智慧之語讓我勇敢踏出這一步。

肯・古德曼(Ken Goodman),說真的,老哥,你拍的照片最棒,炸雞也吃得最多。

致所有在我寫作期間堅守崗位、讓餐廳順利運作的夥伴們
——我由衷感謝你們。

也獻給在這趟旅程中與我相遇的每一個人,
這些篇章屬於你們。
謝謝你們帶給我歡笑與淚水。
謝謝你們分享自己的時間、故事、情感與食譜。
謝謝你們告誡我、對我大吼、教導我、指引我,並將你們珍貴的智慧託付給我。

國家圖書館出版品預行編目資料

酪乳與塗鴉 / 愛德華．李 (Edward Lee) 著 ; -- 初版 .
-- 臺北市：三采文化股份有限公司, 2025.04
　面；　公分．--（好日好食）
ISBN 978-626-358-625-3(平裝)

1.CST: 飲食 2.CST: 文化 3.CST: 美國

538.7852　　　　　　　114001317

◎Photography／Ken Goodman

suncolor
三采文化

好日好食 69
酪乳與塗鴉
料理詩人愛德華・李，最好的料理不在完美，而是透過不完美，抵達記憶。

作者｜愛德華・李 (Edward Lee)
編譯｜林星時　　校潤｜劉銘廷
編輯四部 總編輯｜王曉雯　　主編｜黃迺淳
美術主編｜藍秀婷　　封面設計｜方曉君　　版權副理｜杜曉涵
版型設計｜魏子琪　　內頁編排｜魏子琪　　校對｜周貝桂
行銷協理｜張育珊　　行銷企劃｜周傳雅、陳穎姿

發行人｜張輝明　　總編輯長｜曾雅青　　發行所｜三采文化股份有限公司
地址｜台北市內湖區瑞光路 513 巷 33 號 8 樓
傳訊｜TEL:8797-1234　FAX:8797-1688　網址｜www.suncolor.com.tw
郵政劃撥｜帳號：14319060　戶名：三采文化股份有限公司
本版發行｜2025 年 4 月 27 日　定價｜NT$580

Copyright © 2018 by Edward Lee
Complex Chinese edition copyright © 2025 by Sun Color Culture Co., Ltd.
This edition arranged with InkWell Management LLC through Andrew Nurnberg Associates International Limited.
All rights reserved.

著作權所有，本圖文非經同意不得轉載。如發現書頁有裝訂錯誤或污損情事，請寄回本公司調換。 All rights reserved.
本書所刊載之商品文字或圖片僅為說明輔助之用，非做為商標之使用，原商品商標之智慧財產權為原權利人所有。

Buttermilk Graffiti

BUTTERMILK
GRAFFITI

BUTTERMILK GRAFFITI

BUTTERMILK
GRAFFITI